本书出版受"岭南英杰工程"人才项目经费资助

# 中国现代同人期刊
## 研究举隅

付祥喜 著

中国社会科学出版社

图书在版编目(CIP)数据

中国现代同人期刊研究举隅/付祥喜著. —北京：中国社会科学出版社，2023.5
ISBN 978-7-5227-0190-5

Ⅰ.①中… Ⅱ.①付… Ⅲ.①期刊—研究—中国—现代 Ⅳ.①G239.296

中国版本图书馆 CIP 数据核字（2022）第 084436 号

| | |
|---|---|
| 出 版 人 | 赵剑英 |
| 责任编辑 | 吴丽平 |
| 责任校对 | 夏慧萍 |
| 责任印制 | 李寡寡 |

| | |
|---|---|
| 出　　版 | 中国社会科学出版社 |
| 社　　址 | 北京鼓楼西大街甲 158 号 |
| 邮　　编 | 100720 |
| 网　　址 | http://www.csspw.cn |
| 发 行 部 | 010-84083685 |
| 门 市 部 | 010-84029450 |
| 经　　销 | 新华书店及其他书店 |
| 印　　刷 | 北京明恒达印务有限公司 |
| 装　　订 | 廊坊市广阳区广增装订厂 |
| 版　　次 | 2023 年 5 月第 1 版 |
| 印　　次 | 2023 年 5 月第 1 次印刷 |
| 开　　本 | 710×1000　1/16 |
| 印　　张 | 20.5 |
| 插　　页 | 2 |
| 字　　数 | 310 千字 |
| 定　　价 | 118.00 元 |

凡购买中国社会科学出版社图书，如有质量问题请与本社营销中心联系调换
电话：010-84083683
版权所有　侵权必究

# 目　录

引　言 ………………………………………………………（1）

## 上篇　新月派刊物研究

绪　论 ………………………………………………………（3）

### 第一章　同人办刊模式下新月派刊物的运作 ……………（12）
　　第一节　刊物策划 ……………………………………（13）
　　第二节　营销策略 ……………………………………（18）
　　第三节　出版发行方式 ………………………………（21）
　　第三节　同人办刊模式对新月派文学的影响 ………（23）
　　小　结 …………………………………………………（26）

### 第二章　《晨报副刊》研究 ………………………………（28）
　　第一节　《晨报副刊·诗镌》的创刊 …………………（30）
　　第二节　《晨报副刊·诗镌》的停刊 …………………（36）
　　第三节　《晨报副刊·诗镌》名称由来 ………………（43）
　　第四节　《晨报副刊·诗镌》与前期新月诗派 ………（45）
　　第五节　《晨报副刊·剧刊》与国剧运动 ……………（59）

### 第三章　《新月》月刊研究 ………………………………（70）
　　第一节　聚合:《新月》创刊缘由 ……………………（71）

## 目　录

　　第二节　《新月》登载各种文章数量表及其分析……………………（81）
　　第三节　《新月》编辑群体研究………………………………………（92）
　　第四节　抗争：《新月》的自由主义政治立场…………………………（121）
　　第五节　分化：《新月》作者群及其个体命运…………………………（130）

**第四章　《诗刊》研究**……………………………………………………（156）
　　第一节　《诗刊》若干出版问题考述……………………………………（156）
　　第二节　《诗刊》创刊经过………………………………………………（159）
　　第三节　《诗刊》编辑出版情况…………………………………………（164）
　　第四节　继承与突破：从《诗刊》看新月诗派代际传承………………（173）

## 下篇　《观察》周刊研究

**绪　论**………………………………………………………………………（191）

**第一章　从创办到停刊**……………………………………………………（200）
　　第一节　创刊和办刊的历史背景…………………………………………（200）
　　第二节　创刊股金来源及其数额…………………………………………（205）
　　第三节　栏目与作者………………………………………………………（207）
　　第四节　发行………………………………………………………………（213）
　　第五节　财务………………………………………………………………（216）
　　第六节　定户………………………………………………………………（222）
　　第七节　停刊………………………………………………………………（225）

**第二章　《观察》周刊与其他刊物**………………………………………（227）
　　第一节　"观察文摘"对其他刊物文章的选载…………………………（227）
　　第二节　《观察》周刊与其他刊物的合作和论争………………………（230）

**第三章　《观察》知识群体**………………………………………………（234）
　　第一节　关于"《观察》知识群体"……………………………………（234）

## 目 录

第二节 "《观察》知识群体"的灵魂:储安平 …………………… (241)
第三节 "《观察》知识群体"的核心:主要撰稿人 ……………… (250)
第四节 "《观察》知识群体"的外围:读者 ……………………… (254)

**第四章 《观察》周刊对中国期刊编辑出版事业的贡献** …………… (266)
  第一节 富有个性的编辑思想 ……………………………………… (266)
  第二节 生动活泼的出版发行工作 ………………………………… (271)

**本篇结语** ……………………………………………………………… (275)

**附 录** ………………………………………………………………… (277)
  附录一 20世纪40年代中国知识分子构成示意图 ……………… (277)
  附录二 《观察》周刊主要撰稿人简况 …………………………… (278)
  附录三 《观察》第1—6卷目录索引 ……………………………… (282)

**参考文献** ……………………………………………………………… (314)

**后 记** ………………………………………………………………… (320)

# 引 言

艾布拉姆斯（M. H. Abrams）在《镜与灯》中提出了著名的"艺术四要素"，即作品、世界、艺术家、听众。对此，我国当代学者进行吸收、修订后认为，文学活动由世界、作家、作品、读者四要素和文学创作、文学接受两个具体活动过程组成。① 应该承认，不管艾布拉姆斯的"艺术四要素"还是我国学者提出的文学活动要素，对理解和阐释文学活动都具有方法论意义。不过，对照文学活动的实际存在状况特别是现代中国传媒语境中文学活动的实际存在状况，不难发现，前述看法还不足以充分揭示文学活动的复杂情况。一方面，它忽视了现代传媒直接参与现代文学的塑造，尚未意识到现代传媒往往与某些文学社团流派同呼吸共命运，因而忽略或根本没有考虑现代传媒编辑与作品之间的关系。另一方面，它也忽视了文学创作过程与文学接受过程之间的重要中间环节——文学传播活动。在现代传媒越来越深地介入现代社会的情形下，文学传播环节在文学活动中的地位与影响日益凸显。更为重要的是，文学传播活动并非仅仅是对作品的简单传递，事实上，文学传播更是传播者对文学作品价值的再度创造活动。鉴于此，本书上篇的任务是：在注意突出新月派刊物对新月派及其文学的重要意义的前提下，对新月派刊物及其相关内容进行专题讨论，以期弥补和纠正此前学界对新月刊物自身及新月文学传播环节认识上的不足和理解上的偏差。

需要强调，现代传媒对作家的主要作用和重要影响有二。第一，

---

① 童庆炳等：《文学理论教程》，高等教育出版社2004年版，第35页。

## 引　言

文学报刊和出版机构为作家提供了相对稳定、可观的稿酬（版税），使依赖稿酬生活的作家职业化成为可能，而经济上的相对独立，又使作家的人生选择乃至人格的独立和精神的自由都有了一定的物质保障。

第二，由于现代文学报刊和出版机构大都由作家本人或同人控制，作家可以相对自由地写作，而作品也可以相对独立地进入出版发行机制，这既使作品可以触及广大受众，也同样为作家的人生选择乃至人格的独立和精神的自由提供了保障。譬如，在20世纪30年代残酷无情的文化"围剿"中，鲁迅能够自食其力、自行其是、自得其乐，坚持他的自由思考和独立人格，一定程度上因为"从公务员到自由撰稿人，他完全依靠自己挣来足够的钱，超越了'官'的威势、摆脱了'商'的羁绊"[①]。不过，这两点重要作用和影响，并非同等程度地适用于新月派刊物与新月派。由于新月派主要是留学欧美归国的大学教授及其弟子，他们多数人并不依赖稿酬生活，因而新月派不是一个职业作家群体。但任教于高等学府同样为他们提供了相对稳定、可观的收入——这使新月派的人生选择乃至人格的独立和精神的自由都有了一定的物质保障。而大学教授的身份，也使他们增添了对社会事务发表意见的责任感。这些都要求他们依靠新月派刊物向社会传达声音。由此新月派与刊物之间的关系结合得更加紧密。而我们通过新月派刊物，也可以探寻新月派、新月文学思想的形成、发展及消散的历史轨迹。

---

① 陈明远：《鲁迅生活的经济背景》（上），《社会科学论坛》2001年第2期。

# 上 篇

## 新月派刊物研究

# 绪　　论

## 一　"同人""同人期刊"

何谓"同人"？中国现代同人期刊的"同人"，虽然与这一个词刚产生时有差别，但追溯"同人"概念的来源，仍是辨析其现代意义的重要途径。

"同人"一词最早出现在《易经》的同人卦，主要精神是异中求同，积极的广泛与人和同，实现大同世界的理想。此含义几乎与现代意义不同。因此，关于现代"同人"概念，一般有两种说法：第一种是"日本来源说"，认为"同人"一词是由日本传入的；第二种是"国内来源说"。第二种又有两种说法，有人认为"同人"一词来自五四运动时期鲁迅使用过"同人刊物"一词，即非商业性、具有高度创作自由的刊物。另外有人提出："至于有说'同人'一词为孙中山先生所创用的，我们对此说无法证实，但是大概也得有日本的使用，'同人'一词才会流传到本地，作如此的解释和用法。"[①] 这几种说法，表明现代"同人"概念的生成，日本因素不可忽略。事实上，不管现代"同人"概念还是当下流行的"同人"概念，都与日语"どうじん"（doujin）密切相关，原指有着相同志向的人们、同好。作为文化用词，指"自创、不受商业影响的自我创作"或"自主"的创作。也就是说，同人是一群有着明显"想创作甚么，便创作甚么"志向的同道者。

---

[①] 黄旦、詹佳如：《同人、帮派与中国同人报：〈时务报〉纷争的报刊史意义》，《学术月刊》2009年第4期。

"同人期刊"，则是由"同人"共同创办的期刊。这体现在期刊编辑出版和主要撰稿人两方面。期刊编辑出版方面，同人期刊的创办者，通常以"同人"自称，编辑和发行人也由"同人"担任，因此，期刊策划、主笔、编辑、发行，都以"同人"为主体。主要撰稿人方面，同人期刊的主要撰稿人相对稳定，具有相近或者相似的创作理念和创作经验。这两个方面是同人期刊必不可少的条件。

## 二　研究现状与内容

近年来，在中国现代文学研究"期刊热"催动之下，现代同人期刊研究开始引起关注。目前，"同人期刊研究包括两个重要方面：一是期刊的生存语境，一是期刊的文学史评价。前者梳理期刊的产生、发展轨迹，考察其知识谱系及存在形态；后者在前者基础上，分析期刊在文学社团与流派形成中的作用，评价其在文学史上的价值"①。前者如刘忠的《同人期刊的知识谱系及文学史评价》，梳理了同人期刊的知识谱系，指出同人期刊经历了两个重要阶段："五四"前后的多元化和30年代的普罗化。②后者如刘忠的另一篇论文《自由撰稿人、同人社团和期刊的互动关系》，辨析了同人期刊与同人社团之间的互动关系，认为"同人社团和刊物的创立改变了文学史的基本格局，影响着文学史家们的叙述路径和话语方式"。③当然，也有一些结合了这两个重要方面的研究，比如，郑春梅的硕士学位论文《清末民初女性文学期刊的同人运作模式与影响研究》，在前人梳理归纳的基础之上，厘清该时期女性文学期刊的同人运作模式，以及对"五四"及以后女性作家群体、女性文学和女性同人文学期刊的影响。④

在上述现代同人期刊研究中，容易注意到，极少有研究者从同人期

---

① 刘忠：《同人期刊的知识谱系及文学史评价》，《学术研究》2013年第2期。
② 刘忠：《同人期刊的知识谱系及文学史评价》，《学术研究》2013年第2期。
③ 刘忠：《自由撰稿人、同人社团和期刊的互动关系》，《福建师范大学学报》（哲学社会科学版）2016年第1期。
④ 郑春梅：《清末民初女性文学期刊的同人运作模式与影响研究》，硕士学位论文，四川师范大学，2020年。

## 绪 论

刊的角度切入新月派创办的《晨报副刊》《新月》和储安平在40年代编办的、风靡一时的《观察》周刊。据笔者目力所及，这方面的研究成果，仅有少数几种。其中，值得注意的是：史习斌以新月同人的写作为主要案例，讨论中国现代文学中同人写作的方式、特征和影响；① 王宣人从传媒的视角切入《新月》杂志，把该刊"书报春秋"栏目视为新月派的"同人园地"，对其做了翔实论述。② 谢泳完成于20世纪90年代的《〈观察〉研究》一书，开启了新中国成立以来的《观察》周刊研究的先河，其开创之功不可没。这本书长期只有油印本③，后来收入《储安平与〈观察〉》一书中。④ 谢泳的《观察》周刊研究，影响比较大的是《〈观察〉周刊的主要活动》和《〈观察〉周刊的撰稿人》这两章。尽管他也把《观察》周刊列入同人期刊范畴，但显然志不在此，故而相关论述浅尝即止。这些可谓新月派同人期刊研究的重要成果，然而，在研究的系统性、相关资料掌握和阐释深度等方面，有比较大的拓展空间。其中存在主要问题的是，限于论文篇幅，论者尚未对新月派同人期刊若干史实作详尽考察和辨析，尤其没有梳理新月派同人期刊之间以及与其他现代同人期刊之间的关系。

鉴于上述，本书主要内容包括两个方面：一是新月派刊物研究，二是《观察》周刊研究。第一个方面，不但考梳新月派刊物《晨报副刊》《新月》《诗刊》若干史实，还探讨同人办刊模式、刊物聚散离合的缘由经过、各刊物之间关系等。第二个方面，应该是继谢泳《储安平与〈观察〉》一书之后，比较完整的《观察》周刊研究，既有对《观察》周刊创刊、办刊状况的历史考察，也有对《观察》周刊与其他刊物关系的研究，同时还在谢泳的《观察》知识群体研究基础之上，

---

① 史习斌：《现代文学史上的同人写作——以新月派为例》，《中国现代文学研究丛刊》2012年第8期。
② 王宣人：《"同人园地"里的"新月态度"——〈新月〉杂志"书报春秋"研究》，硕士学位论文，青岛大学，2011年。
③ 2002年，谢泳听说笔者在做《观察》周刊研究，立即邮寄了一本他的《〈观察〉研究》，无出版社，仅油印数十册，赠送同好。
④ 谢泳：《储安平与〈观察〉》，中国社会科学出版社2005年版。

从三个层面对该群体当中的储安平、主要撰稿人和读者群体，依次作考察剖析。

### 三　现代同人期刊的传统及其传承

从 1915 年创刊的《青年杂志》、1918 年创刊的《每周评论》，到 1922 年创刊的《努力》周报、1924 年创刊的《语丝》周刊和《现代评论》、1928 年创刊的《新月》、1932 年创刊的《现代》，再到 40 年代创刊的《客观》《观察》和《世纪评论》，都是有影响的中国现代同人期刊。如果把中国现代史划分为三个十年，则第一个十年影响最大的同人期刊是《新青年》、第二个十年是《新月》、第三个十年是《观察》。《新青年》已有丰富而比较成熟的研究成果，因而本书所论将只限后两种。如此这般强调几种出类拔萃的期刊，并不是要漠视同人期刊的传统；相反，理解现代同人期刊传统，正该由此入手。当然，"传统"一词的定义虽多，却往往给人空无一物之感，因此应该落到实处。如今人们说起"现代同人期刊"，都不否认曾经有过这样一种办刊传统，多数人却不清楚"现代同人期刊传统"究竟是什么。其实，"现代同人期刊传统"及其蕴含的文化精神，主要通过我们刚才说过的"三个十年"里影响重大的期刊得以体现。

谢泳曾在一篇文章中说："一张报纸也好，一本杂志也好，它的名字总是能反映出编者的一些个性和价值取向的，而在整体上，刊物名字的风格，也能看出一个时代的文化精神。"① 此言道出了通常为人们所忽视的一个事实，即刊物本身蕴含了极为丰富的文化精神。倘若我们把几种不同时期的现代同人期刊放在一起来考察，当可管窥一斑。

自《新青年》以后，不论哪种性质的同人期刊，在生存、发展中都传承了某些共同的东西。下面我们不妨将大致标识了现代中国不同时期的同人期刊《新青年》《现代评论》《新月》《大公报·文艺副刊》

---

① 谢泳：《刊名中的文化精神》，《没有安排好的道路》，云南人民出版社 2002 年版，第 221 页。

## 绪 论

《观察》作一些比较①，如表 0-1 至表 0-3 所示。

**表 0-1　五种报刊发刊期、停刊期、性质、办刊地、主编及主要撰稿人**

| 项目<br>刊物 | 发刊期 | 停刊期 | 性质 | 地点 | 编辑 | 主要撰稿人 |
|---|---|---|---|---|---|---|
| 新青年 | 1915.9.15 | 1921.10 | 月刊 | 1915—1918<br>北京<br>1918—1921<br>上海 | 陈独秀、胡适等 | 陈独秀、高一涵、胡适、傅斯年等 |
| 现代评论 | 1924.12.13 | 1928.12.29 | 周刊 | 北平 | 胡适、陈西滢、徐志摩 | 胡适、王士杰、高一涵、郁达夫、成仿吾、陈西滢、徐志摩、丁西林、闻一多、沈从文、凌叔华、蹇先艾等 |
| 新月 | 1928.3.10 | 1933.6.1 | 月刊 | 上海 | 徐志摩、胡适、罗隆基 | 胡适、徐志摩、丁西林、闻一多、沈从文、凌叔华罗隆基、储安平、梁实秋、潘光旦、叶公超 |
| 大公报·文艺副刊 | 1933.9 | 1938.8 | 周刊 | 上海 | 杨振声、沈从文、萧乾 | 周作人、废名、凌叔华、何其芳、李广田、蹇先艾、沈从文、杨振声、萧乾、陈梦家、林庚、冯至、卞之琳、朱光潜、李健吾 |
| 观察 | 1946.9.1 | 1948.12.24 | 周刊 | 上海 | 储安平 | 梁实秋、潘光旦、叶公超、储安平、傅斯年等 |

---

① 自 1920 年 9 月 1 日出版第 8 卷第 1 号之后，《新青年》成为上海共产主义小组的机关刊物，编辑方针相应变为以宣传共产主义、马克思主义为侧重点。"即便如此，由于胡适等人作品的存在，第 8、9 卷的《新青年》，依然具有'统一战线'的表面形式，可以算做此前事业的延续。"[陈平原：《思想史中的文学——〈新青年〉研究》（上），《中国现代文学研究丛刊》2002 年第 3 期。] 1923 年 6 月至 1926 年陆续刊行的季刊或不定期的《新青年》，由中国共产党中央委员会创办，不在本章讨论范围内。又，1949 年 11 月 1 日《观察》复刊后，其风格与复刊前迥然不同，故本章所说的《观察》周刊亦特指 1946 年 9 月 1 日（创刊）至 1948 年 12 月 24 日（停刊）。

## 上篇　新月派刊物研究

**表 0-2　五种报刊创刊原因、刊物宗旨、读者对象情况**

| 比较项<br>刊物 | 创刊原因 | | | | 刊物宗旨 | | | 读者对象 | | | |
|---|---|---|---|---|---|---|---|---|---|---|---|
| | 振奋思想 | 讨论时局 | 提供论坛 | 教育青年 | 独立 | 自由 | 民主 | 工农兵商 | 公务人员 | 文化界和教育界人士 | 青年学生 |
| 新青年 | √ | | √ | △ | √ | △ | △ | | | √ | △ |
| 现代评论 | | √ | √ | △ | △ | △ | √ | | | △ | |
| 新月 | △ | | | | △ | | | | | √ | |
| 观察 | △ | √ | △ | △ | △ | √ | √ | √ | √ | △ | √ |

**表 0-3　五种报刊主要栏目**

| 栏目<br>刊物 | 专论 | | 国内外时事 | | 文艺 | | | | 通信 | | |
|---|---|---|---|---|---|---|---|---|---|---|---|
| | 政论 | 学术 | 国内 | 国际 | 小说 | 散文 | 诗歌 | 戏曲 | 读者 | 编者 | 记者 |
| 新青年 | √ | △ | | | △ | △ | △ | | | | |
| 现代评论 | △ | √ | △ | √ | △ | △ | △ | | △ | √ | √ |
| 新月 | √ | △ | △ | √ | △ | △ | △ | △ | | √ | |
| 观察 | △ | √ | △ | √ | △ | △ | △ | | △ | √ | △ |

说明：

①△表示"主要"，√表示"次要"；

②以上图表均依据《新青年》《现代评论》《新月》《观察》五种刊物进行相关统计后绘制；

③表0-2主要依据五种刊物之"发刊词"绘制。

观察表0-1至表0-3，我们可以看出，作为新文化运动的主要阵地，《新青年》对其后的期刊《现代评论》《新月》《观察》影响深远。其后的三种期刊，不论从总的精神上，还是具体的编办上，都明显带有传承《新青年》的痕迹。如果说《新青年》开创了现代期刊的传统，则这种传统不仅被后者传承而且得到了发扬。不妨举一个令人印象深刻的事例。1920年，面对当时人们竞相模仿《新青年》创办杂志的现象，陈独秀表述自家办刊体会：

> 凡是一种杂志，必须是一个人一团体有一种主张不得发表，才有发行底必要；若是没有一定的个人或团体负责任，东拉人做文章，西请人投稿，像这种《百衲》杂志，实在是没有办的必要，

## 绪　论

不如拿这人力财力办别的急着要办的事。①

"杂志"之所以名为"杂志",就在于其不同于书籍内容之"专",杂志的作者众多、内容也相对驳杂。对此,陈独秀不可能不清楚,但他不赞同"东拉人做文章,西请人投稿"的办刊方式。在他看来,理想的办杂志的方式,差不多就是以出版书籍的方式来办刊。为此,他指出了理想期刊的两个特征:一是"有一种主张不得不发表",二是"有一定的个人或团体负责任"。这两个特征,其实开启了现代中国同人刊物的两个基本传统,前者凸显同人期刊的精神,后者指向同人刊物的办刊形式。

除了这两个现代同人期刊的基本传统,总结上述各表,还有以下几个比较具体的传统:

(1) 创刊原因大抵是为了"提供论坛""教育青年"。在动荡的时局中,知识分子深感有"说话"的必要、有"提供一个说话的地方"的必要,而对于青年,更负有教育和使之清醒的责任。此外,鉴于当时"沉闷的气氛",也有必要"振奋(人们)思想"。

(2) 办刊宗旨方面,明确提出"独立""自由""民主"的原则,这一点体现在编辑方针上,便是独立自主的精神。

(3) 以文化工作者、教育工作者尤其青年学生为主要读者。

(4) 创刊地点在全国经济、文化中心——北京、上海。

(5) 期刊主要栏目大体包括四部分:专论、国内外时事、文艺、通信。②

上述五个具体传统,往往被研究者忽视的是第五个,而该传统中,又以"通信"栏目最值得一提。有人甚至认为,《新青年》最具创意的

---

① 独秀:《随感录七十五·新出版物》,《新青年》1920年第7卷第2号。
② 陈平原在《思想史中的文学——〈新青年〉研究》一文中谈到《新青年》对文学的重视时精辟地指出,《新青年》"如此重视文学","也与晚清开创的报刊体例大有关系"。(《中国现代文学研究丛刊》2002年第3期。)笔者借花献佛,据此断言,现代同人期刊在栏目设置方面的传统,其实渊源于晚清报刊。

栏目设计，非"通信"莫属。关于"通信"栏目，从大的方面讲，可为与"敌""厮杀"的战场、与"友"联盟的桥梁，从小的方面来看，也是实现读编之间、读者之间相互沟通的平台。也许正是因为看到了"通信"栏目有如此这般的好处，自《新青年》以降它成为多数期刊的"保留栏目"。比如，《观察》周刊设置的"读者投书"栏目，所反映的信息和提出的建议，帮助《观察》社了解下层社会状况，使其能够及时地就事态做出较为客观的判断和反应，也加强了《观察》社和下层社会的联系。①《新月》从第一卷第八期开始设置的栏目"零星"，"是登载短评和杂感的专栏"②，梁实秋与鲁迅论战的短文，大都刊登在这个栏目，因而类似《新青年》因"通信"而起的"随感"。但，《新月》最具"通信"特色的栏目，是第三卷第五六期合刊宣布开始设置的"新月讨论"，因为，这个栏目既"是公开我们朋友们讨论问题的信件的地方"，也"很诚恳的欢迎本刊的读者来加入我们这个讨论团体"，"题目是绝对没有范围的；主张是绝对不受拘束的"③。正是在这期《新月》的"新月讨论"栏目，发表了闻一多评论陈梦家、方玮德诗歌，及胡适评《梦家诗集》的通信，这两封通信，真实地反映了前后两代新月派在新诗艺术方面的不同看法，也显示了新月派的代际传承。遗憾的是，不知为何这个栏目此后没有再出现在《新月》。

也许是因为以上几种传统，上述四种期刊具有以下几个方面的相似性。

首先，从编辑成员来看，他们彼此间存在一定的交叉，胡适不仅是《新青年》《现代评论》的编辑也曾经列入《新月》编辑者名单，而徐志摩曾任《现代评论》和《新月》主编。其次，从主要撰稿人员的构成来看，彼此间的交叉更大，胡适是《新青年》《现代评论》和《新月》的主要撰稿人，徐志摩、闻一多、凌叔华、沈从文等同是《现代评论》

---

① 参见付祥喜《〈观察〉周刊研究——现代中国自由主义刊物的个案》，硕士学位论文，暨南大学，2003年，第75页。该文收藏于广州市暨南大学图书馆。
② 《编辑余话》，《新月》1928年第1卷第7期。
③ 《新月讨论》，《新月》1931年第3卷第5、6期合刊。

《新月》主要撰稿人,至于梁实秋、潘光旦、叶公超、储安平等是《新月》和《观察》的主要撰稿人,郁达夫等也曾在《现代评论》《新月》发表文章。最后,其主要撰稿人大都是由欧美留学归来的文人、教授,他们同属于受过西方文明教育的自由主义知识分子,回国后企图以其独立的自由者的身份参与中国社会现实的变革,但生活在半封建半殖民地的社会里,他们的理想注定是不能实现的。因此,从他们编办的期刊的兴衰过程来看,也相似,都因为坚持"不偏不倚"的原则一度受到广大读者欢迎,又多数因为抨击时政被当局查封。

由于所处时期不同,这几种期刊也有各自的侧重点。《新青年》以鼓吹新文化、宣传启蒙为旨,《现代评论》偏重于政治、法律、教育等方面的启蒙,《新月》比较侧重于文艺,而《观察》则注重政论和新闻报道。这四种期刊,由于它们在各自所处时期产生过巨大影响,因而在事实上把一批自由主义知识分子聚集在期刊周围,由此形成以刊物为中心的政治文化派别。四种刊物的宗旨、编办方针、栏目设置、主要撰稿人等方面的相似性、交叉性,较为直观地凸显出几代现代中国自由主义期刊前后承传的脉络。

这样,本书的主要观点便已经在上面提出,悉听方家评判。不妨再以一句话作出清晰而负责任的表述:《新青年》、新月派刊物、《观察》周刊——它们便是中国现代同人期刊的传统之所在。

# 第一章 同人办刊模式下新月派刊物的运作

中国现代期刊办刊模式可总结为三种:"党派性期刊、商业性期刊与文人性期刊"。① 所谓"文人性期刊",其实就是同人期刊。由于办刊的经济背景会影响办刊方针,同人(文人)办刊有三种模式:一是自筹资金办刊,二是依托商家办刊,三是依托党派办刊。属于第一种的期刊,资金完全自筹,自办自发行,遇到资金短缺或资金告罄,一般立即停刊,如当年沈从文与丁玲、胡也频创办的《红与黑》杂志。第二种依托资金雄厚的商家办刊,可免资金短缺之苦,由于无须操心经营,可争取把刊物办成全国最好、最有影响,然而依托于商家,受其经济剥削乃至在办刊方针方面受制约,在所难免,如创造社依托泰东书局创办的创造社期刊。当然,受牵制最大的办刊模式,应该是第三种——尽管有雄厚的资金和党派政治力量作后盾,依托党派办刊,能在多大程度上体现编辑真实意愿,乃至刊物能够存在多久,都取决于党派的开明程度。现代文人创办刊物时,究竟采取这三种办刊模式中的哪一种,取决于办刊人当时的经济状况和办刊方针,比如,当初郭沫若、成仿吾等打算创办创造社刊物,却既无资金又不想依托党派,于是只好接受泰东书局苛刻的条件,依托它创办创造社系列刊物。

上述三种同人办刊模式中,第一种即自筹资金创刊,因资金自筹保证了办刊方针的独立自主,而成为现代文人最愿意接受的模式。就主要任教于高校(待遇相对优厚)、崇尚英美自由民主的新月派(1926—

---

① 刘增人等纂:《中国现代文学期刊史论》,新华出版社2005年版,第20页。

## 第一章 同人办刊模式下新月派刊物的运作

1934）来讲，采取这种办刊模式，可谓理所当然。可是，只要我们仔细考察新月派刊物的创办情况，就会发现：新月派创办的四种刊物（《诗镌》《剧刊》《新月》《诗刊》），居然没有一种真正说得上自筹资金创办！《诗镌》和《剧刊》依托于徐志摩主编的《晨报副刊》，而《晨报副刊》是颇有政学系渊源的《晨报》的副刊，也就是说，《诗镌》和《剧刊》的办刊模式符合第二种。《新月》和《诗刊》也类似这种情况，二者不论从经济上还是出版发行上，都依托新月书店。然而，《诗镌》和《剧刊》直接依托的是由新月派徐志摩主编的《晨报副刊》，《新月》和《诗刊》依托的是新月派自办的新月书店，它们并非依托与新月派同人无关的商家办刊，因此，说它们采取的是第二种办刊模式，又似乎欠妥。新月派刊物在办刊模式方面的这种情况，使其面对20世纪二三十年代报刊林立、竞争激烈残酷的生态，采取了一系列文化策略。

## 第一节　刊物策划

新月派编办刊物的几个人，并不曾说过什么刊物策划的话，因而我们要谈新月派的刊物策划，只能从他们的办刊实践中去找。在创刊前，新月派制订了办刊计划，也定位了刊物性质、形式及方向。这是因为，他们必须确保刊物的同人性质。自《新青年》以来的新文学刊物，多数是同人性质。同人刊物既有相对固定的主要撰稿人（往往就是编者），也有相对稳定的读者，所以无论在稿件来源还是读者圈子方面，都具有相对封闭性。现在有的论者既认定孙伏园和徐志摩主编时期的《晨报副刊》是同人刊物，又煞有介事地说，该副刊成为"五四"后知识分子的"公共空间"，此说令人不禁莞尔。同人刊物在信息传播和交换方面，仅限于同人，基本上不以外界为对象，说刊物成为同人内部的"公共空间"尚可，说同人刊物成为"五四"后知识分子的"公共空间"，则明显自相矛盾。作为自由主义倾向的同人刊物，新月派刊物一般避免过于激烈的言论，但这并非说明他们不重视或没有刊物策划，当然也就更不能说明新月派在刊物策划方面没有特色。相反，新月派还是在刊物特色上做了一些"文章"的。

### （一）刊名、发刊词彰显刊物定位

有学者说："一张报纸也好，一本杂志也好，它的名字总是能反映出编者的一些个性和价值取向，而在整体上，刊物名字的风格，也能看出一个时代的文化精神。"① 这是有道理的。刊名是刊物高度符号化的直观表征，它简练却指涉性很强。新月派刊物的刊名主要包括"诗镌""剧刊""新月"和"诗刊"等。"诗镌"其实应为"诗刊"，只是沿袭报头《晨报副镌》的写法而名"诗镌"，② 如此可见，不论"诗刊"还是"剧刊"，刊名都直白地道出了刊物的纯文学性质。同时，刊名也传递出了以某种文体（诗歌、戏剧）为内容的刊物性质，突显新月派的兴趣所在，尤其是要在新诗和戏剧方面推进文学发展的理念和精神。"《新月》月刊"之名来自徐志摩，早在1925年徐志摩接手主编《晨报副刊》前，他就已经"想办一份报，最早想办《理想月刊》，随后有了'新月社'，又想办新月周刊或月刊……"③ 之所以使用这个刊名，"因为它虽则不是一个怎样强有力的象征，但它那纤弱的一弯分明暗示着，怀抱着未来的圆满"。④ 这与《新月》"要从恶浊的底里解放圣洁的泉源，要从时代的破烂里规复人生的尊严"⑤ 的定位，是一致的。

发刊词是刊物价值追求、办刊方向和宗旨的集中展示。徐志摩是新月派刊物的主要创办人，所有发刊词都出自他的手笔，带有浓郁的他个人的色彩。《诗镌》《剧刊》和《诗刊》的发刊词，都写得语气冲淡、谦虚。在《诗刊弁言》中，徐志摩表明了"要把创格的新诗当一件认真的事情做"的愿望，随后进一步表明"我们几个人都有共同的一点

---

① 谢泳：《刊名中的文化精神》，《没有安排好的道路》，云南人民出版社2002年版，第221页。
② 塞先艾：《再话〈晨报诗镌〉》，《新文学史料》第5辑，1979年。
③ 徐志摩：《我为什么来办我想怎么办》，《晨报副刊》1925年10月1日第1283号。
④ 徐志摩：《"新月"的态度》，《新月》1928年第1卷第1期。
⑤ 徐志摩：《"新月"的态度》，《新月》1928年第1卷第1期。

# 第一章 同人办刊模式下新月派刊物的运作

信心"①，指出他们对于诗歌形式美的重视，由此暗示了《诗镌》以发表格律诗歌、推动新格律诗运动为刊物定位的思想。类似的情况，在发刊词《剧刊始业》中也存在，徐志摩详细指出《剧刊》四个任务，即对戏剧的宣传、讨论、批评与介绍、研究。②而在《诗刊》的发刊词"序语"中，徐志摩说："因此我们这少数天生爱好，与希望认识诗的朋友，想斗胆在功利气息最浓重的地处与时日，想起一个小小的诗坛，谦卑的邀请国内的志同者的参与，希冀早晚可以放露一点小小的光。"③

与其他几种新月派刊物相比，《新月》的发刊词《"新月"的态度》写得很有点怒目金刚的气息，不仅横扫当时文坛十三种流派和思潮，而且以激情的语气宣告并高举"健康"与"尊严"两面旗帜。紧跟在《"新月"的态度》之后发表的梁实秋的《文学的纪律》，虽然不是发刊词，却因为它排在发刊词之后，又在内容上呼应了发刊词，明确提出并阐述了古典主义文学的观点，因而该文对于彰显《新月》的定位，也起到一定的作用。

## （二）轮流主编制度

新月派刊物采取轮流主编制度，不同时期实际负责的主编不同，这显然有利于刊物风格多样化。轮流主编制度，既符合新月派同人的一贯主张（自由、宽容），也有利于防止刊物"由一二人独断独行"④，以便缓和刊物编辑群体之间的矛盾，因而在客观上体现了编辑群体自觉调整刊物性质的策划意识。由于轮流编辑制度在刊物创办后没有得到真正实施，这项制度埋下了新月派刊物编辑群体内部分裂的隐患。

## （三）根据实际需要和时势变化，设置栏目、调整发文篇幅

这项策划，主要体现在《新月》。《新月》创刊之初，栏目设置单

---

① 徐志摩：《诗刊弁言》，《晨报副刊·诗镌》1926年第1期。
② 徐志摩：《剧刊始业》，《晨报副刊·剧刊》1926年第1期。
③ 徐志摩：《序语》，《诗刊》1931年第1期。
④ 梁实秋：《忆新月》，方仁念编《新月派评论资料选》，华东师范大学出版社1993年版，第13页。

调、枯燥。创刊半年后，编者坦言："半年来回头一看，虽说所幸还没有溢出过范围，然而内容太趋向于'沉重'方面也是我们屡次觉到的。"由于创刊半年以来，《新月》刊登的文章绝大多数是专业论文，"内容太趋向于'沉重'"，编者在栏目设置方面进行调整，"决定从下期起要略略添点轻松的色彩"，这样做的直接目的是"使读者不致于感觉到过分的严正"①。据统计，《新月》自创刊以来因实际需要增添的栏目有"我们的朋友""书报春秋""零星""海外出版界"和"通信"。这些栏目并非每期都有，而是视杂志篇幅情况来灵活决定其长短和有无。

《新月》编者还根据时势变化，适当调整栏目设置和发文篇幅。1930年初，国民政府出台了一系列压制言论出版自由的法律法规，此事激起了民主党派和无党派人士的声讨。在此情形下，当时独力主编《新月》的罗隆基撰写了一批反对限制言论出版自由的文章，这一时期几乎每期《新月》都以大量篇幅刊登政论文章，在当时产生很大的影响。到1932年下半年，国民党政府致力于"剿共"，对舆论界的批评基本上不予理睬，以致《新月》政论的影响急速下降。鉴于这种情况，同时由于《新月》编辑群体其他成员对罗隆基主编时期大量刊登政论文章不满，《新月》恢复了注重文学的编办方针，因而叶公超接编《新月》后，发表了大量文学作品。

### （四）富有寓意的装帧设计

刊物作为投入市场流通的商品，固然要以文字为主，却也不能忽视装帧设计。装帧设计就是刊物的脸面，精美、富有视觉冲击力的装帧设计，能有效提高刊物的市场占有率。从文化层面讲，装帧设计也是一个窗口，从中可以直观地探究刊物的定位、编辑的审美思想、编辑理念等。书籍的装帧设计包括封面、版次、目次、册页、书脊、封底等，以下从封面、刊头和插图三个方面考察新月派对刊物装帧设计的策划。

新月派当中有不少人精通美术设计或爱好美术，例如美术科班出身

---

① 《编者例言》，《新月》1929年第1卷第7期。

## 第一章 同人办刊模式下新月派刊物的运作

的闻一多设计了许多精美的书籍封面，而热爱美术的徐志摩曾参与策划全国美术展览会并主编《美展》三日刊。因此，新月派刊物比较重视装帧设计。《诗镌》的刊头，就是由闻一多亲自设计。刊头中，一匹矫健的飞马腾空而起，脚踏旭日，旭日中写着"诗镌"，背景是黎明，喻示着新诗以《诗镌》为基础，冲破文坛的黑夜，从东方升起。整幅画面给人一种朝气蓬勃、光明在望的印象。这使人不由得想起闻一多当时对新诗充满信心的展望："我断言新诗不久定要走进一个新的建设的时期了。"[1]

《剧刊》的刊头，则是一张京剧脸谱，脸谱的浓密的头发，被抽象成为茂盛的树枝。《剧刊》以弘扬国剧为宗旨，而京剧无疑是最具代表性的国剧，故以京剧脸谱作为刊头，直观呈现了办刊宗旨。而把脸谱的头发抽象为茂盛的树枝，则有国剧之树生命常青的意味。

《新月》的封面，据说也是出自闻一多之手。32开版面，方形，封面用天蓝色，上面贴一块黄色签条，签条上横书古宋体"新月"二字。这种设计朴素、简洁，很容易让人想到英国19世纪末的著名杂志Yellow Book（黄皮书）。那是一份综合性杂志，闻一多、徐志摩特别喜欢它在形式上的那种"古怪夸张而又极富颓废的意味"[2]。在天蓝色的封面上贴着黄色的刊头，更容易让人想起一轮金黄的新月悬挂在深蓝的夜空——这幅景象难道不是生动地诠释了"那纤弱的一弯分明暗示着，怀抱着未来的圆满"么？《新月》颇具特色的封面设计，直观地诠释了刊名"新月"的寓意，表明了编办者通过贡献微薄之力（"纤弱的一弯"新月），迎接美好光明未来（"未来的圆满"）的信心和期待。

《诗刊》的刊头和封面设计都很简朴，刊头图案是一只鸣叫的夜莺，夜莺的形象被抽象成流水状，宛如流动的音符。在英美文学中，夜莺被当成诗人的化身，因而《诗刊》以夜莺为图案，其寓意不言而喻。

需要注意到，上述几种新月派刊物的刊头和封面设计，都以黑夜为背景或与夜有直接关联，显然是以黑夜喻示当时社会的黑暗、文坛的混

---

[1] 闻一多：《诗的格律》，《晨报副刊·诗镌》1926年5月13日第7号。
[2] 梁实秋：《忆新月》，方仁念选编《新月派评论资料选》，华东师范大学出版社1993年版，第13页。

乱。从最初的冲破黑暗迎来光明的《诗镌》刊头，到生命之树常青的《剧刊》刊头，都给人积极向上的感觉，显示出编办者的自信。到《新月》封面，转为希望以"那纤弱的一弯"去怀抱"未来的圆满"，虽然对未来仍抱有希望，但是多少显出对自身力量的不自信（"那纤弱的一弯"）。最后，到了《诗刊》封面，则只是一只苦苦鸣叫的夜莺，看不到希望和光明，"他把他的柔软的心窝紧抵着蔷薇的花刺，口里不住的唱着星月的光辉与人类的希望，非到他的心血滴出来的把白花染成大红他不住口"①。这种变化，透露了新月派从最初的初生牛犊不怕虎，转变为对自身变得不再那么自信、对前途不再充满希望乃至颓废。新月派刊物的编辑策划意识据此可见一斑。

几乎每期《新月》刊登艺术作品插图，其中既有欧美艺术大师的作品和著名作家的肖像，也有刘海粟、江小鹣、徐悲鸿等当代画家的作品，这些插图与《新月》刊登的文章相得益彰，成为一道独特的风景。其中还有不少裸体女人像，如第1卷第7号刊登了徐悲鸿收藏的英国先拉飞派瓦剌氏的作品《春》，画中是一个女人的正面裸体，另外还有一幅徐悲鸿的作品《模特儿的休息》，画中一个裸体女人安详地坐着休息。当时在上海有不少报刊为了吸引读者注意，故意夹插裸体乃至色情图画，我们当然不能将其与《新月》刊登女人裸体像一视同仁。不过，如何理解编者在《新月》中加插裸体女人像的编辑思路呢？是无意还是有意为之？或者，编者有别的深意？由于缺乏相关资料，我们尚不能回答这些问题，但有一点可以肯定，即新月派刊物富有寓意的装帧设计，是其刊物策划的重要内容。

## 第二节 营销策略

营销是刊物运作的重要环节，它关系到刊物能否被阅读，作品价值

---

① 徐志摩：《〈猛虎集〉序文》，方仁念选编《新月派评论资料选》，第308页。

## 第一章 同人办刊模式下新月派刊物的运作

能否得到实现,刊物能否持续办下去。新月派诸位都是文人,并不怎么懂得从商业角度经营刊物,但他们在办刊方面的一些言行,所体现的营销策略,在今天仍有借鉴意义。

### (一)异端形象

倘若把徐志摩为《诗镌》《剧刊》创刊撰写的发刊词与《新月》创刊词相观照,可以看出前者语气谦虚、冲淡,后者语出惊人,横扫当时"我们所不能容忍的"的"十来种行业",在此基础上竖起"健康"与"尊严"两面大旗,桀骜之姿令文坛瞩目。

从营销角度来看,《新月》创刊词对刊物异端形象的策划是成功的,它迎合读者好奇心理,激起人们对《新月》的关注。《新月》创刊几个月后,创造社的彭康写下直接针对《新月》发刊词的《什么是"健康"与"尊严"——"新月的态度"底批评》[①],无论其批评是否有道理,他这篇批评文章的发表,一是致使《新月》杂志以异端形象出现,引起社会关注,产生良好的营销效果;二是客观上扩大了《新月》的社会影响。

### (二)论战

从读者心理来讲,看作者一人自演自唱,远不如观看多人演奏多重唱有趣和有教益。1918年当文学革命在文化圈发动起来时,来自圈外的反应很冷淡。于是,不仅掀起《新青年》与林纾等保守派的论战,刘半农和钱玄还在《新青年》演"双簧戏",借此吸引社会关注,扩大新文学影响。毫无疑问,在刊物上鼓励或发起论战,是一条打开刊物销售市场的有效途径。说到新月派的论战,人们立即会想到梁实秋与鲁迅之间的论战。的确,鲁梁论战是新月派以《新月》为园地的一次激烈、持续时间较长、影响巨大的论战。后来研究者大都对论战中鲁梁双方的

---

① 彭康:《什么是"健康"与"尊严"——"新月的态度"底批评》,《创造月刊》1928年第1卷第12期。

是非感兴趣，而对于论战双方在论战中的真实心态，几乎没有人关注。这次论战由梁实秋首先发难。梁实秋向鲁迅挑战的原因，除了他"对于当时上海叫嚣最力的'普罗文学运动'不以为然"①，要宣扬古典主义文学观，也是为了给《新月》造势，通过论战吸引更多的读者。

对于论战的好处、如何与人论战，梁实秋颇有心得。他在主编《时事新报·青光》期间，写了不少关于骂人的短文，这些文章后来结为一集由新月书店出版，书名就叫《骂人的艺术》。鲁迅是新文学运动的主将，至20世纪20年代后期，已经是名扬四海的著名作家。梁实秋选中他作为要骂的"大人物"，自然不会吃亏。作为刚从美国留学归国名不见经传的文坛新人，梁实秋与鲁迅论战、与鲁迅"对骂"，不但立即名声大振，而且身份也上升，"因为身份相同的人才肯对骂"②。与鲁迅论战，不单是为梁实秋本人赢得名声，也使发表他论战文章的《新月》引起更多读者注意。尤其是，鲁梁论战期间，梁实秋担任《新月》主编（1929年5月至1930年9月），可见他以积极主动的姿态与鲁迅论战，不失为一种有效的营销策略。

### （三）广告

在《新月》刊登新月书店新书广告，也是成功的营销策略。

"首先，新月书店的书籍广告，对著译者、定价（实价多少、甲种和乙种不同价格）、版次、纸张（如冰心译《先知》系用厚道林纸印刷、铜版纸精印，王化成《现代国际公法》用毛富士纸精印等）等基本信息均有明确说明，除此一般还有书籍内容介绍，可以说达到了即使不读书也可了解大概的效果。对于出书较多的作者，如徐志摩、梁实秋、胡适、潘光旦等人的著作，还多次专门用一个版面来刊登个人书籍广告。"③ 某些重要书籍的出版，从出版前到出版后都有不同的广告，如《梦家诗集》（1931）在初版前有出版预告、出版后有两个版本的出

---

① 梁实秋：《忆新月》，方仁念选编《新月派评论资料选》，第14页。
② 梁实秋：《骂人的艺术》，《梁实秋散文》，人民文学出版社2013年版，第164页。
③ 刘群：《新月社研究》，博士学位论文，复旦大学，2006年。

版广告、再版时有再版广告。

其次,利用社会知名人士做广告。《新月》刊载的新月书店新书广告策划,充分利用了新月派同人的"名人效应",吸引读者对新书的注意,提升知名度。比如,经常可见"胡适作序""徐志摩作序"或者"胡适如何评价"等广告词,而封面设计者如闻一多、江小鹣也常出现在广告上。

最后,运用论争热点吸引读者视线,挑逗读者胃口,刺激文学消费者的阅读欲望。鲁迅与陈西滢关于"抄袭风波"的论辩,一度沸沸扬扬。《西滢闲话》广告于是说:"鲁迅先生语丝派首领所仗的大义,他的战略,读过《华盖集》的人,想必已经认识了。但是现代派的义旗,和它的主将——西滢先生的战略,我们还没有明了","西滢是谁是不成问题的。闲话是什么文章,现在印在这本书里了。为什么人人要看——是的,为什么人人要看呢?《西滢闲话》印出来卖给要看它的人"。鲁迅对自己的被"引用"深为不满,他就此专门作文道:"而今忽假'鲁迅先生'以'大义'者,但为广告起见而已。呜呼,鲁迅鲁迅,多少广告,假汝之名以行!"① 在给学生章廷谦的信中,鲁迅再次提及此事。② 鲁迅从来就对新月派没有好感,语出讥讽实属正常。然而,这样一来,毕竟助长了《西滢闲话》和新月书店的名气。无论作为同人期刊的《新月》还是同人书店的新月书店,要在竞争激烈的现代期刊界、出版界立足,类似这样的广告营销策略和功夫应是必不可少的,不争不吵平平淡淡的广告不容易激发读者的阅读兴致。

## 第三节 出版发行方式

出版发行虽然是刊物编辑出版流程中最后一个环节,却也是至关重

---

① 鲁迅:《辞"大义"》,《鲁迅全集(编年版)》第5卷,人民文学出版社2014年版,第186页。

② 鲁迅:《致章廷谦》,《鲁迅全集(编年版)》第5卷,第391页。

要的，因为出版决定着刊物的物质心态的形成，决定着文学作品能否成为完全意义的"作品"。新月派主要与两个出版机构有关：晨报社和新月书店。由于1925年秋徐志摩担任《晨报副刊》主编，是受人所托，而且事前他并不打算就职、就职时又宣称"办法得由我""爱登什么就登什么"，所以作为《晨报副刊》的周刊的《诗镌》和《剧刊》，都没有受到晨报社多少制约。要紧的是，作为副刊的一部分，徐志摩、闻一多等编办人根本不需要顾及《诗镌》和《剧刊》的出版发行，因此就新月派而言，实际上省略了出版发行这个环节。同样由于这个缘故，晨报社对《诗镌》和《剧刊》乃至新月派的影响甚微。对新月派刊物影响巨大的，是负责《新月》和《诗刊》出版发行的新月书店。①

可以说，新月派刊物最有特色也最成功的，是新月书店与刊物之间的互动。

首先，新月派的出版物，除《诗镌》《剧刊》由《晨报》社负责出版发行外，其他由新月书店出版发行。这样一来，就使新月派出版物有了专门的出版发行机构，便于刊物和书籍快捷地流通到读者手中。而刊物编辑人员，也就免除了负责发行工作的后顾之忧。并且，刊物发表的文章产生影响后，可以迅速在新月书店结集出版，以便产生更大影响。而新月书店书籍的畅销，既为新月派刊物提供经费上的支持，又反过来扩大刊物影响，提升销售量。新月书店出版的书籍中，比较畅销的几部书如徐志摩的《翡冷翠的夜》《猛虎集》《自剖》和陈梦家的《梦家诗集》，其中不少篇什已在《新月》《诗刊》发表过。

其次，新月书店的新书广告与《新月》形成自觉的互动，互相呼应配合，形成利益共同体。书店不但在《新月》刊登新书广告，还利用《新月》销售网络推广宣传书籍，以便提高书店营业额，而书店销售收入的增加又为《新月》的及时出版提供资金保障。为了免除定购《新月》的读者对该刊一旦遇到意外而无法继续出版的担心，在一则《新月月刊敬告读者》的启事中，编者表示："为保险订购者的利益起

---

① 相关论述，参见付祥喜《新月派考论》，中国社会科学出版社2015年版，第262—268页。

见，我们还可以预先声明，假如月刊遇到意外的情形不能继续出版时，我们可以剩余订购价改用本版书籍抵还。"①

此外，为扩大发行渠道，新月派刊物经常发布征订优惠信息。例如《新月》第1卷第9期末页刊登了一份征订单，承诺给征订者"邮票作九五折"的优惠。几乎每期《新月》《诗刊》版权页，登载该刊全年、半年和每期的价目。逢年过节，有时还举办征订大酬宾活动。

## 第三节　同人办刊模式对新月派文学的影响

总体来说，作为同人刊物，新月派刊物在营销策划、编辑策略和出版发行方式等方面采取多种形式的努力，从而把刊物的运作纳入市场体系。客观地说，这些运作在不少方面是成功的，扩大了刊物销路、获得更多经济收益，而更重要的是，扩大了刊物影响，《晨报副刊·诗镌》和《新月》甚至成为当时文坛有代表性的期刊，对于新月派文学的传播贡献尤殊。但是我们更应该看到，除《新月》外，其他几种新月派刊物基本上没有在刊物运作方面采取过什么特别办法。这就引发一个思考：同人办刊模式本身对新月派文学产生了哪些影响？

第一，从编辑出版方面为新月派文学异彩纷呈的个性特征提供了保障。这体现在两个方面：（1）同人办刊的特点之一是编辑者也是主要撰稿人，因而在写作上具有较大的自由性和独立性；（2）同人之间的地位是平等的，编辑对于新月同人的来稿甚至推荐的外稿，绝大多数情况下都不会拒绝，而新月同人对各种文体乃至体裁的偏好各有不同，这就使同人创作的各种文体和体裁的作品，都能在刊物上发表，从而保证了新月文学在文体、体裁等方面的丰富多彩。仅从《新月》来看，徐志摩、陈梦家等的诗，沈从文、凌叔华等的小说，胡适的传记，何家槐的小品文，陈楚淮的戏剧……包容各种文体和体裁，可谓

---

① 《新月月刊敬告读者》，《新月》1930年第2卷第6、7期合刊。

蔚为大观。

第二，促使新月派刊物具体参与了对新月派成员的塑造。我们以《新月》对陈梦家的"塑造"为例，说明其复杂关系。《新月》创刊后，尽管每期都以一定篇幅刊登新诗，《晨报副刊·诗镌》时期的那种"风光"却已经不再。到了1929年，随着闻一多、饶孟侃等基本退出诗坛，新月诗人出现了青黄不接的迹象。显然，新月诗派需要年轻的新成员、注入新鲜血液。年仅18岁的陈梦家被选中。1930年3月下旬出版的《新月》第二卷第九期，发表了陈漫哉（陈梦家）4首诗，而且这4首诗排在"诗"专栏的第二位，仅次于徐志摩的《活该》，可见《新月》编辑对其之重视。从1930年到1933年《新月》停刊，陈梦家在《新月》上总共发表诗作17首，在《诗刊》发表诗作18首。新月派刊物对陈梦家的大力推介，使他一时声名鹊起，其影响远远超过了同为新月诗派后起之秀的方玮德、臧克家、梁镇等，而成为当时社会读者尤其是青年学生所喜爱的新诗人。后来新月诗派的重振，说明选择陈梦家确实是明智而有匠心的，尽管当时的陈梦家还未满20岁。

在推荐和介绍陈梦家方面，新月派刊物可谓费尽心机，采取了种种办法。其一，大量发表陈梦家作品。我们在《新月》《诗刊》上经常看见陈梦家的诗作，不仅每次发表的数量在两首及以上，而且几乎排在其他诗作前面。其二，名家推荐。徐志摩在《诗刊》中多次推荐陈梦家的诗作，《新月》第三卷第五六期还特别刊登了胡适、闻一多评梦家的诗的书信。胡适看了《梦家诗集》后认为，"新诗的成熟期快到了"。将陈梦家发表在新月派刊物上的作品结集出版，并大力宣传。《梦家诗集》由新月书店出版前，《新月》反复刊登出版预告，在起先的预告中指出"这集诗的特长，在形式与内容的谐和"，后来又说"梦家的诗，指出了中国新诗的又一个新方向"，并且引用胡适、闻一多对梦家的诗的高度评价。其三，多次再版《梦家诗集》。1931年1月《梦家诗集》出版半年后，就出了第二版，第二年春天又出了第三版。显然，陈梦家受到了新月派刊物和新月书店的特殊关照。可以说，在现代传媒还没有被政治权力化的时候，刊物或出版机构关照谁，谁就注定要出名了。从

## 第一章 同人办刊模式下新月派刊物的运作

1930年到1932年,在新月派刊物和书店的塑造下,20岁的陈梦家成为诗坛最年轻的"新星"乃至新月诗派的"一名健将"。

第三,使新月派文学的整体表达成为可能。写作本质上是个人行为,是作者对社会和人生的个人体验和理解。本来新月同人的写作也不能例外,但是同人办刊模式抑制了他们的个人化写作,从而使新月文学的整体表达成为可能。具体而言,体现在以下几个方面。(1)同人办刊的前提是,同人之间要在文学思想观念方面达成一定的共识,而这种共识不但直接影响新月文学,还可以通过办刊模式的运作对新月文学产生间接影响,具体说就是,为了符合和体现同人的"共识",个人必须调整或压抑作品中"不和谐"的地方,以便其他人能从刊物听到同人集体的声音,而并非只有个人的。例如,在徐志摩为《诗刊》所写的"序语""叙言""前言"中,都要对该期发表的作品加以简要点评,指出其长,这其实对其他新月诗人构成了一种创作暗示,即应该朝着这个而不是别的方向发展。(2)新月派刊物一般都实行轮流主编制度,这就避免了因为某人长期担任主编,致使刊物呈现明显的个人烙印,削弱新月文学整体特征。(3)前文已述,同人办刊可分三种办刊模式,其中又以第一种自筹资金办刊最受欢迎也最常见,虽然难讲新月派刊物是自筹资金创办,编办者却拥有相当的自主权力,这就避免了因为依托于他人而影响新月文学的整体表达。

第四,同人办刊模式的运作,也对新月文学产生了一定的消极影响。这不仅体现在影响了新月文学的传播和新月派创作水平的提高,更加剧了新月文学远离现实的倾向。前文已述,在同人办刊模式下,尽管新月派在刊物运作方面做出了一些努力,但由于同人们办刊一不为赚钱二不为谋利,基本上不必也没有考虑广大读者的阅读需求,结果:(1)影响了刊物销售量,也就等于影响了新月文学的传播;(2)刊物没有给新月派造成改进创作技巧,提高作品艺术水平的压力,反而给一些同人创作的水平不高甚至粗制滥造的文章提供了便利的发表机会。比如,王希仁发表在《诗镌》的几首诗,不仅风格与前期新月诗派不同,艺术水准也不高;沈从文的长篇小说《阿丽思中国游记》,构思粗糙,故事进展拖沓，远不及作家在此前后发表的小说，却居然在《新月》连载了十几期，而且在每期几乎占据最大篇幅。（3）作为欧美派作家，徐志摩、梁实秋等人的文学兴趣本来就倾向唯美，同人办刊模式使他们可以不顾广大读者的阅读需求，我行我素，"自由"地表达文艺观，以致新月文学离现实越来越远。对此，新月同人深有感触。余上沅说，发表在《剧刊》上的文章"未免迂阔而不近于世情，我们自己知道，可又忍耐不住，不能不说"①；1931年上海"一·二八"事变后，陈梦家投笔从戎，虽为救国，却也因为意识到之前的作品远离现实生活；梁宗岱甚至针对《诗刊》第一期的作品提出，诗人应该拥有"一种热烈的或丰富的生活"②。

  同人办刊模式是现代文学期刊中普遍存在的办刊模式。过去我们对这种办刊模式的研究，较多地关注同人中的编辑或编辑群体对刊物的经营，而更常见的是研究现代期刊与现代作家或者现代文学之间的关系。从上文来看，其实同人办刊模式在运作中也对以期刊为园地的现代文学产生影响，就某些方面而言，这种影响不仅是对现代文学的制约，更有可能是形塑。

## 小　结

  闻一多、徐志摩等新月派为何选择同人办刊模式？原因应该有许多方面，但最重要的，在于创办刊物的这一群人自身的状况。他们当时的状况是什么？一是具有相同或大致相同的文学趣味，二是多数任职或就读于高等学校。前一点是他们能够也愿意共同办刊的重要原因。徐志摩在《诗刊》发刊词中回忆《诗镌》的创办说：

---

① 徐志摩、余上沅：《剧刊终期》，《晨报副刊·剧刊》1926年9月23日第15号。
② 梁宗岱：《论诗》，《诗刊》1931年第2期。

## 第一章 同人办刊模式下新月派刊物的运作

> 在那时候也不知那来的一阵风忽然吹旺了少数朋友研究诗艺的热，虽则为时也不过三两个月，但那一点子精神，真而纯粹，实在而不浮夸，是值得纪念的。现在我们这少数朋友，隔了这五六年，重复感到"以诗会友"的兴趣，想再来一次集合的研求。因为我们有共同的信念。①

所谓"研究诗艺的热""我们有共同的信念"，显然指他们对新诗的相同的兴趣和主张。

多数人任职或就读于高等学校，这既是新月派同人的一种身份，更是他们采取同人办刊模式而不是其他的决定性因素。一方面，尽管学校欠薪时常发生，但在20世纪二三十年代的中国，大学教授还不属于生活拮据的阶层，事实上，多数时候，他们衣食无忧，这使他们能够自筹资金办刊。新月书店和《新月》杂志就是由胡适、徐志摩、梁实秋等同人筹集股金创办。正因为他们有自筹资金的能力，因而没有像创造社那样依托书商办刊。另一方面，姑且不说新月派同人大都有自由主义政治思想倾向，就教书育人这份职业而言，它独立于体制之外，因而依托于大学的新月派同人能够拥有一种相对的自由，这使他们不屑于采取依托党派办刊的模式。

所以我们可以说，采取同人办刊模式，对新月派而言，既是所愿也为所需。总体考察新月派编办刊物的文化策略，可以肯定，这些策略不仅扩大刊物影响、增长销售量、获得更多经济收益，也推动了新月派作品的传播。但是，应该注意到，其营销策划并不是很成功。事实上，我们很难看得到刊物编办者积极作营销策划。他们主要关心刊物的编辑工作，极少关心经营，甚至明知有些行为会导致亏损，也要为之，例如徐志摩不顾《诗刊》亏损而执意增加页码。对于这一点，与其说他们不具有营销策划的自觉意识，倒不如说没有正视期刊与受众之间的互动对期刊生存的重要性。这应该是导致新月派刊物存在时间都不长的重要原因。

---

① 徐志摩：《序语》，《诗刊》1931年第1期。

# 第二章 《晨报副刊》研究

《晨报》的前身是创刊于1916年8月15日的《晨钟报》，为研究系的机关报，主要创办人为梁启超、汤化龙、蒲伯英等，第一任总编是李大钊，当时李大钊担任汤化龙的秘书。但李大钊担任《晨钟报》总编不足一个月，就因批评北洋政府、与汤化龙产生分歧而辞职（1916年9月9日）。1916年11月，由段祺瑞操纵的临时参议院在北京成立，梁启超与研究系阁员集体请辞，梁启超赴欧洲考察，汤化龙赴日美，研究系日常工作则由蒲伯英主持，而《晨钟报》也实际由他控制。1918年9月汤化龙在美国唐人街被革命党人暗杀后，蒲伯英正式出任《晨钟报》总编，同月，《晨钟报》因报道段祺瑞政府向日本大借款的消息而被查封。是年12月，《晨钟报》改名为《晨报》复刊。

蒲伯英主持下的《晨报》与《晨钟报》相比，内容和形式有了较大改变。特别是1919年2月，"第七版"（文艺版）改版，聘请李大钊等人主持，从而使该版成为宣传新文化运动的园地。1921年10月12日起，"第七版"更名为"晨报副镌"，成为《晨报》不可分的一部分，不再作为《晨报》的"附刊"单独发行，改版后的《晨报副镌》由鲁迅的学生孙伏园主编，由此《晨报副刊》进入孙伏园主编时期。1924年，蒲伯英与研究系的福建派发生矛盾，辞去《晨报》总编之职，福建派的刘勉己、陈博生接手主持。《晨报副刊》主编孙伏园与《晨报》代理总编刘勉己不和，后来刘勉己抽去鲁迅的诗作《我的失恋》，孙伏

## 第二章 《晨报副刊》研究

园得知后,"就顺手打了他一个嘴巴,还追着他大骂一顿"①,此事致使孙伏园辞职。刘勉己主编《晨报副刊》一段时间后,由陈博生出面找到素来交好且政治思想倾向"与他们十分相似"②的徐志摩,请他来做《晨报副刊》主编,于是1925年10月至1926年10月,《晨报副刊》进入徐志摩主编时期(如无特别说明,下文中《晨报副刊》均指徐志摩主编时期的《晨报副刊》)。

长期以来,人们对《晨报副刊》研究不多,个中原因,大约因为《晨报》先是由研究系主办,后来又由新月派代表人物徐志摩主编副刊,使得《晨报》特别是副刊被冠以"失掉进步性""完全反动"等帽子,因而很少人敢于问津吧。当然,近年来已有一些研究者在推进理性、客观的评价《晨报副刊》方面作出了贡献。其中,辛实具体论述了《晨报副刊》在新文学发展中所起到的作用③;樊亚平、吴小美把徐志摩编辑时期的《晨报副刊》放在当时的文化背景和与李大钊、孙伏园的比较之中,考察了其独特的传播特点及其与徐志摩本人思想、个性间的内在联系,力图使人们对徐编辑的《晨报副刊》及其价值有全面、客观的认识和评价④;胡博在对《晨报副刊》与早期新月派关系的探讨中,尽管侧重于《晨报副刊》在格律诗理论和实践过程中的作用和意义,对《晨报副刊·剧刊》有所忽视,⑤但该文对于后来的研究比如本章的撰写,具有启发意义。以《晨报副刊》为研究对象的学位论文也在近年出现,其中对《晨报副刊》进行全面、系统研究而令人印象深刻的是张涛甫的博士学位论文《〈晨报副刊〉研

---

① 孙伏园:《鲁迅和当年北京的几个副刊》,《鲁迅先生二三事》,湖南人民出版社1980年版,第64页。关于孙伏园辞去《晨报副刊》主编职务的事因,鲁迅在《我与〈语丝〉》一文中提到的与孙伏园说的相同。
② 宋炳辉:《新月下的夜莺——徐志摩传》,上海文艺出版社1993年版,第211页。
③ 辛实:《徐志摩主编时期的〈晨报副刊〉——"自由主义"热中的冷思考》,《文艺理论与批评》2001年第2期。
④ 樊亚平、吴小美:《"晨副,我的喇叭"——论徐志摩主编的〈晨报副刊〉》,《甘肃社会科学》2000年第1期。
⑤ 胡博:《〈晨报副刊〉与早期新月诗派》,《河南大学学报》(社会科学版)2007年第2期。

究》。① 该文以《晨报副刊》作为典型个案探讨近现代报刊，尤其是报纸副刊在中国现代化进程中所起的作用。该论文认为，以现代报刊、学校、社团、出版社等为主要媒介，形成了迥异于传统专制思想文化语境的现代知识分子"公共空间"。《晨报副刊》稳健的启蒙思路是这一知识分子"公共空间"得以正常发育的内在保证，其坚守启蒙岗位，继续完成五四时期未竟的使命，并把五四主题引向深入。

上述学界业已取得的《晨报副刊》研究成果，自然是撰写本章的基础，但是当我们把《晨报副刊》置于对新月派的整体研究之下予以观照时，发现对于诸如"晨报副刊·诗镌"名称之由来、终刊原因以及《晨报副刊·剧刊》等问题仍有进一步辨析、讨论之必要。

## 第一节 《晨报副刊·诗镌》的创刊

1926年4月1日，在徐志摩、闻一多等人的积极运作下，《晨报副刊·诗镌》创刊了。关于《晨报副刊·诗镌》的创刊背景，徐志摩在《诗刊弁言》中说："我写那几间屋子（闻一多的阿房——引者按）因为它不仅是一多自己习艺的背景，它们也就是我们这诗刊的背景。"② 乍一看，此语令人费解。不过，如果联想到徐志摩在《晨报副刊·诗镌》创刊的"早三两天前才知道闻一多的家是一群新诗人的乐窝，他们常常会面，彼此互相批评作品、讨论学理"③，可推断，徐所说的"背景"指的是闻一多和"一群新诗人"经常在"阿房"一起探讨诗艺。也就是说，闻一多和"一群新诗人"（以"清华四子"为主）对新诗的经常性探讨，是《晨报副刊·诗镌》创刊的背景。下面我们试图考辨三个问题。

---

① 张涛甫：《〈晨报副刊〉研究》，博士学位论文，复旦大学，2001年。该文收藏于上海市复旦大学图书馆。
② 徐志摩：《诗刊弁言》，《晨报副刊·诗镌》1926年4月1日第1号。
③ 徐志摩：《诗刊弁言》，《晨报副刊·诗镌》1926年4月1日第1号。

# 第二章 《晨报副刊》研究

## 一 谁最先提出创办"诗刊"

谁最先提出创办"诗刊"？明确谈到这一点的新月诗派成员有三人，他们是朱湘、于赓虞、蹇先艾。

其一，朱湘说刘梦苇最先提出创办"诗刊"。大约在1928年，朱湘在《刘梦苇与新诗形式运动》一文中说："《诗刊》之起是有一天我到梦苇那里去，他说他发起办一个诗的刊物，已经向《晨报副刊》交涉好了。"①

其二，于赓虞说是他自己最先提出创办"诗刊"。30年代初期，于赓虞在《志摩的诗》一文中说："时候是民国十五年的春天。彼时我想约几位朋友，在北新书局办一个纯粹的诗的杂志，不久被志摩、子沅听说，终于移于《晨报》。"②

其三，蹇先艾说是刘梦苇最先提出创办"诗刊"。1979年蹇先艾在《〈晨报诗镌〉的始终》中回忆，《晨报副刊·诗镌》的创办，首先是刘梦苇提议办"一个《诗刊》"，然后经闻一多、饶孟侃、刘梦苇、朱湘、蹇先艾等几个诗人集体商量后，确定要借《晨报副刊》的版面办一份诗歌刊物，而徐志摩当时恰好在主编《晨报副刊》，于是派闻一多和蹇先艾③去找徐志摩商量，徐志摩"没有作任何考虑，很爽快地答应了"借《晨报副刊》的篇幅出版《诗镌》。④

上述三人，都曾参与《诗镌》的创刊，而朱、蹇都说最先提出创办一份"诗刊"的是刘梦苇，于赓虞说是他自己，基于以下理由，我们认为朱、蹇的说法可信，而于赓虞很可能记忆有误：第一，蹇先艾详细地回忆了刘梦苇最先提出创办"诗刊"以及众人商量如何具体办刊的过程，朱湘的话又证实了蹇的话，而于赓虞的记述相对简单，也没有

---

① 朱湘：《刘梦苇与新诗形式运动》，方仁念选编《新月派评论资料选》，第205页。
② 于赓虞：《志摩的诗》，《北平晨报·北晨学园·哀悼志摩专号》1931年12月9日。
③ 蹇先艾的叔父蹇季常与徐志摩父亲是朋友，与徐志摩同属新月社社员，故蹇先艾与志摩在新月社时期就已经相识。
④ 蹇先艾：《〈晨报副刊〉的始终》，《新文学史料》第三辑，1979年，第157页。

佐证。第二，由蹇先艾的回忆可见，从刘梦苇提出创办"诗刊"到最后定下由蹇和闻一多出面找《晨报副刊》主编徐志摩商量办刊事宜，都合情合理，而按照于赓虞的说法，先是他提出办"诗刊"的打算，"不久被志摩、子沉听说"，"终于移于《晨报》"，事实是，《诗镌》创刊前，于赓虞只是加入闻一多和"清华四子"诗歌讨论会的一个"新客人"，以他的身份是否方便作出提议乃至提议能否被广泛接受，实属可疑。第三，就谁最先提出创办"诗刊"的功劳而言，朱、蹇的说法，都是作为刘梦苇、于赓虞之外的第三者的证词，故于赓虞之言难免有为自己脸上贴金的嫌疑。

## 二 召开《诗镌》筹备会议的日期

从《诗镌》创刊的经过来看，在创刊号出版前，徐志摩、闻一多他们还专门开过筹备会议，也就是徐志摩在《诗刊弁言》中提到的他第一次去闻一多阿房的那一次。朱湘也曾提到这次会议，他说刘梦苇让他帮忙办《诗刊》，他答应了，后来"在闻一多的家中开成立会"。据朱湘说，这次会议的结果是，"会中多数通过《诗刊》的稿件由到场各人轮流担任主编，发行方面由徐志摩担任与晨报馆交涉"。① 于赓虞也说："《诗刊》未发前，在一多家中那一次集会，十分重要，七八个作诗的人的共同意见，是在使诗的内容及形式双方表现出美的力量，成为一种完美的艺术。"② 可见，这次筹备会议，不仅解决了即将创刊的《诗镌》的编辑出版发行等重大问题，更重要的是，与会者还统一了对新诗形式等诗艺的认识——以致徐志摩能代表大家撰写发刊词，因此这次会议对于即将创刊的《诗镌》的确是"十分重要"。长期以来这次会议被研究者忽略，原因之一，可能是由于当事人没有明确提到召开这次会议的具体时间，后人也没多作考虑。其实，根据徐志摩的《诗刊弁言》，我们就能够考证出这次会议召开的具体日期。

---

① 朱湘：《刘梦苇与新诗形式运动》，方仁念选编《新月派评论资料选》，第205页。
② 于赓虞：《志摩的诗》，《北平晨报·北晨学园·哀悼志摩专号》1931年12月9日。

## 第二章 《晨报副刊》研究

徐志摩在《诗刊弁言》中说:"早三两天前才知道闻一多的家是一群新诗人的乐窝,他们常常会面,彼此互相批评作品、讨论学理。上星期六我也去了。"① 由此可知,徐志摩去闻一多家的时间,是"上星期六"。而经查,《晨报副刊·诗镌》第一号发表《诗刊弁言》时,该文末标有"三月三十日夜深时",这个时间是徐志摩写完《诗刊弁言》的日期。由于"上星期六"出现在文章卷首,而"三月三十日夜深时"在文章末尾,会不会徐志摩在1926年3月30日前写下"上星期六"那些话,几天后才写完整篇文章呢?倘若这个假设成立,那就是说,"上星期六"的日期在1926年3月30日之前。事实上,这个假设是不成立的。首先,《诗刊弁言》全文不足2000字,以徐志摩的写作能力,不会要花几天时间才能在"夜深时"完成;其次,即将创刊的《诗镌》是周刊,每周四按时出版,3月30日已是星期二,以徐志摩编辑《晨报副刊》时高涨的热情,不会在撰写创刊词时拖延几天时间才完成。所以,徐志摩写下"上星期六"一语的日期是1930年3月30日,于是可推出他去闻一多家的时间是1926年3月27日,也就是说,召开《诗镌》筹备会议的时间是1926年3月27日。经查万年历,1926年3月27日是星期六,而这一个时间,也与徐志摩3月30日在《诗刊弁言》中说"早三两天前才知道闻一多的家是一群新诗人的乐窝……上星期六我也去了"相吻合。

三 闻一多等为何选择《晨报副刊》?

第一,《晨报副刊》是中国日报副刊的起首老店,对文坛影响颇大。方汉奇先生曾指出五四时期新闻史的主要特征之一,是"以报刊为主要阵地的新文化运动的发生和发展是贯穿其中的一条主线"。② 五四时期如此,即便整个中国现代史上,报刊都起着不容忽视的促进作用。作为报刊的重要组成部分,副刊与中国现代文学的关系,鲜明地

---

① 徐志摩:《诗刊弁言》,《晨报副刊·诗镌》1926年4月1日第1号。
② 方汉奇:《中国新闻事业通史》第二卷,中国人民大学出版社1996年版。

凸显了不同时期文学运动的特征。作为一家私营大报的副刊,《晨报副刊》一直配合呼应其正刊的办报宗旨。在 1918 年 12 月 1 日复刊之际,《晨报副刊》在发刊词中宣称该报的创办"即为此罪恶之政治作,社会作,新闻界之恶梦作",并以"于政界为瞽史,于民众为木铎"自命。加之深浸了新文化新思想的知识分子李大钊、孙伏园、徐志摩等陆续加盟,《晨报副刊》数次率先改革,突破旧式副刊的休闲性质,一变成为传播新文化新思想的园地,"是中国日报副刊的起首老店,影响于文坛颇大"①。1925 年 8 月,徐志摩表示出推辞《晨报副刊》主编不就而转让闻一多担任之意,闻一多为此很兴奋,在致乃兄信中说:"北京《晨报》为国内学术界中最有势力之新闻纸,而《晨报》之《副镌》尤能转移一时之思想。"② 既然闻一多对《晨报副刊》的重要性有如此认识,并且早就有意于该刊,后来选择《晨报副刊》就尤为自然了。

第二,在五四时期与现代自由报刊共同成长起来的新一代知识分子,大多在民主开放的氛围中认识到了新文学和新大众传播媒介(尤指现代自由报刊)之间的千丝万缕的关系,他们认识到,大力倡导新文学,有效地传达他们的文学主张和见解,就必须聚集在颇具时代特色的报纸副刊周围。因此闻一多等要宣传格律诗及其理论,扩大影响,就必须拥有一份刊物、一块属于自己的园地,而报纸副刊能较好地满足他们这种需求。

第三,依附某影响较大的刊物来办诗刊,在当时是必然的选择。闻一多等要拥有一份刊物,有两条路可走,一是自己创办刊物。闻一多在留学期间曾与梁实秋等创办了自己的刊物《大江》,但费力很大、影响很小,实践证明,自己创办一份诗歌刊物,短时间内很难产生影响。尤其是 1925 年 3 月,他们精心策划了一份杂志,拟取名为《雕虫》或《河图》,闻一多已经拟好了前四期的目录,连杂志排印为横行或直行、

---

① 周作人:《中国新文学大系散文一集导言》,上海良友图书公司 1935 年版,第 5 页。
② 《八十九致闻家骢》,《闻一多书信选集》,人民文学出版社 1986 年版,第 202 页。

## 第二章 《晨报副刊》研究

订价高低、宜否采用外文稿件等细节问题都考虑到了,甚至朱湘预先在《京报》上做了宣传①,最终却因为出版无着而无缘面世。这或许使闻一多等意识到,单靠他们几个刚刚留学回国的青年的力量是不够的。而且,自己创办刊物,"有两个问题难于解决:一个是印刷费无着;一个是北洋军阀段祺瑞当权,办刊要'呈报'备案,段祺瑞一向视新文学运动为'洪水猛兽',报上去,肯定会石沉大海"②。因此,就只有走第二条路,即依附某影响较大的刊物,借腹生蛋。

第四,"当时,徐志摩和孙伏园分别主编北京《晨报》和《京报》的副刊;但是《京报》出的周刊相当多,看来是插不进去了。商量的结果决定找徐志摩想办法,徐也是诗人……"③ 当时设有副刊的报刊当然不止《晨报》《京报》两家,但其他报刊的副刊,要么文艺思想观念与闻一多等不同或相反,要么闻一多等与其主编不熟,在这种考虑下,只有《晨报》《京报》的副刊可供选择。只是《京报》副刊在当时已开设了"相当多"的周刊,"看来是插不进去了",《晨报副刊》自徐志摩主编后,虽然文学性很强,但栏目单调,也没有文学周刊。相比之下,借《晨报副刊》办诗刊的可能性要大,何况"徐也是诗人",而且他的诗歌创作和理论主张与闻一多等相似。

从单个来看,上述四种因素看似偶然,把它们放在一起,就成就了一个必然,即闻一多等选择《晨报副刊》创办诗刊。

复就徐志摩而言,早就想办一份报,最早想办《理想月刊》,随后有了"新月社"又想办新月周刊或月刊。可后来新月社沦为基本上与文学没什么关系的社交沙龙,"理想的刊物"也始终办不起来(尽管主编了《晨报副刊》)。在这种情况下,打算办诗刊的闻一多等和徐联系办刊事宜,又重燃起徐实现抱负的新的希望,于是就有了《晨报副刊·诗镌》的诞生。

---

① 闻黎明、侯菊坤编:《闻一多年谱长编》,湖北人民出版社1994年版,第260页。
② 蹇先艾:《〈晨报副刊〉的始终》,《新文学史料》第三辑,1979年,第157页。
③ 蹇先艾:《〈晨报副刊〉的始终》第三辑,1979年,第157页。

## 第二节 《晨报副刊·诗镌》的停刊

1926年6月10日《晨报副刊·诗镌》出版第十号时，主编徐志摩宣布"诗刊放假"，轰轰烈烈的《诗镌》在持续70天后突然停刊了！在当时和现在的读者看来，事先徐志摩等人没有透露即将停刊的消息，后来也没有如徐志摩所言"此后仍请诗刊复辟"。《诗镌》停刊就像一部交响乐演奏到高潮时戛然而止，给后人留下一个不断追寻的疑问：《诗镌》为何突然停刊？

先来看徐志摩在《诗刊放假》一文中的解释。他说：

> 诗刊暂停的原由，一为在暑期内同人离京的多，稿事太不便，一为热心戏剧的几个朋友，急于想借本刊地位，来一次集合的宣传的努力，给社会上一个新剧的正确的解释，期望引起他们对于新剧的真纯的兴趣；诗与剧本是艺术中的姐妹行，同人当然愿意暂奉让着个机会。①

他上述解释不可谓不真诚，却不能让我们相信那就是"诗刊暂停的原因"。

"在暑期内同人离京的多"，以致"稿事太不便"，乍一看，是那么回事，仔细一想，觉得不对啊——虽然参与《诗镌》编辑工作的杨子惠、孙之潜离京去西湖边乘凉作乐了，却还有部分同人"还在大热天的京城里奋斗"，因而"在暑期内同人离京的多"的后果不至于会导致《诗镌》停刊。再说"稿事太不便"。对于一个刊物来说，缺稿的确是件很头疼的事，甚至是致命的，因而假若《诗镌》是因为"稿事太不便"、没有稿子可登而停刊，是合理的。问题是，徐志摩在《诗刊放

---

① 徐志摩：《诗刊放假》，《晨报副刊·诗镌》1926年6月10日第11号。

假》中说外面"来稿的确是不少,约计至少在二百以上",而且声称"我们决不存心排外"。也就是说,他们至少还有不少外稿可供刊登,因此《诗镌》不会因为"稿事太不便"、缺稿而停刊。

那么,是不是因为徐志摩说的第二个缘由,即要腾出《诗镌》的版面来办《剧刊》呢?

文中"热心戏剧的几个朋友"应该指余上沅、丁西林等热衷于新剧的原新月社成员。当时他们这一伙人想办一个专门刊登新剧的刊物,以便"来一次集合的宣传的努力,给社会上一个新剧的正确的解释,期望引起他们对于新剧的真纯的兴趣",这是可信的。问题在于,他们要办专门刊登新剧的刊物,就非要创刊才 70 天、正如日中天的《诗镌》停刊让出版面不可么?

《诗镌》突然停刊,另有原因。

第一个原因:闻一多等人倡导的格律诗运动在《诗镌》时期过分强调诗歌形式、缺少内容的弊病,引起了舆论的纷纷指责,但闻一多等没有正视也无力解决这个问题,因而暂时让出版面给《剧刊》,以期日后解决了问题时再复刊。对于闻一多等早期新月诗派过分强调形式和音节、不注意内容的问题,《诗镌》创刊不久就有人提出了警告。《诗镌》第四号在头题位置刊发了饶孟侃的《新诗的音节》,这是《诗镌》首次刊登关于新诗理论的文章。此文讨论了新诗音节的必要性,提出诗歌要讲究"完美的形体"。吴直由看了该文后致信饶孟侃:"从诗变到词在音节上本有解放的意义,可惜后来一班人专喜欢模仿和看轻独创,而在模仿外还加上一层层的束缚,弄得后来还是只顾得到音节'率由旧章',而失去了解放的意思。"并称"新诗入了正轨以后,便成了一种新诗旧诗之间的东西",希望新月诗人"不要太过了分"。饶孟侃认为吴的看法是一种"根本的误会","确有讨论的必要","非得解释清楚不可",立即作文《再论新诗的音节》予以回应。但令人讶异的是,他没有就此机会对格律诗运动进行检查,而是笼统地把吴直指出的格律诗的弊病都推到那些"在诗的基本技术上尚属幼稚""又有音节情绪不能保持均衡的危险"的作者身上,认为"这只能怪他自己不中用,而不能说音节妨碍诗的整体"①。接着，闻一多也在题为《诗的格律》的长文中，以不容置疑的语气说："棋不能废除规矩，诗也就不能废除格律。""诗的所以能激发情感，完全在他的节奏，节奏便是格律。"他同饶孟侃一样，也把那些对格律诗弊病的批评当成反对格律诗，认为"只有不会跳舞的人才怪脚镣碍事，只有不会作诗的才感觉得格律的束缚。对于不会作诗的，格律是表现的障碍物对于一个作家，格律便成了表现的利器"。②他们都没有（也许是不愿意）正视格律诗运动出现的问题。

徐志摩倒是看到也愿意正视格律诗运动出现的问题。他在《诗镌》第八号上刊发了反映当时作者及读者对这个问题的质问的一封信。在这篇题为《随便谈谈译诗与做诗》的信中，作者钟天心指出了《诗镌》同人鼓吹的格律诗"形式是比较完满了，音节是比较和谐了，可是内容呢，空了，精神呢，呆了"。并且警告说："这个病源若不速行医治，我敢说，新诗的死期将至了。"③徐志摩对这个问题虽然很警惕，特意附了编者言，表示"你的警告我们自命做新诗的都应得用心听"。但他并未提出解决问题、医治"病源"的办法，而只是说："我对于新诗形式的尝试却并不悲观，虽则我也不能是绝对甚至是相对的乐观。等着看吧。"④

饶孟侃对钟天心的说法大为不满，立即发表《新诗话（二）情绪与格律》一文予以反驳。⑤但是他的反驳更多的是对钟天心的嘲讽，而且他以格律诗中有"情绪"来回应钟关于格律诗缺乏内容的指责，也没有切中要害。总之，饶孟侃的反驳不仅表明他不愿意正视当时格律诗出现的问题，而且他也没有从理论上补格律诗之弊。

所以，尽管徐志摩说"已经发见了我们所标榜的'格律'的可怕

---

① 饶孟侃：《新诗的音节》，《晨报副刊·诗镌》1926年4月22日第4号；《再论新诗的音节》，《晨报副刊·诗镌》1926年5月6日第6号。
② 闻一多：《诗的格律》，《晨报副刊·诗镌》1926年5月13日第7号。
③ 天心：《随便谈谈译诗与作诗》，《晨报副刊·诗镌》1926年5月20日第8号。
④ 徐志摩：《〈随便谈谈译诗与作诗〉附记》，《晨报副刊·诗镌》1926年5月20日第8号。
⑤ 饶孟侃：《新诗话（二）情绪与格律》，《晨报副刊·诗镌》1926年5月27日第9号。

## 第二章 《晨报副刊》研究

的流弊"①，其他倡导者却要么不肯正视、要么只能作一些苍白的辩护。当对格律诗运动的指责越来越多、越来越严厉时，他们大有"束手无策"之感。在此情形下，格律诗运动的主要喉舌《诗镌》让位《剧刊》，表面上是暂时"让贤"，其实是金蝉脱壳。

《诗镌》突然停刊的第二个原因：内部分裂、矛盾重重，以致人心涣散、人手缺乏，这是《诗镌》突然停刊的根本原因。

由上面谈到的《诗镌》编辑对待来自读者的对格律诗的指责可知，徐志摩的态度和闻一多、饶孟侃是不同的。这种不同的态度，固然与个人性格有关（徐一贯自由、宽容，闻、饶则相对保守、严苛），但主要还是徐虽然也提倡并积极实践格律诗，他对格律诗的前景却"不能是绝对甚至是相对的乐观"，这与绝对乐观的闻、饶不同。有不同就会有分歧。对待格律诗弊病的态度的分歧，在徐与闻、饶之间埋下了分裂的隐患。

此外，闻一多"是比较的富于拉丁趣味的文人"，不喜欢徐志摩那样的"绅士趣味"，性格不合使他们交往一直不深，由此推断，他们在编办《诗镌》的合作方面，不会融洽。事实也如此。如前文所述，《诗镌》的创办，完全是闻一多、饶孟侃等人首倡，他们找徐志摩合作，表面看是各取所需、一拍即合，单就闻一多那一方来看，却是迫不得已。这种合作到底能持续多久？要看他们怎样合作，合作情况如何。据塞先艾说，《诗镌》在编辑方面最初采取轮流主编制度。参加的人每人编两期。第一、二期徐志摩主编，第三、四期闻一多主编，饶孟侃编第五期，从第六期以后均交徐志摩主编，轮流主编制取消。尽管第六期后均交由徐志摩主编《诗镌》，但由于前面几期都是闻一多、饶孟侃主编，而且即使在徐志摩主编时期，闻一多和"清华四子"仍然对编辑事务有较大的发言权，这样一来，在一定程度上就会"架空"徐志摩的主编权力。徐志摩接任《晨报副刊》主编时宣告自己的编辑立场是：

---

① 徐志摩：《诗刊放假》，《晨报副刊·诗镌》1926年6月10日第11号。

"办法可得完全由我，我爱登什么就登什么。"① 以徐氏如此独立自主的办刊立场，能容忍闻一多等过多干涉《诗镌》编辑权力已属不易，是否能长期容忍呢——答案不言自明。不过，倘若徐志摩想收回《诗镌》编辑权力、闻一多等却不给，徐志摩怎么办？停办《诗镌》、创办属于自己的《剧刊》应该是个好主意。

也许有人认为上述只是一种推测，笔者想请他耐心读完1979年蹇先艾在《〈晨报诗刊〉的始终》中说过的这段话：

> 在十一期发稿之前，有一天，我在街上遇到徐志摩，他带着幽默的口吻对我说："大家的诗兴已经阑珊，我们的诗刊决定暂时放一下假，把篇幅让给余上沅、赵太侔他们编的《剧刊》。朋友们如有大作，寄到晨报副刊上来刊登，不出专刊了。"他还说他已经把报社这个决定通知了一多、孟侃和梦苇，要我转告于赓虞和朱大枬。②

从蹇先艾这段话来看，徐志摩决定"诗刊放假"，完全是先斩后奏——在徐志摩把停办《诗镌》的消息告诉闻一多、饶孟侃、蹇先艾等人之前，他早已决定《诗镌》"暂时放一下假，把篇幅让给余上沅、赵太侔他们编的《剧刊》"。而且，徐志摩将这个决定"通知"闻一多等人的方式，也颇有意味。他起先只将此事"通知"闻一多、饶孟侃和刘梦苇，并对他们说，是报社的决定；后来在街上意外遇到蹇先艾，才顺便告诉他"诗刊放假"的消息，并让他将此消息转告于赓虞和朱大枬，也就是说，他原本没有要把这个消息亲自告诉蹇先艾、于赓虞、朱大枬他们的打算。于是可知，《诗镌》停刊的决定，与闻一多、饶孟侃、蹇先艾等人无关，完全是徐志摩作出的（可能如徐所言，让《诗镌》停刊是报社的决定，但徐既为副刊主编，又主张"我想怎么办就怎么办"，即使报社有停办《诗镌》之意，也须经徐同意）。

---

① 徐志摩：《我为什么来办我想怎么办》，《晨报副刊》1925年10月1日第1283号。
② 蹇先艾：《〈晨报诗刊〉的始终》，《新文学史料》第三辑，1979年，第158—159页。

## 第二章 《晨报副刊》研究

那么，徐志摩为何要停办《诗镌》？

请读者先看徐志摩在《〈剧刊〉始业》开头写下的几句话：

> 歌德（Goethe）一生轻易不生气，但有一次他真的恼了。他当时是槐马（Weimar）剧院的"总办"，什么事都听他指挥，但有一天他突然上了辞职书，措辞十分愤慨。为的是他听说"内庭"要去招一班有名的狗戏到槐马来在他的剧院里开演！这在他是一种莫大的耻辱，绝对不能容忍。什么哈姆雷德、华伦斯丹、衣飞琴妮等出现的圣洁场所，可以随便让狗子们的蹄子给踹一个稀脏！①

《〈剧刊〉始业》是《剧刊》发刊词。这段话置于这篇发刊词卷首，和下文没有什么联系，显然也不是出自名言警句，它就那样突兀地摆在篇首，让人莫名其妙。不过，要是我们把这段话中的"歌德"换成徐志摩、把"槐马剧院"换成《诗镌》、把"狗戏"换成追随闻一多等格律诗派的青年作者的作品，徐志摩这段话的用意就昭然若揭了：

> 徐志摩一生轻易不生气，但有一次他真的恼了。他当时是《诗镌》的"总办"，什么事都听他指挥，但有一天他突然上了辞职书，措辞十分愤慨。为的是他听说《诗镌》要由闻一多和他的追随者主编！这在他是一种莫大的耻辱，绝对不能容忍。哈代等伟大诗人出现的圣洁场所，怎么可以随便让狗子们的蹄子给踹一个稀脏！

看得出来，徐志摩对闻一多过多干涉《诗镌》编辑权是忍无可忍了，撰写《诗刊放假》时为了照顾闻一多等人的面子和情绪，徐没有表露出不满，等到《剧刊》创刊时，他终于还是忍不住以歌德之事予以影射，也算是对为何突然停止《诗镌》、匆忙创办《剧刊》的真相的

---

① 徐志摩：《剧刊始业》，《晨报副刊·剧刊》1926 年 6 月 17 日第 1 号。

一个交代。

《诗镌》突然停刊尽管不至于使闻一多对徐志摩怀恨在心，却无疑加剧了两人的分裂，以致《新月》创刊后两人虽同为"编辑者"，闻一多却一直不太用心，后来徐志摩主编《诗刊》季刊，也只能通过梁实秋几次向闻一多约稿，闻氏受陈梦家等新诗人的刺激，创作了《奇迹》，交《诗刊》发表。据臧克家回忆，20世纪30年代初期，"一多先生对于《新月》月刊的态度、徐志摩的生活态度，表示了极大的不满"①。1931年11月徐志摩因飞机失事遇难后，闻一多没有为徐写任何纪念文章。

当然，仅闻、徐之间的矛盾，还不足以使《诗镌》停刊。《诗镌》内部，还存在其他的分裂和矛盾，而这，导致一些重量级的《诗镌》同人先后离开《诗镌》，《诗镌》大伤元气，难以为继。朱湘和徐志摩、闻一多闹翻并离开《诗镌》是众所周知的例子，尽管徐志摩在《诗刊放假》中只以平和的语气轻描淡写地说朱湘"中途误了卯"，有意模糊"采莲曲"事件背后曾经的激烈冲突，却仍可看出他们分裂和矛盾的端倪。除了朱湘，于赓虞的中途退出，也是个很好的例子。于赓虞后来说：

> 当时《诗刊》的作者，无可讳言的，只锐意求外形之工整与新奇，而忽略了最重要的内容之充实，即如有所表现，也不过如蜻蜓点水似的，未留深的印痕。作诗，到几乎无所表现的时候，那诗就使人无从置言。中外诗史上最灵活的人物，是由于他们的表现的情思呢还是单由于形式之创制在读诗会里，在《诗刊》上都引起了我这样的疑问。又因在那些朋友中，说我的情调未免过于感伤，而感伤无论是否出自内心，就是不健康的情调，就是无病呻吟。所以，使我于沉思之余，益觉个人在生活上，在诗上，是一个孤独的

---

① 臧克家：《海——回忆一多先生》，《臧克家文集》第4卷，山东文艺出版社1994年版，第127页。

人。大概在《诗刊》出了六七期以后,我就同它绝了缘。①

按照于赓虞的说法,他离开《诗镌》,是因为他的诗作过于感伤的情调,不符合《诗镌》同人反对浪漫主义主张以理性节制感情的观念,因而受到一些排斥。其实除此之外,应该还有一个原因,那就是,于赓虞在一些文章中表示对《诗镌》过度追求形式不满甚至在文章里提出批评,"道不同不与谋",离开《诗镌》成为他的选择。他离开《诗镌》一事表明,《诗镌》内部因为新诗形式问题形成的坚持形式主义派和不满派的分裂加剧了。

内部分裂、矛盾重重,使《诗镌》同人不仅不能同心,反而一个个要么彻底和《诗镌》"绝了缘"、要么身在曹营心在汉。《诗镌》同人既不同心,自然人手不足,加上《诗镌》同人大都在学校任职,暑假一到,便出现了徐志摩所说的"同人离京的多,稿事太不便"的现象。在这种情况下,又碰上"热心戏剧的几个朋友,急于想借本刊地位",那么,就让《诗镌》让位、体面地结束吧。

## 第三节 《晨报副刊·诗镌》名称由来

首先应该说明,本书中的"《晨报副刊·诗镌》"及其简称"《诗镌》",只是为了表述方便,才统一如此。事实上,从《晨报副刊·诗镌》创刊开始,人们对这一刊物的称呼就很混乱,有这样几种:(一)《诗刊》,徐志摩、闻一多等创办者如此称呼,如《诗刊弁言》(徐志摩)、"《诗刊》重要分子当数朱、饶、杨、刘(梦苇)"②;(二)《晨报副镌·诗刊》;(三)《晨报诗镌》;(四)《晨报附刊·诗镌》;(五)《晨报副刊·诗镌》。在目前已出版、发表的著作、论文中,这五种称

---

① 于赓虞:《〈世纪的脸〉序语》,解志熙、王文金编校《于赓虞诗文辑存》(上),河南大学出版社2004年版,第309页。

② 闻一多:《致实秋佛西信》,《闻一多选集》第二卷,四川文艺出版社1987年版,第701页。

呼都能见到，如果一时不察，往往以为它们是不同的几种刊物，因此有必要予以辨析，找出最妥恰的一种。要做到这点，还得从"晨报副刊"名称的由来说起。

近代报纸中的副刊本来没有确定的名称，常见的叫法有"报余""余兴""闲话""附张""杂俎""附刊"等。1921年10月21日《晨报》"第七版"改版，由鲁迅的学生孙伏园主编。孙伏园请鲁迅为副刊取名。当时《京报》等报纸的副刊都是依附大报，随报赠送。鲁迅认为《晨报》的副刊不必取别的名字，就叫"晨报附刊"。但是当《晨报》总编蒲伯英题字时，却写成了"晨报副镌"。孙伏园在总编蒲伯英和老师鲁迅间采取折中，报头用"晨报副镌"，报眉则保留"晨报附刊"这几个字。① 所以，就有了"晨报附刊"和"晨报副镌"两种叫法。孙伏园离开《晨报副镌》后，于1924年12月15日创办"京报副刊"，"副刊"二字出现。1925年10月徐志摩接手主编《晨报副镌》，更名为"晨报副刊"，并且在相当于发刊词的《我为什么来办我想怎么办》一文里，使用了"晨报副刊"的称呼。"晨报副刊"的叫法逐渐通行，但由于报头上写的其实是"晨报副镌"，因而仍然有人使用"晨报副镌"的叫法。1926年4月1日《诗镌》创刊时，徐志摩、闻一多等人确定的刊名是"诗刊"，题写刊头的还是那位蒲伯英老先生，不知何故，他把"诗刊"写成了"诗镌"，所以，呈现在读者面前的《诗镌》版面上，报头是"诗镌"，而不是"诗刊"，报眉则是"晨报副镌"②，详见图2-1。

徐志摩他们的本意是定刊名为"诗刊"，因此徐、闻在文章、书信中以"诗刊"称之。照理说，这份刊物的名称就应该以创办者确定的名称为准，但问题是，1931年初徐志摩创办的诗歌刊物也叫《诗刊》。

---

① 孙伏园：《鲁迅和当年北京的几个副刊》，收入孙伏园《鲁迅先生二三事》，湖南人民出版社1980年版，第65页。

② 程国君这样解释"诗镌"的由来："'镌'，刻，雕镂也。'新月'诗人把'诗刊'名为'诗镌'，意在求诗歌的精工，把诗写得精致些，这是题中之意。"（程国君：《新月诗派研究》，长江文艺出版社2003年版，第72页）程氏如此意会以至误解"诗镌"之由来，令人讶异。

## 第二章 《晨报副刊》研究

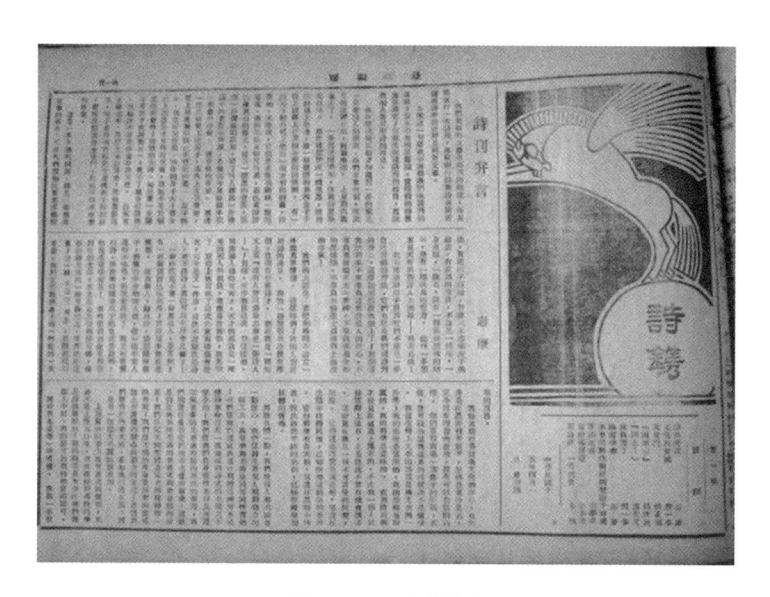

**图 2-1 "诗镌"**

前后两个《诗刊》，创刊时间相近、刊物名称和性质相同、主要创办人都是徐志摩，这是很容易混淆的，往往被一些不了解情况的人误以为是同一种刊物。有鉴于此，又考虑到1926年4月创刊的"诗刊"报头其实写的是"诗镌"，不妨就以"诗镌"称呼。此外，考虑到它只是在《晨报副刊》一周出版一期的副刊，于是将它的全称定为《晨报副刊·诗镌》。

## 第四节 《晨报副刊·诗镌》与前期新月诗派

——兼论《晨报副刊·诗镌》的文学史意义

尽管《晨报副刊·诗镌》（一般简称《诗镌》）存在时间不长，出版了短短的70天就突然停刊，其影响和意义却直到今天仍是文学史家津津乐道的话题。早在《诗镌》创办之初，创办人之一的闻一多就已经指出其在新诗发展史上的重要意义，1926年4月15日他在写给友人的信中不无自豪地说："余预料《诗刊》之刊行已为新诗辟一第二纪元,其重要当与《新青年》《新潮》并视。"① 当时《诗镌》才出版了两期,闻一多就以"《诗刊》之刊行已为新诗辟一第二纪元"来断言《诗镌》,不能不谓大胆!然而透过此言,可清晰看出闻氏对《诗镌》在新文学史图景中所占地位的充满自信的想象。同时也注意到,闻氏认为《诗镌》的重要意义可以与作为新文学发源地的《新青年》《新潮》相提并论,从现在看来此论有些言过其实,有趣的是,至今无人对此提出质疑。比较而言,后来之论者对《诗镌》重要意义的认识与闻氏有所不同,但对《诗镌》重要性的肯定方面却是令人吃惊的一致。1932年一位论者把《诗镌》当作截至当时的新诗发展史分为前后两期的"关键"。该论者如此阐述《诗镌》的一种标志性意义:

> 《诗镌》之提倡创造新韵律运动,表面类似反动,实则在新诗建设的路上更前进了一步。当时新诗作品漫无纪律而且粗制滥造,引起反感不少,不但守旧的人对新诗更加唾弃,即一般青年读者也厌倦了。《诗镌》的主张正投合当时读者心理,同时主持《诗镌》的几位作家依照他们自己的主张写出好些作品来,这些诗大都有韵,较多词藻,形式整齐,读者眼前一新,不期而然地同情于这种倾向了。②

把《诗镌》视为新诗发展过程中的标志,与闻一多所说的"为新诗辟一第二纪元"应该是同一个意思。这个标志意义,与1937年石灵提出《诗镌》是新月诗派的前身以及后来论者认为《诗镌》是前期新月诗派形成的标志,却是不可同言而语。前者是就整个新诗而言,后者仅就新月诗派而言。二者之间存在如此区别,凸显了《诗镌》在现代文学史上的地位和不容忽视的影响。不过,下文打算详细讨论的,不是《诗镌》在现代文学史上是不是的确具有一定的地位和影响,而是它这

---

① 闻一多:《闻一多选集》第二卷,四川文艺出版社1987年版,第701页。
② 余冠英:《新诗的前后两期》,《文学》月刊第2卷第3期,1932年2月29日。

## 第二章 《晨报副刊》研究

种地位和影响是如何产生的。这就有必要考察《诗镌》与前期新月诗派的关系。报纸副刊与文学流派之间，应该是一种双向互动的关系，也就是说，《诗镌》作为一种报纸副刊的周刊，与前期新月诗派之间应该是一种互相影响、互相促进的关系，因而我们从以下两个方面考察《诗镌》与前期新月诗派的关系才能全面、不至于有疏漏：一是考察徐志摩、闻一多等前期新月诗派作为编辑和作者对《诗镌》的影响；二是考察《诗镌》作为报纸副刊这种文艺传播媒体对前期新月诗派的影响。据浏览所及，学界已有成果基本上是属于前一方面的研究，对后一方面比较忽视，但这种忽视并不意味着没有人或者很少有人觉察到了《诗镌》对前期新月诗派的影响，相反，绝大多数研究者都会在他们的论文或论著中肯定《诗镌》作为前期新月诗派主要园地（阵地），对于其诗歌理论及其创作的远扬起着很好的传播作用，并成就了前期新月派的声名。① 问题在于，至今尚无人深入分析并令人信服地解释《诗镌》如何影响、为何能够影响前期新月诗派。在本节中，笔者就此作出尝试，以求正于方家。

### 一 对格律新诗的塑造

学界论及《诗镌》与前期新月诗派的关系时，一般只注意前期新月诗派成员对《诗镌》的影响，而对于前期新月诗派致力于倡导的格律新诗的形成，多数研究者关注的只是闻一多、饶孟侃等人的理论建树和徐志摩等人的创作实践，因此在具体研究中，经常把《诗镌》中的文章和诗歌作品单独抽出来进行分析和论述。笔者认为，此举欠妥，理由如下。

现代报纸文艺副刊版面空间内每个单独的文本都是一个开放的单位，我们在这里可以看到丰富的文体对话、互文性交流的景象。文体对话的结果是文体共生，互文性交流使多个文本之间互相诠释，最终使文

---

① 比如陈小碧《〈晨报副刊诗镌〉与新月诗派先行者》，《福建师范大学福清分校学报》2006年第3期。

艺副刊的版面空间呈现出一种文学生态。这种文学生态，是未被秩序化、未经等级化、未被文学史话语定义过的一种文学的原生形态，与依据作家文集或从报纸文艺副刊中抽出单篇作品进行研究所得的文学史著作显示的文学景象有所不同。因而就《诗镌》来说，该刊展开的格律新诗文本（作品和理论）固然有单独呈现的一面，但既然它们镶嵌在同一版面，就难免出现由理论参照作品、由作品印证理论的现象，它们相互之间的边界不是封闭的，而是敞开的。进一步说，尽管闻一多、饶孟侃等在《诗镌》创刊前就已经开始了格律新诗的创作实践和理论探讨，然则20世纪20年代后期的格律新诗写作及产生了一定影响的格律新诗运动，本身仍是一种实验行为，尚无固定的创作规范和审美规则可遵循，在此情况下，同期发表在《诗镌》上的关于格律新诗的理论文章，可以说构成了对格律新诗作品的理论支持。这一现象，有些类似当年钱玄同和刘半农在《新青年》上演"双簧戏"。二者的不同处，在于后者由钱、刘二先生亲自登上《新青年》舞台，而前者却是格律新诗作品和理论文章同时登台《诗镌》。

　　正如我们所见到的，前期新月诗派的作品基本上是发表在《诗镌》，产生影响后才由作者本人或他人结集出版。这些作品从原初发表的《诗镌》版面上抽出来结集出版时，作品与原初发表于《诗镌》时所处的时代环境和各种作品本身作为文本具有的纵横方面的对话关系，在文集中消失了。由此看来，《诗镌》作为一种报纸副刊，并不仅仅是前期新月诗派的一个园地，它更是一个有着浓厚历史文化含量的文化载体。也就是说，在此类媒体上发表的文学文本是有文化生命力的。而这种文化生命只有在嵌入版面的空间结构，与前后左右的背景材料发生对话关系时，它才是鲜活的。这样的景象，我们不仅在《诗镌》，而且在《京报副刊》《时事新报·学灯》《民国日报·觉悟》上也可以得到生动的观照。

　　当文学作品在报纸文艺副刊版面上发表时，文本以复合的形式进入文学场。它是在一个复调的文化氛围中推出的。例如，《诗镌》第八号刊载了闻一多、饶孟侃等人的诗作，同时刊登了天心的文章《随便谈

## 第二章 《晨报副刊》研究

谈译诗与作诗》,此文指出了格律新诗过于注重形式、缺乏内容的弊病。在这篇文章后面,编辑徐志摩还特意附了编者言:"关于论新诗的新方向。你的警告我们自命做新诗的都应得用心听。"将闻一多、饶孟侃等格律新诗倡导者的诗作和天心批评格律新诗的文章排在同一期,本身就是一个有趣味的文化现象,后面又有编辑徐志摩的附言,因而这一期《诗镌》在整体上表达的某种观念昭然若揭。我们不知道编者如此排版,是否还隐含着其他目的,但就这一期登载的闻一多、饶孟侃等人的诗歌作品本身而论,它们是以一种与读者天心的批评文章、编者徐志摩的附言进行对话的面貌出现在版面上的,这样一来,闻一多、饶孟侃的诗歌作品进入的是一个范围更大的传播圈。而当闻、饶等人的诗歌作品被收入个人诗集,或选入教科书,或被文学史著作作为叙述对象时,作品就从最初在《诗镌》第八号版面发表时的"文学场"中剥离出来,这在某种程度上造成了对作品文化气韵的阉割。

天心对格律新诗派的批评引起饶孟侃的不满,立即发表文章反驳。尽管他们之间的争论没有吸引其他人参加,持续时间也不长,但这件事作为的确发生过的文学史事实,其本身具有一定的时效性对话特征。这样的文学论争是有赖于《诗镌》作为报纸副刊的传播特征才得以发生,并且完成的。诸如此类的只有通过互动式的激发才可能发生的文学史事实,无疑是前期新月诗派文学实践的组成部分,后人的文学史著述只能以线性的方式描述前期新月诗派参与论争的经过,而不能再现其时效性对话特征。

通过以上讨论,一个概括性的推论已经呼之欲出,那就是,《诗镌》对前期新月诗派起到了塑造的作用。我们通过以下几点来印证这个推论。

第一,《诗镌》实现了新月诗人希望领导一种潮流的理想抱负,并成就了他们的声名,使当时许多名不见经传的青年诗人一时名声大噪。如当时的刘梦苇、朱湘等。获得声名无疑会刺激新月诗人的创作和进行理论探讨的热情,由此推进格律新诗的发展。

第二,《诗镌》作为报纸副刊的周刊,具有新闻媒体传播信息快速、影响广泛的特点，因而使新月诗人对新诗的独特的理论主张被更多的人了解、接受，并不断效仿，在当时社会中形成一种格律新诗的潮流，对当时诗歌过分追求自由散漫的诗风流弊起到一种很好的矫正作用，引起人们对新诗艺术的重视。在某种意义上也可说恢复了新诗的声誉，并把对新诗艺术规律探索的水平提到一个新的高度。

第三，《诗镌》作为前期新月诗派的文化阵地，完全由前期新月诗派掌控，这样他们就可以随心所欲地、大量地发表自己的作品和理论主张，这种发表的自由和便利，极大地激发了诗人的创作热情，在当时出现了创作高潮，也使新月诗人的系统化、明朗化的理论探索能够及时公开发表，从而产生影响。

第四，前期新月诗派倡导的格律新诗为什么会是"麻将牌式"或"豆腐干体"呢？按照闻一多的见解，在每一诗行之中，"音尺排列的次序是不规则的，但是每行必须还他两个'三字尺'两个'二字尺'的总数。这样写来，音节一定铿锵，同时字数也就整齐了。所以整齐的字句是调和的音节必然产生出来的现象"。① 石灵在研究新月诗派的一篇文章中也认为，音尺对称的理论必然会导致"麻将牌式"或"豆腐干体"的产生。他说：

> 甲，音数的限定：因为西洋诗各行的音数有一定，所以他们写诗各行音数也有一定，隔行相等或每行相等。总之规律极严，其极端所至，竟产生了豆腐干诗的特殊称谓，现在我们一提起新月诗派首先唤起的意义，还就是豆腐干诗其次才是规律严整。②

这些分析自然是成立的，它表明格律新诗具有的"麻将牌式"或"豆腐干体"的形式，是由其内在规律决定。不过，如果我们把"麻将牌式"或"豆腐干体"与《诗镌》作为报纸副刊所具有的特征联系起

---

① 闻一多：《诗的格律》，《晨报副刊·诗镌》1926 年 5 月 13 日第 7 号。
② 石灵：《新诗派》，《文学》第 8 卷第 1 号。亦可参见方仁念选编《新月派评论资料选》，第 40 页。

## 第二章 《晨报副刊》研究

来进行观察,将发现,只有"麻将牌式"或"豆腐干体"的诗歌才最适合报纸副刊版面。首先,报纸副刊版面极其有限,这一点决定了它不能像文学杂志那样刊登长诗,因而短小的诗歌作品比较适合报纸副刊;其次,大凡报纸,都以容纳的信息量大取胜,因而刊载短小的诗歌作品可以在有限的版面内容纳数量更多的篇目;再有就是,我们现在翻看当时出版的《诗镌》即可发现,为了使版面整齐美观,《诗镌》乃至《晨报副刊》每版的版面被分割成几个长方形的模块,要刊载的文字只能填进模块中,又加上当时的文字是竖排的、采取从右到左的阅读方式,这样一来,不仅版面上登载的诗歌作品,即使其他短小的文章,也在外形上像"麻将牌""豆腐干"。因此,似乎可以说,只有排成"麻将牌式"或采取"豆腐干体"的诗歌作品才能在有限的报纸版面内登载尽量多的篇章、容纳尽量多的信息量,也才能使整个版面整齐、美观大方。退一步说,我们不妨试想一下,为什么那些当年被称为"麻将牌式"或"豆腐干体的"新月诗派作品,收入诗集出版之后就不怎么像"麻将"和"豆腐干"了呢?可见,格律新诗之所以是"麻将牌式"或"豆腐干体",固然由其内在因素所决定,却也离不开《诗镌》对它的外形的塑造。这一点,只有让前期新月诗派及其作品还原到《诗镌》时期,通过观察其文学原生形态才能发现。

### 二 对新诗、格律新诗和前期新月诗派创作的能动促进

前文论及《诗镌》对前期新月诗派的塑造,归根结底还是从《诗镌》作为报纸副刊所具有的特征来展开讨论。读者可能察觉到,那些讨论实际上已经涉及格律新诗乃至新诗的发生问题。关于"新诗的发生"问题,不是什么新题目,有关这方面的讨论已经不少。现任教于北京大学中文系的姜涛在脱胎于博士学位论文的《"新诗集"与中国新诗的发生》一书中,完整而准确地把握住了"新诗的发生"的基本立场,以"新诗集"为立足点,对"新诗的发生与成立"之社会条件和理论内涵作了细密而深入的论析。温儒敏教授在为此书所作的序中指出:该著"对以往所获得有关新诗发生'常识性'历史想象提出质询……这种质询

不但丰富了对现代文学产生历史过程复杂性的认识,也可能会启发我们反思以往习以为常的研究范式,开启文学史写作的多种可能和新的思路"。正是在"这种质询"的启发下,笔者越发觉得有必要考量《诗镌》的翻译对前期新月诗派的影响和作用,并企图借此寻求"新诗的发生"和嬗变问题的另类解释。

当然,就《诗镌》的翻译对前期新月诗派有影响这一点而言,现在应该已经不成问题。发表于《文学评论》2007年第2期的一篇题为《论翻译文学在现代文学史上的地位》的文章,就以大量的事例和严密的论证指出了翻译文学"直接参与了现代文学历史的构建和民族审美心理风尚的发展",并认为"翻译文学是中国现代文学的有机组成部分"①。在这里提及这一点,是因为察觉到,《诗镌》的翻译对前期新月诗派的影响和作用使其成为"新诗的发生"和嬗变的一个动因,从而《诗镌》的翻译得以参与现代文学史的构建以致成为"中国现代文学的有机组成部分"。要说清楚这一点,还得从新诗与翻译的关系说起。

新诗最为直接的艺术资源,无疑是西方诗歌。"五四"时期一位作者不无偏激地指出,"旧诗是不能给我们多大的新生命了。那么,我们还是去找西洋的名著去。荷马的,歌德的,尽可以细细地一读——我们又要搬运西洋货了;其实我们不是甘心'数典忘祖'的,实在因为我们自己的金矿里没有可以尽量研究的东西——至少也要把各国的名诗选集,普遍地一读"②。沈雁冰在《俄国的诗歌》中,拿几个以翻译著称的诗人为例,充分肯定"灌输外国的文学入国中,使本国的文学,取材益宏,格式益精,其功正自不可没"③。诗歌翻译对于新诗的发展,具有多方面的意义。它不仅仅体现为各种文本在两种语言之间的转换,为新诗写作提供一个现成的参照系;事实上它能动地参与了新诗的写作活动:既间接锻炼了写作者的语言表达能力,也测试了现代汉语在诗

---

① 秦弓:《论翻译文学在现代文学史上的地位——以五四时期为例》,《文学评论》2007年第2期。
② 董秋芳:《我对于中国现时新诗界的感言》,《民国日报·觉悟》1923年11月18日。
③ 沈雁冰:《俄国的诗歌》,《民铎》1922年第3卷第2期。

歌写作上的表现力与可能性——这一点，对于新诗的诗体选择，意义重大。

**（一）翻译观念的改变激发对新诗本身规律和创作的探索**

早期新诗的一个突出现象，就是写作与翻译往往同步进行，密切相关。不少诗人同时也是外国诗歌的翻译者，胡适、周作人、郭沫若、冰心等，莫不如此。不过，"五四"时期的诗歌翻译还显得较为零碎，尤其缺乏从文学观念、文艺思潮和文体建设方面借鉴外国诗歌的意识。多数人翻译诗歌的动机，强调的是诗歌翻译对于精神建设的重要价值，这正体现了五四新文化运动启蒙时代的特征及其影响。也有人因为翻译外国诗歌受到其影响，试图摆脱白话诗过于直白的流弊。冰心和宗白华等人的"小诗"就是如此。这说明，五四文学革命及以降，一方面强调诗歌翻译的思想和政治价值成为主流，另一方面一直存在自觉或不自觉地以借鉴外国诗歌为目的的翻译观念。但是这并非意味着后者对诗歌翻译的理解是正确的。当时曾有人这样描述西方诗歌的接受状态："有一位大学教授教起西洋诗来，说什么是'外国大雅'，什么是'外国小雅'，什么是'外国国风'，什么是'洋离骚'……要希望学生'沟通中外'。"① 此言虽带有一种漫画式的夸张语调，却从一个侧面折射出当时一些人接受外国诗歌时心态上的自大。以如此封闭的心态面对外国诗歌，自然很难从中汲取有益的养分，更谈不上什么"沟通中外"和借鉴了。当然，以如此封闭的心态"借鉴"外国诗歌不会是多数人，比如周作人很早就注意到，优秀的诗歌翻译不仅仅是思想内容的传达，还必须在诗艺诸方面（所谓"调子及气韵"等）有所作为。② 不过在他看来，不成熟的现代汉语，显然无法胜任第二个方面的工作，所以造成当时诗歌翻译很困难。他号召新文学作者们致力于创作，提高本土语言的表现力，在此基础上推进翻译活动。在这里，周作人看到了外国诗歌

---

① 志希：《古今中外派的学说》，《新潮》1919 年第 2 卷第 1 号。
② 仲密（周作人）：《译诗的困难》，《晨报》1925 年 10 月 25 日。

"调子及气韵"等方面的可资借鉴的价值,却忽略了翻译活动的能动性,即翻译反过来同样能够影响创作和本土语言的生长,因而周作人夸大了诗歌翻译的困难、对于诗歌翻译作出了消极的建议,尽管他本人在诗歌翻译和创作的实践上其实并不完全遵循上述思路。我们现在很难说周作人上述诗歌翻译的观念对文艺界产生了多大的影响,却至少可见,直到徐志摩发表对诗歌翻译的个人见解为止,似乎并无有别于周作人的意见出现。

与周作人相对消极的态度不同的是,1924年,当新诗创作从整体上陷入某种低潮的时候,个人创作处于上升阶段的诗人徐志摩,采取了一种主动的应对方式。他选择几首英语短诗,在《晨报副镌》《小说月报》等报刊公开征集这些诗作的汉译,呼吁更多的人来参与译诗的实践:

> 我们想要征求爱文艺的诸君,曾经相识与否,破费一点工夫做一番更认真的译诗的尝试;用一种不同的文字翻来最纯粹的灵感的印迹。我们说"更认真的",因为肤浅的或疏忽的甚至亵渎的译品我们不能认是满意的工作;我们也不盼望移植巨制的勇敢;我们所期望的是要从认真的翻译研究中国文字解放后表现致密的思想与有法度的声调与音节之可能;研究这新发现的达意的工具究竟有什么程度的弹力性与柔韧性与一般的应变性;究竟比我们旧有的方式是如何的各别;如其较为优胜,优胜在那里?为什么?譬如苏曼殊的拜伦译不如郭沫若的菝麦译……为什么旧诗格所不能表现的意致的声调,现在还在草创时期的新体即使不能满意的,至少可约略的传达,如其这一点是有凭据的,是可以共认的,我们岂不应该依着新开辟的途径,凭着新放露的光明,各自的同时也是共同的努力,上帝知道前面没有更可喜更可惊更不可信的发现。①

---

① 徐志摩:《征译诗启》,《小说月报》1924年3月10日第15卷第3号。又见《晨报副镌》1924年3月22日。

## 第二章 《晨报副刊》研究

不惜篇幅引用徐志摩上述呼吁，是想引起读者对这一段话的重视。在这里，徐氏急切表达的愿望是，要把一种自觉自为的诗歌翻译当作锻造新诗的美学品质、提升现代汉语的艺术表现力的一种有效途径。这个呼吁富有象征意味的地方，不仅仅在于它标志着现代诗歌翻译走向一个更自觉的阶段，并与新诗的创作实践建立起一种更紧密的互动关系，而且突显出呼吁者试图把这种诗歌翻译观念转化为一种集体意识的努力。后来的事实证明徐氏这种努力没有白费、希望没有落空——

在徐志摩的鼓吹之下，诗歌翻译活动变得更加积极主动。越来越多的"再译"现象，就是其中一个突出的方面。所谓"再译"，就是在已有一种或多种汉译的情况下，重新翻译某一首外国诗歌作品。这些再译的诗歌当中，尤为值得注意的是，对胡适等白话诗倡导者译诗的再译。譬如，钟无对韦丛芜翻译的朗第洛（H. W. Lang Dellow）的《处女的衰歌》作了重译，译名改成《处女的悲》；天心再译了《相见于不见中》（"Presentin Absence"），此诗共三节，胡适曾译过其中的第三节。徐志摩在读过胡适翻译的波斯诗人荻默的一首诗之后，也忍不住要亲自"操刀"，重新翻译一次。对此，他如此解释：

> 我一时手痒，也尝试了一个翻译，并不敢与胡先生的"比美"，但我却以为翻诗至少是一种有趣的练习。只要原文是名著，我们译的人就只能凭我们各人的"懂多少"，凭我们运用字的能耐，"再现"一次原来的诗意……①

这段话既再次表明了上文所述的徐志摩的诗歌翻译观，同时还表露了徐氏另外一点对诗歌翻译的看法，即"翻译至少是一种有趣的练习"，换言之，诗歌翻译是诗歌创作的练习、是为诗歌创作做准备，进一步说，诗歌翻译也是诗歌创作，是对原诗的诗意的再现。于是看得出来，在徐氏这里，诗歌翻译对新诗创作具有能动的促进作用，二者是一

---

① 徐志摩：《荻默的一首诗》，《晨报副镌》1924年11月7日。

种互动的关系。以这样一种诗歌翻译观念为指导的再译,与其说是诗歌翻译,不如说是以外国诗歌为参照的新诗创作的实验。举一个耐人寻味的例子,歌德的一首四行诗,除徐志摩外,这首诗的译者还有胡适、郭沫若、朱家桦、周开先等,可谓阵容强大,但徐志摩说这首诗"还是没有翻好"①。这自然归因于各人根据自己掌握的不同程度的外语水平和各自对诗意的理解作出了各自差异较大的翻译,但不容否认,歌德此诗多次被再译,表露了译者以之为实验、作对比研究的意图,也显示了新诗发生和发展历程中的筚路蓝缕。

由于再译诗歌是在诗歌翻译的观念发生改变的背景下,势必会激发自文学革命以来一直存在的对新诗本身规律和创作的探索。事实也是如此。在上文引用的徐志摩关于翻译诗歌的呼吁中,已经隐约可见要重新探讨新诗形式和音节问题的意愿。比如这一句话,"我们所期望的是要从认真的翻译研究中国文字解放后表现致密的思想与有法度的声调与音节之可能",就提出了要从外国诗歌来研究新诗"声调与音节"。这个建议得到不少诗歌翻译者采纳。那时候"再译"的诗歌以及前期新月诗派翻译的、发表在《诗镌》上的外国诗歌,莫不体现了这个建议的影响。有论者直言不讳地指出,新月诗派(前期)曾经刻意仿制西洋诗尤其是英国诗歌,比如闻一多的《收回》和孙大雨的《决绝》《回答》《老话》,都是商赖体的移植。②

**(二)在对诗歌翻译的内容和形式孰轻孰重的争论中,注重形式和音节的格律新诗初现轮廓**

尽管诗歌翻译观念的改变激发了对新诗本身规律和创作的探索,在20世纪20年代中期以前诗歌翻译自身纠缠在内容和形式孰轻孰重的争论之中。

在面对如何处理外国诗歌原作的内在形式即格律问题时,茅盾曾提

---

① 徐志摩:《葛德的四行诗还是没有翻好》,《晨报副镌》1925年10月8日。
② 石灵:《新月诗派》,方仁念选编《新月派评论资料选》,第41页。

出如下解决方案："凡是有格律的诗,固然也有他从格律所生出来的美,译外国有格律的诗,在理论上,自然是照样也译为有格律的诗,来得好些。但在实际,拘于格律,便要妨碍了译诗其他的必要条件。而且格律总不能尽依原诗,反正是部分的模仿,不如不管,而用散文体去翻译。翻译成散文的,不是一定没有韵,要用韵仍旧可以用的。"① 这里表露了鲜明的态度:当形式和内容发生冲突时,茅盾选择牺牲原作形式上的美学因素,而成全某种类似于内容的"意义"在两种语言之间的传达。郭沫若的态度和茅盾相仿。②

徐志摩却更看重原作中所蕴含的音乐美。1924年,他借翻译波德莱尔的诗《死尸》之机,以其特有的浪漫激情和奇特突兀的想象,发表了一通关于诗歌音乐性的感慨和议论:"所以诗的真妙处不在他的字义里,却在他不可捉摸的音节里:他刺戟着也不是你的皮肤(那本来就太粗太厚),却是你自己一样不可捉摸的灵魂?……你深信宇宙的底质,人生的底质,一切有形的事物与无形的思想的底质——只是音乐,绝妙的音乐……无一不是音乐做成的,无一不是音乐……庄周说的天籁地籁人籁,全是的。你听不着就该怨你自己的耳轮太笨,或是皮粗,别怨我。"③ 这里对诗歌音乐性的重要性的谈论,尽管缺乏一种论理所必需的明晰性和述说的冷静,失之浮夸,却表现出对诗歌艺术本体的感性认识,不像此前的论者只是干巴巴地谈论"音节""韵"等话题。然而此论一出,先后招致鲁迅和刘半农的痛批。④ 尽管鲁、刘的话锋所主要针对的不是诗歌音乐性本身,事过十年后鲁迅回忆说,自己和徐志摩只不过"开一通玩笑",而且徐志摩那种夸张语调和神秘主义的姿态也的确不大讨人喜欢,但是鲁、刘的痛批从一个侧面提示了当时注重诗歌原作形式美曲高和寡,以及谈论空间的狭窄。然而不管怎样,除了徐志

---

① 玄珠(茅盾):《译诗的一些意见》,《时事新报·文学旬刊》1922年第52期。
② 郭沫若:《答孙铭传君》,《中华新报·创造日》1923年第37期。
③ 徐志摩:《〈死尸〉译序》,《语丝》1924年第3期。
④ 鲁迅和刘半农分别在《语丝》1924年第5期、1925年第16期上发表《"音乐"?》《徐志摩先生的耳朵》,对徐氏的言论加以尖刻的讽刺。

摩，当时也还是有其他一些译者更多地在关注形式的"艺术美"的前提下来展开相关讨论并付诸翻译实践。尤为重要的是，正是在对诗歌翻译的内容和形式的争论中，诗歌形式的重要性逐渐被越来越多人所认识和接受。此时尽管格律新诗仍未成为一种有影响的诗歌体例，但注重形式和音节的格律新诗的轮廓已经初步显现。1926年以前出版的闻一多的《红烛》、徐志摩的《志摩的诗》，较为典型地体现了早期格律新诗的这种轮廓。

**（三）《诗镌》的诗歌翻译与前期新月诗派创作的互动**

前已论述，在徐志摩那里，诗歌翻译对新诗创作具有能动的促进作用，二者是一种互动的关系。从《诗镌》的作者来看，前期新月诗派成员大都集诗歌翻译者与创作者双重身份于一身，那么，这种互动关系就表现得更加突出。

从闻一多留美期间的书信以及后来有意仿制的《收回》一诗和饶孟侃、孙大雨对商赖体的借鉴可知，前期新月诗派几乎所有成员的诗歌创作是从模仿外国诗歌尤其是英国诗歌起步，并且日后也没有中断从外国诗歌中汲取"营养"。而按照自己的兴趣和审美标准选择并翻译外国诗歌，是模仿得以进行的必要条件，因此，从一定程度上说，他们翻译诗歌是为了提供可供参照的范文。此外，如前文所说，诗歌翻译对于他们已不再是简单的再现原作，而是一种创作的实验。如此说来，前期新月诗派、诗歌翻译、诗歌创作形成一种能动的互动关系。在这种互动关系中，前期新月诗派是诗歌翻译和创作的施动者，始终能够发挥主观能动性，但这一点并不妨碍诗歌翻译的过程和翻译后的作品发挥主体能动性，它们对前期新月诗派特别是对诗歌创作产生影响。由于这个缘故，我们现在读《诗镌》上的诗作时，可以看出明显的英国现代诗歌的痕迹。此外，当我们读同一作者的诗歌翻译和创作的诗歌，也不难发现，诗歌翻译中出现了原作没有的某些因素，而这些因素是他创作的诗歌的特色，这表明诗歌创作同样会对诗歌翻译产生影响。

还有一种情况值得注意，即同期甚至同一版《诗镌》往往兼容创作与翻译，比如第六号，在诗人们的创作中夹有一首华茨华斯的译诗。这种兼容现象，直观地显示了前期新月诗派创作与翻译诗歌之间的紧密关系。翻译作品与创作的作品同期或同版出现，在编者也许是无意识的行为，客观上却使翻译和创作形成互补、互证的动态关系。这样不仅方便了读者进行比照阅读，从而对前期新月诗派所倡导的格律新诗有了更为明晰的认识，而且创作的诗作与翻译作品大体一致的趣味，也使创作的格律新诗意外地获得了与外国名作等量齐观的荣誉、地位和存在的合理性。另外，从《诗镌》发表的作品来看，诗人们的翻译和写作时间经常重合。这种现象表明，当时不少作者一边翻译，一边写作。二者的互相影响与互相渗透自然不可避免。

以上对《诗镌》的诗歌翻译与前期新月诗派的创作的讨论，主要侧重于二者间的良性互动，而事实上，这种互动关系也存在非良性的一面。比如，创作者一味模仿译诗，致使这些作品仿制痕迹过浓而几乎失去了自身的创造性。陈梦家选编的《新月诗选》收入孙大雨的诗共7首，竟有3首被论者指为移植商赖体（石灵：《新月诗派》）。再比如，英国诗对音数有严格的限定，通过一抑一扬二音（或扬扬抑与抑抑扬三音）组成一拍，所以其音数相等即为拍数相等，这是适应于英语发音特征的，一旦经翻译成中文后，音数相等未必等于拍数相等。对此，前期新月诗派不甚明了或有所忽略，在翻译英国诗时往往以音数与拍数相等来组织文字，并以此融入格律新诗创作中，结果为了追求音数相等不惜打乱白话语言的流畅性和意义的连贯性，并且这种刻意的行为也导致作者对诗歌内容有所忽视。

## 第五节 《晨报副刊·剧刊》与国剧运动

在今天，很少人知道"国剧运动"是怎么回事，可它在20世纪20年代后期，曾一度成为文化界讨论的热点。其起因通常看作受爱尔兰民族戏剧的启发：爱尔兰浓郁的民族精神和民族风味的戏剧在世界剧坛上的迅速崛起，让余上沅等中国戏剧家大受鼓舞，开始思考中国戏剧建设。有论者认为这个运动仅止于理论探讨，实际上，它不仅提出了唯美的戏剧理论，成为中国化唯美戏剧理论探讨的一次集中展示，而且做了诸多实践，尽管大多失败。萌生国剧运动的前奏曲，是1924年秋天在纽约举办的一次公演。余上沅、赵太侔、闻一多、张嘉铸、熊佛西等人，和波士顿的中国学生联合演出了由余上沅编导的五幕英语话剧《杨贵妃》，演出获得的巨大成功让他们兴奋不已，相互决定：学成归国后，以国剧运动为口号！① 闻一多寄赠友人梁实秋的《释疑》②，不仅抒发了他的豪迈情怀，也概括了国剧运动的出发点和归结点。此后，围绕建设"国剧"话题有过多次研讨，发表不少文章，显示出人们此时的空前热情。这批留学生计划回国后致力于国剧运动，创办《傀儡》杂志，开设"北京艺术剧院"，建立培养演员的学校，设立戏剧图书馆和戏剧博物馆，等等。当他们满怀希望回国聚集北京后，遭遇的却是不堪的现实：先是"五卅惨案"，后来是几乎所有的计划一个个夭折。期间，在徐志摩、陈通伯等新月社朋友的帮助下，筹建"北京艺术剧院"，最终却只能在艺专开办了一个艺术系。"学校里既然不能发展，我们只好申诉于社会了。"③ 在这种情况下，余上沅、赵太侔他们争取到《晨报副刊》主编徐志摩的支持，借《晨报副刊》的版面，"来一次集合的宣传的努力，给社会上一个新剧的正确的解释，期望引起他们对于新剧的真纯的兴趣"④。由此可见，《晨报副刊·剧刊》是余上沅等将国剧运动推向社会、扩大其社会影响的结果，它是国剧运动的宣传喉舌。

1926年6月17日《晨报副刊·剧刊》创刊号出版，刊头画的是一个京剧的花脸脸谱，让人立即联想到这份刊物鼓吹国剧运动的基调。尽管徐志摩在发刊词中不无欣慰地表示："这回我的胆又壮了起来不是无

---

① 《余上沅致张嘉铸书》，余上沅编《国剧运动》，新月书店1927年版，第274页。

② 闻一多在决定与余上沅、赵太侔回国倡导国剧运动前夕，曾以《释疑》为题赋诗，寄赠时在哈佛大学进修的好友梁实秋："神州不乏他山石，李杜光芒万丈长。"这不仅是闻一多个人的抒怀，也是国剧运动的出发点和归结点。

③ 《余上沅致张嘉铸书》，余上沅编《国剧运动》，第277页。

④ 徐志摩、余上沅：《诗刊放假》，《晨报副刊·诗镌》1926年6月10日第11号。

## 第二章 《晨报副刊》研究

理可说的,因这回我们不仅有热心,加倍的热心,并且有真正的行家",1926年9月23日,《晨报副刊·剧刊》还是在出版第十五号后停刊了。据徐志摩说,"上沅的功劳是不容淹没的,这十几期剧刊的编辑苦工,几乎是他单独扛着的"。① 说明,尽管徐志摩是主编,实际的编辑工作基本上由余上沅承担。总共15期《晨报副刊·剧刊》,发表戏剧论文10篇,戏剧批评8篇,论旧戏剧的文章2篇,论剧场技术的7篇,此外还有十几篇不易归类的杂著及附录。这些文章,后来由余上沅汇编成书,1927年9月以《国剧运动》为书名在新月书店出版。虽然徐志摩在为《晨报副刊·剧刊》终刊撰写的《剧刊终期》中,哀叹"这终期多少不免凄恻的尾声",但《晨报副刊·剧刊》对于推进国剧运动有着显著的意义,因为,如余上沅所说:在《晨报副刊·剧刊》上发表的"二三十篇文章,其中大部分有一种不约而同的趋向。这些作者,不但批评戏剧,而且对于艺术全体,都有相当的发挥"。②

1925年春夏,以闻一多、余上沅、赵太侔为主体,以推进国剧运动为宗旨的"中华戏剧改进社"成员回国后集体加入新月社俱乐部,两股人马合流,成立"中华戏剧社",一年后,"中华戏剧社"部分成员余上沅、徐志摩等创办《晨报副刊·剧刊》,以该刊为阵地,开展国剧运动。就这一过程来看,"中华戏剧改进社"加入新月社俱乐部并成立"中华戏剧社",在新月派历史中是一件大事。研究者大都倾向于以《晨报副刊·诗镌》作为新月派活动的起点,而《晨报副刊·诗镌》之所以能够创刊,直接取决于徐志摩与闻一多、饶孟侃等前期新月诗派重要成员是否互相认同。很大程度上,闻一多等"中华戏剧改进社"成员加入以徐志摩为核心的新月社俱乐部,为闻、徐日后携手创办《晨报副刊·诗镌》奠定了情感、人际关系方面的基础。因此,首先是戏剧而不是诗歌,成为新月派最初聚集为一个流派的契机,或者说,戏剧成为早期新月派的黏合剂。正因为此,当格律新诗运动陷入困境时,徐

---

① 徐志摩、余上沅:《剧刊终期》,《晨报副刊·剧刊》1926年9月23日第15号。
② 徐志摩、余上沅:《剧刊终期》,《晨报副刊·剧刊》1926年9月23日第15号。

志摩等同意《晨报副刊·诗镌》"放假",将版面让给余上沅等办《晨报副刊·剧刊》。

综观《晨报副刊·剧刊》,余上沅、赵太侔等以推进国剧运动为宗旨,从戏剧的概念、戏剧与艺术的关系、戏剧批评、戏剧与道德进化、戏剧语言、戏剧与观众、戏剧的舞台设计等方面,提出了若干新的看法主张。

为了节省篇幅,我们仅就几个重要人物所定义或理解的戏剧概念进行考察,希望通过他们对戏剧概念的理解,可以管窥他们对于戏剧的一般主张。

徐志摩为《晨报副刊·剧刊》撰写的发刊词《剧刊始业》,本应该是倡导国剧运动的一份宣言,他却在文中先是简明扼要地谈了几句他对戏剧的理解,然后列出"我们有几个朋友"接下来的打算和编办《晨报副刊·剧刊》的四点计划,就匆匆收笔。这恐怕与他虽然对戏剧有一腔热情,却没有多少戏剧理论素养有关。①需要注意的是,徐志摩试图在《剧刊始业》中对戏剧的概念进行解释,他这一个不太成功的举动,在其他人那里被重复——余上沅、赵太侔、梁实秋、熊佛西都曾在《晨报副刊·剧刊》上对戏剧的概念作出自己的定义和理解,如表2-1所示。

表2-1　《晨报副刊·剧刊》主要撰稿人对"戏剧"概念的理解

| 姓名 | 对"戏剧"概念的定义或理解 | 简要分析 |
| --- | --- | --- |
| 徐志摩 | "戏剧是艺术的艺术。因为它不仅包含诗,文学,画,雕刻,音乐,舞蹈各类的艺术,它最主要的成分尤其是人生的艺术。"② | 强调戏剧是各种艺术中的艺术,是各种艺术的综合,而其中,人生的艺术是最主要成分。 |
| 余上沅 | "戏剧既是各项艺术的综合有机体。"③ | 戏剧与各种艺术之间是综合有机的关系。 |

---

① 徐志摩在《晨报副刊·剧刊》发表过几篇戏剧方面的文章,后来收入余上沅编的《国剧运动》一书的却只有徐为《晨报副刊·剧刊》创刊、停刊写的《剧刊始业》《剧刊终期》。可能余上沅认为徐所写的戏剧文章水平不高,便没有收入书中。
② 徐志摩:《剧刊始业》,《晨报副刊·剧刊》1926年第1期。
③ 余上沅:《戏剧的困难》,余上沅编《国剧运动》,第126页。

## 第二章 《晨报副刊》研究

续表

| 姓名 | 对"戏剧"概念的定义或理解 | 简要分析 |
|---|---|---|
| 赵太侔 | "戏剧的概念是什么?我们可以很老实的归纳起来说:他是以文学为间架,以人生及其意义为内容,以声音动作——身体——为表现的主要工具,以音乐或背景等等为表现的辅助的一种艺术。"① | 戏剧包含各种艺术,但各种艺术在戏剧中的作用和地位是不同的。 |
| 梁实秋 | "戏剧是艺术的一种,是文学的一种,是诗的一种。"② "现今最流行的误解,以为戏剧是各种艺术的总合,以为舞台指导员布景人化妆者均与戏剧者占同样之重要,同为戏剧上不可少之成分。殊不知戏剧之为物,故可演可不演,可离舞台而存在。"③ | 戏剧只是艺术中的一种,是文学和诗的一部分。反对戏剧是艺术的综合体的观点,而更看重剧本在戏剧中的独特作用。 |
| 熊佛西 | "简单说来,戏剧不外三个范围。无论如何逃不出这三个范围:第一,戏剧是一个动作(action),最丰富的,情感最浓厚的一段表现人生的故事(story)。……第二,戏剧必须符合'可读可演'两个最要紧的条件。……第三,戏剧的功用是与人们正当的娱乐,高尚的娱乐。"④ "戏剧是一种综合的艺术。它是别种艺术调和与综合的结果。"⑤ | 戏剧是对人生的摹仿,戏剧是文学性与戏剧性相统一的艺术形式,戏剧的功用是寓教于乐。戏剧是一种综合的艺术。 |

倡导国剧运动的几个人,都先后从不同或相同的角度,在《晨报副刊·剧刊》撰文表达了自己对戏剧概念的定义或理解,这是有趣的一件事。他们不约而同的这种行为,表明倡导国剧运动所遇到的首要问题,便是必须对戏剧的概念作出新的定义。只有在新的戏剧定义下,才能进一步阐述国剧运动的戏剧观。不过,令人讶异的是,表2-1中每个人对戏剧的定义或理解,有相同之处,也有差别。认为戏剧是对人生的摹仿,这是共同之处,事实上,这也是国剧运动提倡写实主义的理论基础。并且,他们都承认,戏剧包含诗歌、绘画、雕刻、音乐、舞蹈等各种艺术。但在戏剧与其他各种艺术的关系方面,他们存在分歧,甚至

---

① 赵太侔:《国剧》,余上沅编《国剧运动》,第9页。
② 梁实秋:《戏剧艺术辨正》,余上沅编《国剧运动》,第24页。
③ 梁实秋:《戏剧艺术辨正》,余上沅编《国剧运动》,第28页。
④ 熊佛西:《论剧》,余上沅编《国剧运动》,第43、44、45页。
⑤ 熊佛西:《论剧》,余上沅编《国剧运动》,第50页。

彼此的观点出现对立。徐志摩认为，戏剧是艺术中的艺术，也就是说，戏剧是凌驾于其他各种艺术之上的；余上沅认为，戏剧与各种艺术之间是综合有机的关系，熊佛西也认为戏剧是一种综合的艺术，是各种艺术调和与综合的结果；而梁实秋认为，戏剧只是艺术中的一部分，戏剧中最重要的是剧本，剧本可以脱离舞台存在；赵太侔则认为，戏剧中各种艺术的地位和作用是不同的。看得出，余上沅与梁实秋的观点是直接对立的。而更令人惊诧的是，赵太侔在一篇讨论舞台布景的文章中，居然针锋相对地说：

> 有些人说："戏剧是综合的艺术"，细味他们的意思，似乎是说，"戏剧是各种艺术的混合体"。根据了这种误解，于是就有人认为是说，"戏剧是最高的艺术"。这样辗转误会，将原来的含义完全失掉，却替戏剧挂上了一副骄矜的面目。这是何等的不幸！
>
> 戏剧也只是艺术的一种，不是几种艺术的混合。①

显然，赵太侔不仅反对徐志摩所谓的"戏剧是艺术的艺术"，也不赞同余上沅、熊佛西提出的"戏剧是各项艺术的综合有机体"。

对戏剧的概念作出定义或新的诠释，这对于国剧运动自然是很重要也很有意义的。然而，即使在这样一个重要概念上，余上沅他们也出现了截然对立的观点，表明他们在发起和推进国剧运动前后，没有在这方面达成统一认识。事实上，除了对戏剧概念的理解没有达成共识，他们每个人之间还在其他一些方面存在观点不一致乃至对立。如，熊佛西认为戏剧必须"可读可演"。他说："可读的剧本是文学，才能有永久性。可演的剧本方不失掉戏剧（to do）的原义。"② 他强调戏剧必须既可作为文学剧本来读，也可搬上舞台演出。而张嘉铸却认为："剧本没有得到舞台的试验，同剧院的证明，是不能算做戏剧的。"③ 有时他们因为

---

① 赵太侔：《布景》，余上沅编《国剧运动》，第133页。
② 熊佛西：《论剧》，余上沅编《国剧运动》，第44页。
③ 张嘉铸：《病入膏肓的萧伯纳》，余上沅编《国剧运动》，第157页。

戏剧的观点不一致，乃至在《晨报副刊·剧刊》上同室操戈。如《晨报副刊·剧刊》第七、八号上曾经连载梁实秋的《戏剧艺术辨正》一文。文章依照白璧德的新人文主义观念对戏剧艺术进行图解，认为戏剧是戏剧，舞台是舞台。艺术类型之间不能混杂，如果戏剧照顾舞台，则是艺术投降于技巧之象征。这种认识与余上沅等反复申述的"戏剧是综合的艺术"的观点对立。梁实秋的纸上谈兵很快招致熊佛西的猛烈攻击，发表了《论剧》（第九号）；余上沅也在《论戏剧批评》中先是将梁实秋那句"戏剧是艺术的一种，是文学的一种，是诗的一种"的话树为抨击的靶子，最后又讽刺梁实秋对照白璧德主义依样画葫芦："批评家既然是血和肉做成的人，不免也好护短……故步自封、死守成法的批评家，不但害了他自己，而且害了一般耳朵软的听众。"①

既然他们在许多方面存在观点的差别乃至对立，这就使我们今天翻看发表在《晨报副刊·剧刊》上的这些旨在推进国剧运动的文章时，容易得出一个印象，即从他们发表在《晨报副刊·剧刊》上单篇文章来看，他们毫无疑问是在宣扬和改进国剧，然则倘若将这些文章视为一个整体，做一个横向的观察，却因为他们在许多方面观点不同，使人觉得他们各行其是，并不是有意识地在共同推进国剧运动，而只是在发表个人对于戏剧的看法。这就暴露了《晨报副刊·剧刊》同人的盲点：极端自信，个人主义严重，不注重集体形象，对个人和集体言论缺乏必要的反省。这为国剧运动的失败埋下了隐患。

说到国剧运动的失败的原因，不能不提余上沅的一个总结。1927年8月，余上沅将发表在《晨报副刊·剧刊》的文章汇集为《国剧运动》出版，为该书作序时总结了三个国剧运动失败的原因，一是目的错误，二是不明方法，三是缺乏人才和经济帮助。在今天看来，余上沅指出的这三个原因固然没错，却没有切中要害。平心而论，徐志摩在《晨报副刊·剧刊》发刊词中所说的"给社会一个剧的观念，引起一班人的同情和注意"，不仅仅是《晨报副刊·剧刊》同人为树立招牌而实

---

① 余上沅：《论戏剧批评》，《晨报副刊·剧刊》1926年8月26日第11号。

行的办刊策略,这句话同时也反映出他们要为戏剧艺术发展指明道路的态度是真诚的。然而阅读《晨报副刊·剧刊》同人的文章,却很容易看出他们对当时中国剧坛的隔膜。不知是由于初回国门,对现代戏剧在中国的生存境况欠缺了解,还是出于对中国戏剧发展与世界潮流同步的想当然的想象,他们所开出的"药方"委实有些不合时宜,所以也就难免遭受冷遇。① 余上沅等人把西方尤其是英国近代戏剧与中国传统戏剧结合起来,产生一种兼具话剧和戏曲优点的新剧即国剧,这种想法不可谓不大胆,其创意也不可谓不新颖,然而他们没有考虑到中西戏剧精神的差异。西方戏剧注重理性的升华,中国戏曲关注性灵的和谐;西方戏剧写实,中国戏曲写意。不同的戏剧精神要求不同的表演体系。国剧试图融会贯通中西,这并非不可能,但需要有一个相当长的过程。余上沅等在对中西戏剧尚存隔膜的情况下,急于求成,企图打通中西戏剧,其结果只能是"看惯西洋剧的人,自然嫌它不成东西,看惯中国旧戏的人,也嫌它不成东西"②。

倘若将新月派的两种同样依托于《晨报副刊》的刊物(《诗镌》《剧刊》)作一番比较,容易发现,《剧刊》与《诗镌》最大的不同,就是它以理论文章为主(最多的是戏剧论文,共10篇,其次是戏剧批评,有8篇),没有刊登过一部剧本,而《诗镌》以其大量诗作为实绩,却又不乏诗歌理论文章。因此,《诗镌》获得理论与实践的相互辉映、相得益彰的好处,而《剧刊》通篇只有高谈阔论的、枯燥乏味的理论,连余上沅本人也承认《剧刊》上的文章"未免迂阔而不近于世情"③。这恐怕是在当时人以及后人心目中,《剧刊》比《诗镌》逊色,乃至新月戏剧派很少为人所知、影响较小的缘故。可以这么说,《剧刊》提倡国剧运动,确实功不可没;但其功劳基本上在理论建设,而

---

① 有感于《晨报副刊·剧刊》遭受冷落,《剧刊》同人最终不得不发出这样的感叹:"社会,像喜马拉雅山一样屹立不动的社会,它何曾给我们半同同情?"(余上沅:《一个半破的梦——致张嘉铸君书》,《晨报副刊·剧刊》1926年9月23日第15号)

② 陈源:《观音与国剧》,《西滢闲话》,上海书店1982年版。

③ 徐志摩、余上沅:《剧刊终期》,《晨报副刊·剧刊》1926年9月23日第15号。

## 第二章 《晨报副刊》研究

非实践。《剧刊》同人的这种情况，与《新青年》"但开风气不为师"的思路相同，他们的注意力在"提倡"，不在"实践"。这又正如胡适在谈到文学革命时所再三表白的："提倡有心，创造无力。"《剧刊》同人除余上沅、赵太侔、熊佛西等少数几人之外，多数人并不具备"戏剧家的天分"，却非要参加国剧运动不可，《剧刊》同人的这种心态，一如其不懂戏曲，却非要畅谈中国旧戏是否当革新及如何革新旧戏一样，都是基于社会责任而不是个人能力。比如，徐志摩虽然早在新月社时期就对戏剧抱有兴趣（与林徽因等登台演戏、与陆小曼合写剧本《卡昆冈》），"在剧刊期内"却几乎没有在该刊发表什么文字，至于原因么，他承认"一半也为是自顾罔然，不敢信口胡诌"①。"自顾罔然，不敢信口胡诌"，这可不是故作谦虚之语，而是徐志摩的自知之明。当然，也有个别作者出现在《剧刊》，很大程度上是出于"友情客串"，如顾颉刚的《九十年前的北京戏剧》（第六号）、冯友兰的《希腊之悲剧》（第十二号）。

尽管余上沅说，发表在《晨报副刊·剧刊》上的文章，"其中大部分有一种不约而同的趋向"②，可当我们进一步细读这些文章，或许会萌生这样一个问题：《晨报副刊·剧刊》文本究竟能在多大程度上反映《晨报副刊·剧刊》同人的主张？这里除去自我表述的主观因素而外，其实还有一个极易被人忽略的客观问题，即文学流派借助报纸副刊创办文艺刊物所遇到的种种困难和限制。

首先是篇幅问题。由于前期新月诗派的诗歌作品全都篇幅短小，这一问题在《晨报副刊·诗镌》时期还不十分突出。但是对于《晨报副刊·剧刊》来说，因为报纸副刊的版面有限，而《晨报副刊》又是16开版面的周刊，不能像专业的戏剧文艺杂志那样刊登剧本、剧照以招徕读者，事实上，编辑甚至经常不得不为百十字的篇幅而删改原文。有时论文的篇幅较大些，就只好分期连载，如梁实秋的《戏剧

---

① 徐志摩、余上沅：《剧刊终期》，《晨报副刊·剧刊》1926年9月23日第15号。
② 徐志摩、余上沅：《剧刊终期》，《晨报副刊·剧刊》1926年9月23日第15号。

艺术辨正》分别在第七、八号连载。尽管《晨报副刊·剧刊》同人早在创刊之初就意识到了这个问题，在《剧刊始业》中宣布："同时我们也征求剧本。虽则为篇幅关系，不能在本刊上发表。我们打算另出丛书，印行剧本以及论剧的著作，详细的办法随后再发表。"但是这一个"另出丛书印行剧本及论剧的著作"的设想，直到新月同人创办了新月书店之后才得以实现。①《晨报副刊·剧刊》上竟然没有一部剧本！作为推进国剧运动的机关刊物，《晨报副刊·剧刊》光有高谈阔论的理论文章，而没有能够代表实践的剧本，这恐怕很难引起一般新文学青年的兴趣，也不利于扩大国剧运动的影响。基于"一方面可以提起读者研究戏剧艺术的兴趣，一方面也可以打破我们纸上谈兵的单调"②的愿望，《晨报副刊·剧刊》曾经尝试借助《晨报·星期画刊》出过一期《戏剧特号》。但是这种偶一为之的事情，并不能从根本上解决问题。③

其次是时间问题。借报纸办文学期刊往往会遇到一个问题：时间仓促、组稿被动。《晨报副刊·剧刊》每周四出版。据徐志摩说，《晨报副刊·剧刊》的编辑工作，"几乎是他（余上沅——引者注）单独扛着"④，说明该刊在编辑事务方面存在严重的人手不足问题，何况余上沅还要为《晨报副刊·剧刊》撰写文章——他在该刊上发表的文章篇数最多。既然如此，他要想在一周之内将版面安排妥帖已属不易，更遑论还要顾及稿件质量、编辑策略、刊物风格等。《晨报副刊·剧刊》的

---

① 新月书店曾先后出版发行《国剧运动》（1927），《卞昆冈》《若邈久娟新弹词》（1928），《造谣学校》《鮑姻缘》《迷眼的沙子》（1929）《威尼斯商人》《可钦佩的克来敦》（1930），《西林独幕剧》《两个角色演底戏》《佛西论剧》（1931），《一幅喜神》《岳飞及其他》（1932）等译、著剧本和戏剧理论著作。

② 参见1926年7月11日《晨报》社出版的第43期《星期画刊》。这期《星期画刊》出版当日，《晨报》第六版上还刊登了广告："本部近承《剧刊》同人惠赠关于西洋戏剧艺术各类之影片廿余幅，特于本期刊行专号。各图均经甄选，并附说明，阅者全读本号，便可略知近代西洋戏剧艺术之梗概矣。星期画报部启。"

③ 余上沅说："我们也试过一次画报，结果也不大佳。"（徐志摩、余上沅：《剧刊终期》，《晨报副刊·剧刊》1926年9月23日第15号。）

④ 徐志摩、余上沅：《剧刊终期》，《晨报副刊·剧刊》1926年第15期。

## 第二章 《晨报副刊》研究

文章有时缺乏呼应,各自为政,恐怕不无这方面的原因。闹稿荒是常有的事。甚至有的作者约定了一个题目做不下去,又自行改题另作的情形也有。① 如此拉来的稿子能在多大程度上反映刊物主旨和同人见解,也就可想而知了。

---

① 顾颉刚在《九十年前的北京戏剧》中说:"这次《剧刊》要我作文,使我重温起旧时的存想,预备写出《乾隆以后的北京戏剧》一文……我立下这个题目去搜集材料,弄了一天就觉得不容易,因为范围太广了,不是将要出京的我在整理行装的一二旬中所能作成的。现在就从《京尘杂录》中抄出一些,改题为《九十年前的北京戏剧》。"(《晨报副刊·剧刊》1926 年 7 月 22 日第 6 号)

## 第三章 《新月》月刊研究

　　1928年3月10日创刊于上海的《新月》月刊，既是新月派出版的系列刊物中最主要、影响最大的一种，新月派的主要言论和观点，也是通过该刊得以流传。因此，要还原与探究新月派，最主要同时必不可少的工作就是解读《新月》月刊。事实上，作为新月派最重要且最具代表性的文学活动和历史文献，《新月》不仅仅意味着新月派文学家们一本本尘封的理论与作品的结集，也不仅仅可作为后来者为印证其先验的思想观点而随意删裁征引的历史文本，更在于它本身就是一种展示和述说新月派整体特征与生发历程的具有生命的存在。90年后的今天，当笔者翻阅这些蒙着厚厚灰尘的书卷，仿佛在《新月》的字里行间，听见了新月群体的声音、看见了他们奋进的身影：由《新月》的发刊词，可以体会创办者对现代"荒歉"而"混乱"的思想界进行了全面的清算的自信、"对光明的未来"义不容辞地担负责任的豪气；由《新月》文论的风格，可以感受新月同人的书生意气与"不合时宜"；由《新月》的内容设计与版式装帧，可以领悟"新月"的思想理念与艺术追求；由《新月》编辑方针的起伏更迭，可以透视《新月》编辑群体分化、重组的历史命运；由《新月》的发行状况和影响消长，可以回溯新月派在倡导自由主义文学路途中的掷踢脚步……因而，对笔者来说，重读《新月》，首先意味着翻开"新月"历史的本来面目，而不是检阅《新月》文本的文学价值和美学意义。

# 第三章 《新月》月刊研究

## 第一节 聚合：《新月》创刊缘由

经过一番筹备和策划之后，《新月》月刊创刊了。刊物的封面设计，据说出自闻一多之手。32开版面，方形，封面用天蓝色，上面贴一块黄色签条，签条上横书古宋体"新月"二字。这种设计朴素、简洁，很容易让人想到英国19世纪末的著名杂志《黄皮书》（*Yellow Book*）。那是一份综合性杂志，闻一多、徐志摩喜欢它在形式上的那种"古怪夸张而又极富颓废的意味"。信奉"文学的纪律"的梁实秋却不喜欢《新月》这种封面设计，因为他认为《黄皮书》有浓厚的堕落色彩，尽管他直到20世纪70年代仍然收藏五六本《新月》月刊。不过，他当时也没有反对《新月》的封面设计，因为"国内很少人看到过这《黄皮书》"。后来梁实秋据此评论说："假使左派仁兄们也知道有所谓《黄皮书》者，恐怕他们绝不会放过这一个可以大肆抨击的题目。"[①] 言外之意，《新月》的封面设计在很大程度上受到了《黄皮书》的影响，因而容易惹上文化颓废色彩的嫌疑。现在看来，梁氏是多虑了。因为，我们单从《新月》的封面来看，在天蓝色的封面上贴着黄色的刊头，更容易让人想起一轮金黄的明月悬挂在深蓝的夜空——这幅景象难道不是生动地诠释了"那纤弱的一弯分明暗示着，怀抱着未来的圆满"么？《新月》颇具特色的封面设计，直观地诠释了刊名"新月"的象征意义，表明了编办者通过贡献微薄之力（"纤弱的一弯"新月）迎接美好光明未来（"未来的圆满"）的信心和期待。

1. 《新月》创刊缘由之一，出于出版经营策略的考虑，即为了与新月书店形成良性互动。

关于《新月》的创刊缘由，除了一般人立即能想到的"为了拥有一个属于同人的发表园地"，还有多种说法。在《〈新月〉的态度》中，

---

[①] 梁实秋：《忆〈新月〉》，方仁念选编《新月派评论资料选》，第13页。

徐志摩认为，"我们这月刊题名新月，不是因为曾经有过什么'新月社'，那早已散消，也不是因为有'新月书店'，那是单独一种营业，他和本刊的关系只是担任印刷和发行。《新月》月刊是独立的"①。徐志摩否认了《新月》因新月社或新月书店而创刊这两种说法。《新月》创刊与"早已散消"的新月社无关，这是显然的。不过，是不是如徐志摩所说《新月》的缘起"也不是因为有'新月书店'，那是单独一种营业，他和本刊的关系只是担任印刷和发行"呢？事实并非如此简单。新月书店和《新月》的关系很密切，从某种程度上说，二者之间甚至是一种唇亡齿寒的互动、互补的关系。

第一，新月书店是由徐志摩、胡适、丁西林、余上沅、张嘉铸、闻一多、潘光旦、饶孟侃、叶公超、刘英士等人于1927年入股投资创办的，胡适是董事长，其他人都是董事会成员，后有罗隆基、邵洵美加入，新月书店的董事其后都是《新月》月刊的编辑和主要撰稿人。新月书店董事会和《新月》编辑作者群体在人事关系方面的交叉重叠，使二者间的关系千丝万缕、无法分割。更重要的，是新月书店和《新月》的编辑出版方针互相影响。

第二，新月书店除了印刷和发行《新月》杂志，还出版了不少《新月》主要撰稿人撰写、编译的著作，从而新月书店和《新月》呈现以下互动关系：优秀作品在《新月》发表→产生社会影响后由新月书店结集出版→影响更大时再版《新月》。如沈从文的《阿丽思游中国记》先是在《新月》上发表，受到关注和好评旋即拿到新月书店出单行本，其他许多新月派作品都是采用这种经营模式。

第三，新月书店的书籍广告主要投放在《新月》上，随着《新月》的停刊，新月书店也难以为继。我们现在翻阅《新月》，可以看到，新月书店的新书预告、出版广告，每一期至少占两三个版面，它们分布在刊物目录页、中间和版权页前，这显然是编者的有意安排。《新月》甚至曾经假设自己无力维持月刊的印行时，提出用新月书店出版的书籍抵

---

① 徐志摩：《〈新月〉的态度》，《新月》1928年第1卷第1期。

## 第三章 《新月》月刊研究

偿读者的损失。

第四，新月书店可补《新月》篇幅有限之不足，《新月》可免新月书店出版周期长、时效性相对较差之弊。比如，《新月》从第三卷第一期开始连载胡适的回忆录《四十自述》部分章节，满足了读者先读为快的需要，其后又由新月书店出版了完整的《四十自述》。再如，罗隆基的政论，具有很强的时效性，由于篇幅短小，不宜出版单行本，故先在《新月》发表，等达到一定数量后再由新月书店结集出版。

第五，随着《新月》关注焦点的变化，新月书店出版的图书产生相应变化，如徐志摩主编时期《新月》注重文学，相应地，新月书店推出了现代文学丛书；随着《新月》"谈政治"，"人权与约法"讨论迅速展开，新月书店开始关注社会政治问题，将胡适、梁实秋、罗隆基发表在《新月》上拥护人权的几篇文章结集出版（《人权论集》）。新月书店的出版物和《新月》互相照应，扩大了新月派的阵地，也扩大了新月派在当时的影响。

上述五点表明，《新月》的缘起并非如徐志摩所说"也不是因为有'新月书店'，那是单独一种营业，他和本刊的关系只是担任印刷和发行"，《新月》月刊不是独立的，而是与新月书店存在一种唇亡齿寒的互动、互补的关系。《新月》创刊的缘由之一，是出于出版经营策略的考虑，是为了与新月书店形成良性互动。关于这一点，新月派成员可能并未明确意识到，但它仍然客观上存在。

2. 《新月》的创办缘由主要是维护文学的尊严与健康、竖起自由主义文学的旗帜。

谈到《新月》的创刊缘由，自然不能不谈到它的创办背景。这个背景有大背景、小背景之分。所谓小背景，指的是1926年至1927年胡适、徐志摩、余上沅等新月社主要成员大批南下，他们聚集在当时正在崛起的经济、文化中心上海市，经常聚会，并于1927年成立新月书店，为《新月》的创刊准备了条件。所谓大背景，指的是1927年国共两党的分裂，使这两大政治集团的冲突、对峙成为此后20多年间中国社会主要的政治局面。在这种政治局面中，较长时期内新月派扮演着第三种势力的角色,在对待国民党、共产党的态度上,新月派既反对前者,又部分否定后者。是否这种政治态度构成的背景正是《新月》得以创办的缘由?换言之,新月派是不是因为政治上的这种原因创办了《新月》?

梁实秋的回忆似乎对上述问题作了肯定的回答。他说:"每次聚餐会都在胡适家里,由胡太太做菜,偶尔也在徐志摩家里,吃完饭大家随便聊天,夜深了就回家。胡适又提议说这样聚餐浪费时间,最好每次有一个题目,找一个人主讲比较有意义。胡适定了总题《中国往哪里去》,分派每人从经济、政治、社会、文化、道德各方面来讲,我被分讲道德,这题目很难,我还是讲了,每次都讲到十一二点才散去。讲了一段时间,大家又提议要办一份刊物,名称就叫《新月》……"① 按照梁实秋的这种说法,他们几个人是因为聚餐会式的时政讨论不能满足发表意见的需要才创办《新月》的,也就是说,创办《新月》是为了公开发表政治言论。梁实秋的这种说法与他在《忆〈新月〉》中所说的有所不同。应该注意到,从他们讨论的内容特别是"胡适定了总题《中国往哪里去》,分派每人从经济、政治、社会、文化、道德各方面来讲,我被分讲道德"来看,这些聚餐会应该属于1929年平社举办的活动,因为1929年5月19日《胡适日记》写道:"平社在范园聚餐。上次我们决定从各方面讨论'中国问题'每人任一方面。"② 1929年5月18日的《胡适日记》上贴有《平社中国问题研究日期单》,梁实秋的论题是"道德"。而在此一年前《新月》已创刊。所以,不能凭上引梁实秋之言来断定,因为发表政治言论需要而创办《新月》。

叶公超的说法是这样的:"渐渐地,由于苏联文学势力的进入中国,南方上海的左派力量扩大,'新月'同人感到需要加以抵制,因此计划办杂志,开书店,设茶馆(供大家谈问题)。"③ 梁实秋也曾说他们

---

① 梁实秋:《揭开历史的〈新月〉》,《中国时报》1980年7月24、25日。
② 《胡适日记》1928年5月18日,《胡适全集》第31卷,安徽教育出版社2003年版,第388页。
③ 参见台湾《联合报》1980年8月6日。

## 第三章 《新月》月刊研究

的聚集是因为面对这样一个事实,"'革命文学'的呼声高唱入云",无产阶级的运动已"由政治的更进而为文化的运动",要"打倒资产的文学来争夺文学的领域"①,他意识到争夺文艺阵地和领导权的斗争已经开始了。叶、梁的说法,可归结为一点,即创办《新月》是为了争夺文艺阵地和领导权。那么,究竟《新月》是不是如叶、梁两位新月派主将所言"为了争夺文艺阵地和领导权"而创办呢?要弄清这个问题,得从《新月》发刊词《〈新月〉的态度》谈起。坦白地说,笔者认为《〈新月〉的态度》一文是研究《新月》特别是研究新月派的一份珍贵而重要的文献,长期来学界对它的关注不够。

(1)《〈新月〉的态度》一文实际上是《新月》同人文艺观点的总结和发布。

《〈新月〉的态度》作于1928年2月,载于同年3月10日《新月》第1卷第1期,是新月派的代表刊物《新月》的发刊词。尽管在发表时并未署名,这篇文章却被认为是徐志摩所作,并且徐氏逝世后几乎各种徐氏的文集都收入了这篇文章,甚至该文被认为是徐氏"后期文艺观点的代表作"。徐志摩是新月派的主要作家,新月派的形成、《新月》月刊的创办都与他有关,因而《新月》发刊词《〈新月〉的态度》的撰写体现了徐氏"后期文艺观",这是不会有错的。然而,是否该文体现的只是徐氏一人或少数几人的文艺观呢?否。因为:第一,梁实秋说:"'我们的态度'一文,是志摩的手笔,好像包括了我们的共同信仰……"②,又说:"创刊初,照例要有一篇发刊词,几经商讨,我们你一言我一语的各抒己见,最后也归纳出若干信条,由志摩执笔,事后传观通过。"③也就是说,《〈新月〉的态度》一文是《新月》编辑们集体讨论通过的结果,徐志摩只是具体执笔,因而该文是《新月》的集体宣言而非仅代表徐氏一人或少数几人的文艺观;第二,文中始终以"我们"为主语进行陈述,显然在表达一个团体的共同观点。综合这两

---

① 梁实秋:《揭开历史的〈新月〉》,《中国时报》1980年7月24、25日。
② 梁实秋:《忆〈新月〉》,方仁念选编《新月派评论资料选》,第14页。
③ 梁实秋:《〈新月〉前后》,《梁实秋文集》第3卷,鹭江出版社2002年版,第97页。

点，我们有理由认为《〈新月〉的态度》一文实际上是《新月》同人的文艺观点的总结和发布。但是有论者据此认为该文并非徐志摩所作，甚至因为该文体现了梁实秋的古典主义文学观而认为其作者是梁氏，却是不确的，因为梁实秋本人也说《〈新月〉的态度》一文"是志摩的手笔""由徐志摩执笔"。

（2）由《〈新月〉的态度》可见，《新月》创刊的主要缘由，是要在当时的文坛维护文学的尊严与健康、竖起自由主义文学的旗帜。

既然《〈新月〉的态度》一文实际上是《新月》同人的文艺观点的总结和发布，那么，透过这篇文章，我们应该能获知《新月》创刊的主要缘由。不过，在过去较长时期，人们却不这样看，他们把《〈新月〉的态度》视为新月派向左翼文学运动进攻的宣言和理论纲领。这一看法明显带有意识形态的偏见。正如有论者所说，《〈新月〉的态度》一文并非全部是针对"左翼文学"的，它对国民党当局维护的封建文学及封建复古派同样也有指斥。① 事实上，从行文来看，虽然这篇发刊词在开篇之后就指出："我们正逢着一个荒歉的年头，收成的希望是枉然的。这又是一个混乱的年头，一切价值的标准，是颠倒了的。"认为当时的文坛是"混乱"的，相当一部分文学现象和流派是为"为我们这态度所不容的"，接着又具体列举了"我们这态度所不容"的 13 种文学现象和流派（感伤派，颓废派，唯美派，功利派，训世派，攻击派，偏激派，纤巧派，淫秽派，狂热派，稗贩派，标语派，主义派）。但是不难看出，作者此举的目的是标榜"我们的态度"，而不是仅仅针对或批驳左翼文学。

这篇文章对思想的市场予以批评，大有兴师问罪之势，可以闻出些怒目金刚的气息。梁实秋坦言："（《〈新月〉的态度》）对于当时文艺界的现象也不无挑战的意味。"② 为什么《新月》要以怒目金刚的面貌、咄咄逼人的挑战意味出现呢？这岂非违背了胡适派文人一贯主张的包

---

① 廖超慧：《评〈新月的态度〉》，《华中科技大学学报》（社会科学版）2002 年第 6 期。
② 梁实秋：《〈新月〉前后》，《梁实秋文集》第 3 卷，第 97 页。

容、平和的性格？当时国内政治局势和左翼文学勃兴的情况，乃众所周知，无需赘述。我们由前文所引叶公超、梁实秋晚年的有关回忆可见，他们认为争夺文艺阵地和领导权的斗争已经刻不容缓。梁实秋的说法也可从《〈新月〉的态度》中找到印证，该文结尾部分情绪亢奋地说："我们不能不醒起，不能不奋争，尤其在人与生的尊严与健康横受凌辱与侵袭的时日！"应该说，正是迫于"左派力量扩大"和"'革命文学'的呼声高唱入云"、无产阶级的运动已"由政治的更进而为文化的运动"的压力，"'新月'同人感到需要加以抵制，因此计划办杂志，开书店，设茶馆（供大家谈问题）"，因此《新月》初次亮相，就在发刊词中以怒目金刚的面貌、咄咄逼人的挑战意味出现，不如此不足以引起社会广泛注意，不如此也不足以标榜自身文艺阵地和领导权争夺者的身份。就此而言，把《〈新月〉的态度》视为新月派向左翼文学运动进攻的宣言和理论纲领，这有一定的合理性。

但我们也应该看到，作为胡适派文人核心组成部分，新月派主张宽容、平和，《〈新月〉的态度》却以怒目金刚的面貌、咄咄逼人的挑战意味出现，这种态度的出现，固然是形势所迫，却也表明了中国现代自由主义作家在当时环境下不甘继续沉默、立志于争夺文艺阵地和领导权的决心和姿态。如果我们把这一事件投放在整个中国现代自由主义文学发展史上予以观察，可以发现，这是中国现代自由主义作家第一次以积极、主动挑战的姿态去争夺文艺阵地和领导权。由此推断，《新月》的创刊，应该与中国现代自由主义文学在20世纪20年代后期的觉醒有关。然而我们尚不可据此对《新月》或者中国自由主义文学的发展前景作出乐观的估计。直到20世纪30年代，中国自由主义文学仍然缺乏明确、清晰的理论阐述，新月派对自由主义文学的理解仍然停留在消化英美自由主义文学的阶段，他们当中多数人对自由主义文学的理解是粗浅的、感性的。复以被视为新月派文艺理论宣言和纲领的《〈新月〉的态度》为例。虽然此文表明了新月派作家在当时环境下不甘继续沉默、立志于争夺文艺阵地和领导权的决心和姿态，他们也意识到并指出了他们所处的是"一个荒歉的年头""混乱的年头"，提出要以文学的健康与尊严两大原则"从恶浊的底里解放圣洁的源泉""从时代的破烂里规复人生的尊严",却并没有说明所谓"健康与尊严"究竟在什么意义上成为文学的标准,而只是用简单的排除法反对所谓的"妨害健康"和"折辱尊严"的其他派类,发出标语化的口号——"尊严,它的声音可以唤回在歧路上彷徨的人生"。文中的"谦卑的态度"和"健康与尊严"两大原则,实际上已经触及白璧德新人文主义,特别是所谓文学的"健康与尊严"原则明显体现了古典主义文学观,作者本可据此进行适当的理论上的阐述,以便更加明确地标明自己的文学主张,但是对自由主义文学理论缺乏研究乃至理解粗浅,致使他做不到这一点。

幸好,另有一篇文章可以弥补这个遗憾。排在发刊词《〈新月〉的态度》一文后面(第二篇)的,就是梁实秋撰写的《文学的纪律》。在这篇结构严谨的文论中,梁实秋将文学划分为"浪漫的"与"古典的"两大阵营,他将所有不合其古典主义文学观的文学倾向、现象、流派统统纳入"浪漫的"一方进行批判和否定。梁实秋显然反对浪漫而推崇古典。他秉持古典主义文学观,提出了文学的纪律问题,指出:"文学的态度之严重,情感想象之理性的制裁,这全是文学的最根本的纪律。"① 文章还就如何遵循文学的纪律,提出了文学的实质和价值尺度,他说:"文学发于人性,基于人性,亦止于人性。人性是很复杂的,(谁能说清楚人性包括的是几样成分?)唯因其复杂,所以才是有条理可说,情感的想象都要向理性低首。在理性指导下的人生是健康的常态的普遍的;在这种状态下所表现出的人性亦是最标准的;在这种状态下所创作出来的文学才是有永久价值的文学。"显然,此论实际上提出,在文学创作和批评中要以理性节制情感,唯此方可实现"健康的常态的普遍的"人性,这就呼应也较好地诠释了《〈新月〉的态度》中提出却没有正面阐述的"健康与尊严"的原则。其实,如果我们把《〈新月〉的态度》与《文学的纪律》放在一起进行对比阅读,就会发现二者有很多互为注解、互为补充的地方。有论者列举了两文若干相似或相

---

① 梁实秋:《文学的纪律》,《新月》1928年第1卷第1期。

## 第三章 《新月》月刊研究

同处之后，认为"徐志摩的《〈新月〉的态度》与梁实秋古典主义文学观中的大量观点有颇多的暗合之处，甚至可以说《〈新月〉的态度》极其明显的体现了梁实秋古典主义文学观的观点。"[1] 这一观点是否妥切不在话下，但我们应该承认，《〈新月〉的态度》竖起的自由主义文学旗帜，的确倾向于古典主义文学观，也有诸多白璧德新人文主义思想的痕迹。也许编者把这两篇文章一前一后排在卷首是出于偶然，但对读者而言，在阅读中，客观上这两篇文章起到了互为注解、互为补充的作用。事实上，只要将两文放在一起阅读，我们就能对《新月》的"态度"或者说创刊缘由，有一个较为清晰、具体的了解。

关于《新月》乃至新月派的古典主义文学观，白春超在博士论文《再生与流变——现代中国文学中的古典主义》[2] 中已有精细的论述，此处不赘述。需要提出，无论说《新月》体现了古典主义文学倾向，还是说新月派秉承古典主义文学观，都只是一种整体的观照，而绝非适用于所有《新月》编辑与作者、每一个新月派成员。这应该是不言自明的。尽管《新月》登载过冰心、巴金、郁达夫等作家的作品，我们显然不能说他们也具有古典主义文学观。事实上，正如梁实秋在《忆〈新月〉》一文中所言："新月一伙人，除了共同愿意办一个刊物之外，并没有多少相同的地方，相反的，各有各的研究范围，各有各的生活方式，各有各的职业技能。"[3] 梁实秋还在这篇文章中，以确定的语气说当初创办《新月》没有什么动机："彼此不需标榜，更没有依赖，办刊不为谋利，更没有别的用心，只是一时兴之所至。"要说他们几个人创办一份杂志却"没有别的用心，只是一时兴之所至"，这是难以令人置信的，但他说当初办刊时"没有依赖""不为谋利"，却是实情。这句话可与《〈新月〉的态度》篇首的一句话互证："我们这几个朋友，没有什么组织除了这月刊本身，没有什么结合除了在文艺和学术上的努

---

[1] 廖超慧：《评新月的态度》，《华中科技大学学报》（社会科学版）2002年第6期。
[2] 白春超：《再生与流变——现代中国文学中的古典主义》，博士学位论文，河南大学，2003年。该文收藏于河南大学图书馆。
[3] 梁实秋：《忆〈新月〉》，方仁念选编《新月派评论资料选》，第14页。

力，没有什么一致除了几个共同的理想。"这些话所要表达的，应该是宣称《新月》不具有政治色彩、不具有党派特征，只是一份纯粹的同人杂志这样一个意思，同时也对《新月》作出了定位，即只是志同道合的同人为了"文艺和学术"的"共同理想"而创办的同人杂志。在《〈新月〉的态度》行文将结束时，又强调说："成见不是我们的，我们先不问风是在那一个方向吹。功利也不是我们的，我们不计较稻穗的饱满是在那一天。"如此没有党派特征、不求功利、只问文艺和学术的杂志，显然取的是一种自由主义的文学立场，而《〈新月〉的态度》所定位的这几点，基本上被杂志编辑以各种方式不断强调着。《新月》发表了沈从文、梁实秋、冰心、巴金、郁达夫、罗隆基、王造时等分属不同政治文化团体和文学社团流派的作品，便证明了这一点。

  执笔《〈新月〉的态度》的徐志摩认为"健康"与"尊严"两大原则是当时所有文学工作者都应该负有、积极参与的一个伟大的使命和责任，他说："我们对我们的光明的过去负有创造一个伟大的将来的使命；对光明的未来又负有结束这黑暗的现在的责任。""我们第一要提醒这个使命与责任。"他还再次提醒读者，文学创作应严格充分地维护尊严与健康两大原则，因为"尊严，它的声音可以唤回歧路上彷徨的人生。健康，它的力量可以消灭一切侵蚀思想与生活的病菌"。最后，徐志摩表达了新月派在当时的创作目的："要从恶浊的底里解放圣洁的源泉，要从时代的破烂里规复人生的尊严——这是我们的志愿。"为了凸显这种自信和乐观，他在《〈新月〉的态度》开头引用了两句西方名言。第一句是"And God said, Let there be light; and there was light."引自《圣经》中的《创世纪》，即：上帝说，要有光，就有了光。而另一句则引自英国诗人雪莱的《西风颂》，即 If winter comes, can Spring be far behind?（冬天已经来到，春天还会很远吗？）与其说这两句话集中体现徐志摩对《新月》月刊及新月同人在文坛取得成功充满信心，不如说体现了新月派对自由主义文学在中国的前途的乐观的憧憬。

  通过上述分析讨论，我们现在可以说，由《〈新月〉的态度》一文可见，创办《新月》的主要缘由，是要在当时的文坛维护文学的尊严与健康、竖起自由主义文学的旗帜。这一点,注定了《新月》是也必须是一份文学杂志,至于第三卷即罗隆基主编时期《新月》以大量篇幅登载与文学无关的政论文章,已是后话,那是当初创办《新月》时无法预见的。

## 第二节 《新月》登载各种文章数量表及其分析

本节拟对《新月》登载的各种文章数量进行统计,并结合《新月》登载的文章的内容予以分析,以便澄清《新月》若干史实,同时也使我们在全面、系统研究这份杂志前先对它有一个整体的了解。

文中所指《新月》登载各种文章,包括中外文学作品(小说、散文、诗歌、戏剧),也包含文艺理论(文论),还包含非文学作品(哲学论文、外国国家情况介绍、外国作家和诗人评介等),但不包含《新月》"编辑余话""敬告读者""书报春秋""海外出版界"和新月书店新书广告。以下统计表以各卷各期刊登的文章内容作为参考,统计范围为《新月》第一至第四卷共43期,参考文本为上海书店1988年10月出版的《新月》影印本。

**(一)《新月》各种文体文学作品数量对比**

从各卷各期目录来看,《新月》基本上没有明确的栏目划分,但编者大致按照各种文体不同来编排目次。第三卷第十二期刊登了《新月月刊第三卷总目录》,将《新月》第三卷各期分为10个栏目:论著、诗、小说、戏剧、传记、小品、讨论、零星、书报春秋、通讯。其中,"论著"包括文论、政论和其他论文(如潘光旦的《人文选择与中华民族》,第三卷第二期),"小品"的文体比较一致——主要是散文,最为驳杂的要数"零星",这一栏目既有短小的政论,也有精辟的文论(如梁实秋的《文学的严重性》,第三卷第四期),甚至还有读后感和随笔。"通讯"最初是以"××通信"(如"东京通信")的形式报道国外见闻，后来改为"通讯"，主要登载读者来信。尽管"书报春秋"、"海外出版界"和新月书店新书广告在第三、四卷每期必有，但是其内容驳杂，新月书店新书广告还经常重复刊登，鉴于此，特别是考虑到这三项以推销书籍、为新书做广告为目的，本节在统计《新月》登载的各种文章数量时，没有把它们计算在内（至于其中一些篇章可谓精美，如书评，亦容另文讨论）。

表3-1　　　　　　　　《新月》登载各种文章数量总表

| 类别<br>卷 | 诗歌 | 小说 | 戏剧 | 散文 | 文学论文 | 政论 | 译文 | 译诗 | 外国作家、诗人评介 | 外国文论 | 外国非文学内容介绍 |
|---|---|---|---|---|---|---|---|---|---|---|---|
| 第一卷 | 26 | 22 | 12 | 8 | 23 | 3 | 11 | 19 | 15 | 7 | 21 |
| 第二卷 | 32 | 22 | 6 | 8 | 20 | 20 | 18 | 10 | 7 | 1 | 5 |
| 第三卷 | 39 | 21 | 6 | 15 | 18 | 29 | 14 | 2 | 5 | 2 | 10 |
| 第四卷 | 34 | 12 | 5 | 24 | 11 | 0 | 9 | 9 | 5 | 1 | 4 |
| 总计 | 131 | 77 | 29 | 55 | 72 | 52 | 52 | 40 | 32 | 11 | 40 |

说明：①"诗歌""小说""戏剧""散文""文学论文""政论"均系国人撰写的文章，其余则为译文或直接与外国有关的文章；同题连载的文章，以每期连载内容为1篇计算；"诗歌"的数量按照标题计算，即组诗不是以1首计算，而是以其包含的子标题的多少来计算。

②"文学论文"以文学理论文章为主，但也包含部分文学研究论文，如胡适的《考证〈红楼梦〉的新材料》（第一卷第一期）；《新月》专栏"零星"中的短文，按照内容不同，分别归入不同类别，比如该栏目在第三卷第八期登载了三篇短文，《"不满现状"便怎么样呢?》归入"政论"、《歌德与中国小说》归入"西方作家、诗人评介"、《文学与道德》归入"文学论文"。

③"外国文论"主要包含国人对外国文学的研究论文，由于该类文章数量太少，外国作者撰写的文学研究论文也归入这一类。

表3-1的名称所以叫"总表"，一是该表系对《新月》各卷各期文章的总的鸟瞰，二是本节其他统计表、图都是在本表基础上获得。我们先来看《新月》登载各种文体文学作品的数量变化情况。

从文体来看，《新月》登载的文章，文体丰富，几乎包含所有文体，但并非所有文体一视同仁、没有侧重，在"文学作品"中，诗歌数量最多，每卷里诗歌的数量保持在26首以上（共131首），其次是小说（77篇）、散文（55篇）、政论（52篇）以及译文（52篇）。这大体说明，《新月》作者最热衷的体裁是诗歌，其次是小说，再次是散文；由于《新月》编辑和多数作者曾留学英美国家，留学背景使他们

## 第三章 《新月》月刊研究

有能力、有兴趣去重视翻译、介绍外国作品，故译文的数量不菲。

依据表3-1，对《新月》登载的各种文体文学作品数量进行对比，可作图3-1如下。

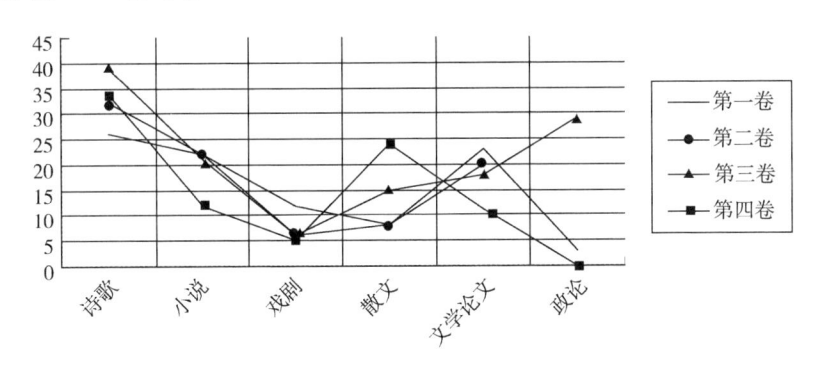

**图3-1 《新月》各种文体文学作品数量对比**

说明：本图中"文学论文"包含文学研究论文，严格地说，这类论文以及"政论"不是文学作品，但为了作相关比较研究的需要，仍把它们列出。

我们结合《新月》具体文本来考察图3-1：

1. 如前述，诗歌类文学作品在几种文体中数量最多，其中一个重要的原因，应该是新月诗人的新诗大都是短小的"豆腐干诗"[①]，因为短小精悍所以占篇幅不大，这样编者就可以在篇幅有限的情况下发表更多数量的诗歌作品。当然，另外一个不可忽视的原因，是编辑重视并力图振兴诗歌。《新月》编辑徐志摩、闻一多等都是诗人，自然在编辑过程中对诗歌特别是"气质相投"的诗歌作品青睐有加。

我们注意到，图3-1显示，第一卷至第四卷，诗歌作品数量呈现递增趋势，这大致反映了从1928年到1933年新诗创作的繁荣景象。特别是第三卷发表的诗歌有39首，与第一卷发表26首相比增加了50%。然而，至第三卷出版时（1930年、1931年），前期新月派诗人中有的已

---

[①] 1934年朱自清在《〈中国新文学大系·诗集〉导言》中把徐志摩、闻一多、朱湘早期新月诗派的诗作称为"豆腐干诗"。（参见朱自清编《中国新文学大系·诗集》，上海良友图书出版公司1935年版，第1页）

经转移兴趣、基本上不写诗（如闻一多），有的则英年早逝（如杨子惠、刘梦苇、朱湘），因之产生疑问：第三卷发表的诗歌数量何以不减反增呢？答案在于陈梦家、方玮德、沈葆华、梁镇等后期新月诗派新秀的加入。从第三卷第二期开始，基本上《新月》每期都发表这些新秀的诗作 3 首以上，特别是几乎每期有陈梦家的诗作。陈梦家等新秀的加入，不仅为新月诗派注入了新鲜血液，也使这一诗歌流派在 20 世纪 30 年代初期显示出了蓬勃发展的景象。不过，我们同时也注意到，《新月》第四卷登载的诗歌数量比第三卷有所减少。第四卷与第三卷在诗歌编辑人员方面基本上没有变化，因而排除了因为主编换人导致第四卷登载诗歌数量减少的可能。考虑到第四卷出版时，新月派诸君大多已北上，无暇为《新月》写稿，后来徐志摩撞机身亡又使新月诗派大伤元气，这里不妨断言，新月诗派成员多数北上和徐志摩早逝，使新月诗派遭受沉重打击，因之由盛转衰，《新月》第四卷登载的诗作数量随之减少。

2. 小说的总篇数在各种文体中排第二位，而且，《新月》每期至少登载小说 1 篇，有时甚至不惜篇幅、不怕累赘，连续数期登载中长篇小说（比如沈从文的《阿丽思中国游记》），足见该刊对这一种文体的偏爱。

从第一卷至第四卷，尽管《新月》登载小说的数量比较平稳、保持在 20 篇以上，却也呈现出微略递减的趋势，这是否显示了新月派小说作者整体创作热情的衰退？

3. 自第二卷以后，散文的数量以近 200% 的速度增加，这也许令人费解，但只要翻阅一遍《新月》第三、四卷各期目录，即可释然。从第三卷第一期开始，《新月》陆续连载胡适的《四十自述》的部分章节，这些章节都是回忆性质的散文，文笔朴实无华，情感真挚。受胡适自传《四十自述》的影响，一些作者纷纷在《新月》上发表文章追忆往事。为纪念徐志摩而出版的"志摩纪念号"（第四卷第一期）登载了 12 篇纪念文章，这是第四卷中散文数量剧增的重要原因。

4. 《新月》登载文学论文共 72 篇，基本上每期至少登载 1 篇。如前述，此处所谓"文学论文"，以文学理论作品为主，但也包含部分文学研究论文。由此推断,《新月》不仅重视文学理论,也关注一般性的文学研究,这对中国现代文学研究的发展具有一定的意义。特别是胡适所作的几篇重要的中国古典文学的考证文章,都是在《新月》发表并产生影响。

5. 除第二、三卷以外,在第一、四卷,政论文章不受重视,所占篇幅微不足道,因此可以说,第一、四卷的主编徐志摩、叶公超等不好谈政治。第二、三卷中政论文章数量急剧增加,显然是罗隆基参与主编甚至单独主编《新月》的结果。实际上,即便是第二、三卷登载的政论文章,也大多数是罗隆基、胡适、梁实秋所撰写,据统计,仅罗隆基一人就在《新月》发表政论文章近20篇。这说明绝大多数《新月》作家没有明显或者强烈的议政意识。

即使就第二、三卷登载的各种文体文章数量而言,政论文章数量也只占每卷文章总量的20%,文学作品所占百分比仍然是最大的,这一点澄清了那些认为《新月》第二、三卷以政论为主、《新月》沦为政论刊物的误会。①

### (二)《新月》文学作品与其他文章数量之比较

上文已述,即使就第二、三卷登载的各种文体文章数量而言,政论文章数量也只占每卷文章总量的20%,文学作品所占百分比仍然是最大的。于是想知道:是否在《新月》登载的文章总量中,文学作品占的百分比最大?换言之,是否《新月》以刊登文学作品为主?倘若回答是肯定的,那么《新月》就是文学杂志,而不是长期来人们所认为的它是一本综合性杂志。为了寻求答案,我们以表3-1为基础,制作表3-2如下。

---

① 有不少论者认为《新月》是一份综合性杂志或者政治性杂志,如陆耀东、孙伯党、唐达晖主编的《中国现代文学大词典》在"新月社"词条下说道:"1928年3月创办综合性杂志《新月》月刊"(高等教育出版社1998年版,第486页),潘荣华、杨芳则说:"《新月》杂志……初为文艺性刊物,自1929年第2卷第2期起……成为中国近代颇具影响的政治性刊物。"[《从〈新月〉看胡适的人权主张》,《安徽农业大学学报》(社会科学版)1999年第1期。]

表3-2　　　　《新月》文学作品与其他各类文章数量　　　　（单位：篇）

| 卷 \ 类别 | 文学作品 | 其他各类文章/文论、外国作家诗人评介、外国文论总量 | 文章总量 |
|---|---|---|---|
| 第一卷 | 98 | 69/45 | 167 |
| 第二卷 | 96 | 53/28 | 149 |
| 第三卷 | 97 | 64/25 | 161 |
| 第四卷 | 93 | 21/17 | 114 |
| 总计 | 384 | 207/115 | 591 |

观察表3-2可知，第一卷到第四卷，每卷文学作品数量维持在93—98篇（首），起伏甚微，平均每卷登载文学作品96篇（首）；每卷其他文章数量为21—69篇，变化较大，平均每卷登载其他文章52篇，约为平均每卷登载的文学作品数量的1/2。据此推断，与其他文章相比较，《新月》每卷登载的文学作品不仅数量上占优势，而且相对稳定。这种情况的存在，应该不是偶然的，而是该刊编辑对文学作品的特别关注所导致。于是可以得出一个结论：《新月》编辑始终有意识地要把该刊办成一种主要发表文学作品的杂志。关于这个结论，我们还可以找到两个佐证：其一，尽管《新月》主编更换较频繁，但他们绝大多数人要么是作家、要么是诗人或戏剧家，这种身份决定了他们主编的《新月》以文学为主；其二，《新月》发刊词《〈新月〉的态度》中列举了"现代刊物"存在的13种"态度"或"思想"，如"感伤派""颓废派""唯美派"等，不难看出，这13种"态度""思想"，其实就是新月派所反对的存在于当时文坛的13种文学思想，因而虽然《〈新月〉的态度》中没有明确说，我们却可以看出，徐志摩等创办《新月》的目的，就是扫除这13种文学思想、提倡"人生的尊严与健康"从而振兴现代文学，既然如此，编辑有意把《新月》办成一份文学杂志乃理所当然。

以上观察的角度是每卷《新月》登载的文学作品与其他文章数量，下面我们将《新月》登载的文学作品总量与其他各类文章的总量作对比，如图3-2所示。

## 第三章 《新月》月刊研究

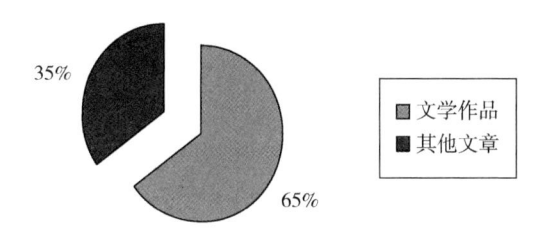

**图3-2 文学作品与其他文章在文章总量中所占百分比**

文学作品占《新月》登载的文章总量的65%，其他各类文章只占35%，因而《新月》是一份以登载文学作品为主的杂志。这里所谓"文学作品"包含"诗歌""小说""散文""戏剧""译诗""译文"，如果把"文学论文""外国作家、诗人评介"和"外国文论"也算入文学作品的话，与文学相关的文章总量（499篇、首）在《新月》登载的文章总量（591篇、首）中占绝对多数，而其他文章总量（92篇）只占很小百分比，如图3-3所示。

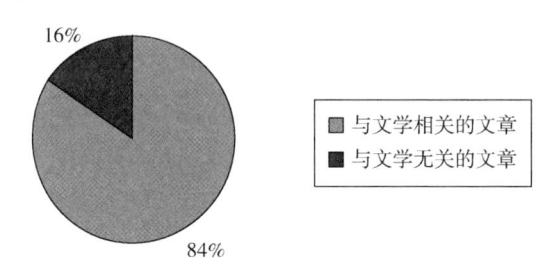

**图3-3 与文学相关和无关的文章占文章总量百分比**

与文学相关的文章占《新月》登载的文章总量的84%，而与文学无关的文章只占16%，这表明，《新月》所登载的文章主要涉及文学。

总结以上观察得到一个结论：不论从主观上（编辑有意识地偏重于文学）还是客观上（文学作品占《新月》登载的文章总量的绝大多数、绝大多数文章涉及文学）来看，《新月》刊登的文章都是以文学为主，因此，《新月》应该是一份文学杂志。有论者说："即以新月派后期主要传播媒介《新月》论，它也不是一个纯粹的文艺性刊物，而是一个综合性的文化刊物。"①《新月》是一个综合性文化刊物，这是长期以来人们对这个刊物的普遍认识。倘若《新月》是一个综合性文化刊物，那么，如何解释该刊每卷登载的文章以文学作品占绝大多数？

当我们粗略翻阅《新月》时，几乎不可避免地产生一个错觉，即就每一期《新月》（特别是第三卷）而言，"在《新月》发表的全部理论文章、杂感、短评中，谈文学、文艺的，只占极少篇幅，余者则泛及政治、思想、社会、法律、伦理、道德、民族、历史等各领域里的问题"。②于是以为这一个"综合性文化刊物"。然而，当我们不是翻阅每一期，而是以卷为单位来统计该刊发表的各类文章数量，也就是说从整体上看《新月》各类文章的数量而不是看其局部，则会得出以上图表，并因此发现"在《新月》发表的全部理论文章、杂感、短评"以及"泛及政治、思想、社会、法律、伦理、道德、民族、历史等各领域里的问题"的文章数量，只占《新月》文章总量的小部分。以少数否定多数、以不谈文学和文艺的小部分文章来遮盖大部分的文学作品，因而认定《新月》是一个综合性文化刊物，合理么？

综上所述，尽管第二、三卷，几乎每期有一两篇政论文章，如胡适的《人权与约法》、罗隆基的《专家政治》、黄肇年译的《共产主义的历史的研究》、胡适的《我们什么时候才可有宪法？》、罗隆基的《论人权告压迫言论自由者》《我对党务上的"尽情批评"》、梁实秋的《孙中山先生的论自由》、王造时的《政党的分析》等，但第一、四卷基本上都没有登载政论文章，即使第二、三卷中有几期登载政论文章相对多一些，也是以文学作品为主的，因而《新月》第一卷至第四卷都不是政论刊物。所以，由于每期都登载一定数量的非文学性文章（即其他文章），固然《新月》不是纯粹的文学杂志，但它的确是一份文学杂志，而非综合性文化杂志。

---

① 陈安湖主编：《中国现代文学社团流派史》，华中师范大学出版社1997年版，第400页。
② 陈安湖主编：《中国现代文学社团流派史》，华中师范大学出版社1997年版，第400页。

### （三）《新月》的中国文学作品与外国文学作品数量之比较

表3－1中的"诗歌""小说""散文""戏剧"的作者都是中国人，可谓"中国文学作品"，而"译诗""译文"主要为新月派诸君翻译的外国小说、诗歌、戏剧和散文，故统称为"外国文学作品"。依据表3－1，做表3－3如下：

表3－3　　　《新月》中国文学作品与外国文学作品数量　　　（单位：篇）

| 卷＼类别 | 诗歌 | 小说 | 戏剧 | 散文 | 译文 | 译诗 | 文学作品总数量 |
| --- | --- | --- | --- | --- | --- | --- | --- |
| 第一卷 | 26 | 22 | 12 | 8 | 11 | 19 | 98 |
| 第二卷 | 32 | 22 | 6 | 8 | 18 | 10 | 96 |
| 第三卷 | 39 | 21 | 6 | 15 | 14 | 2 | 97 |
| 第四卷 | 34 | 12 | 5 | 24 | 9 | 9 | 93 |
| 总计 | 131 | 77 | 29 | 55 | 52 | 40 | 384 |

表3－3显示：

（1）每卷文学作品总量相对均衡，保持在93—98篇（首）；

（2）译诗的数量在各种文体外国文学作品中所占比例最大，说明：即使在文学作品翻译中，诗歌仍是《新月》偏爱的文体；

（3）从每卷的情况来看，中国文学作品的数量远远多过外国文学作品；

（4）依据表3－3，进一步做图3－4如下：

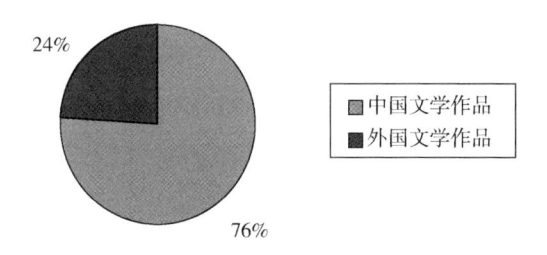

图3－4　中国文学作品与外国文学作品数量在文学作品总量中所占百分比

对《新月》的文学作品进行分类，中国文学作品为 292 篇/首，外国文学作品为 92 篇/首，组诗以其所含诗歌数目计算，于是得到图 3-4《中国文学作品与外国文学作品数量在文学作品总量中所占百分比》。该图显示，中国文学作品所占文学作品比例为 74%，外国文学作品所占文学作品比例为 24%。这说明，作为以文学作品为主而非以译作为本，而且不以外国文学作品为特色的杂志，《新月》在版面有限的情况下，特别重视、鼓励本国作家创作，但也看重外国文学作品的翻译引进。聚集在《新月》周围的新月派作家是具有让中国文学与国际接轨的意识的，他们对外国文学作品的翻译引进，旨在推进中国文学的现代性，为之提供范本。

### （四）外国文学作品按国家分类后的数量

为了更接近事实本身，更准确地理解《新月》在翻译引进外国文学作品方面的意图以及编辑思想，表 3-4 则是将外国文学作品按国别（或民族/作者）进一步细分。

表 3-4　　　各种文体外国文学作品按国家分类后数量　　　（单位：篇）

| 类别<br>卷 | 诗歌 | 小说 | 戏剧 | 散文 | 外国文学作品总量 | 外国作家、诗人评介 | 外国文论 | 与外国文学相关的文章总计 |
| --- | --- | --- | --- | --- | --- | --- | --- | --- |
| 英国 | 7 | 10 | 6 | 2 | 25 | 24 | 6 | 55 |
| 美国 | 18 | 7 | 1 | 3 | 29 | 3 | 4 | 36 |
| 法国 | 9 | 5 | 1 | 0 | 15 | 1 | 1 | 17 |
| 日本 | 0 | 2 | 0 | 0 | 2 | 6 | 0 | 8 |
| 印度 | 0 | 0 | 0 | 0 | 0 | 1 | 0 | 1 |
| 德国 | 3 | 0 | 0 | 0 | 3 | 2 | 0 | 5 |
| 合计 | 37 | 24 | 8 | 5 | 74 | 37 | 11 | 122 |

通过表 3-4 可以看到，在翻译引进的外国文学作品中，按作品数量位列前五名的国家是英国、美国、法国、德国、日本，外国文学作品的翻译引进基本上呈多元化的状态，但明显集中在英、美、法三国。这表明，《新月》在翻译引进外国文学作品时，目光的焦点聚集在英、

美、法三国，虽然也呈现出多元化迹象，却显得单薄，对新月派吸收借鉴这三国以外的其他国家文学有消极影响。至于为何《新月》把目光聚焦在英、美、法三国呢？这当然是由于《新月》作者尤其编者绝大多数曾经留学英美，他们有翻译英美文学作品的兴趣，更有这个能力。

再从文体角度来看表3-4，《新月》翻译引进的外国文学作品按照不同文体数量排列，依次为：诗歌（37首）、小说（24篇）、戏剧（8部）、散文（5篇），这个排列顺序与中国文学作品按照不同文体数量排列的顺序一致，说明《新月》对不同文体中外文学作品的重视情况是一致的，即最重视诗歌，其次是小说，再次是戏剧，最后是散文。是否《新月》编者具有这种明确的文体意识呢？从掌握的有关文献资料，看不出来。或许有人会据此认为，这种对文体方面的不同态度反映了新月派的集体文体意识或者集体文体无意识。笔者倒是不同意这样看，不同意把《新月》对不同文体的态度看作新月派一派所独有。笔者认为，对小说、诗歌这两种文体的相当重视、偏爱，是自"五四"文学革命以来一直存在的普遍现象。

另外值得注意的，是"外国作家、诗人评介"的数量居然有37篇，涉及英、美、法、德、日、印度等当时世界上主要国家的作家和诗人。这表明，《新月》作为一份由留学英美的知识分子编办的杂志，很重视介绍外国作家、诗人，具有相当宽阔的世界文学视野。相比之下，"外国文论"的数量显得微薄（11篇），而且这微薄的几篇文论也集中在英、美、法三国。这一点，与其说反映了《新月》作者及编者相对不重视对外国文学的研究，不如说他们大多不具备深入研究外国文学的学识和能力。即使像梁实秋这样的"新月社的评论家"（鲁迅语），在论述雪莱等人的作品时，也是一般性介绍多过有见地的评论。

还有一点值得一提，《新月》引进外国文学作品和介绍外国作家诗人，就国家而言集中在英、美、法三国，就单个的作家诗人来看，集中在莎士比亚、波莱特、雪莱、哈代等少数著名作家诗人，这无疑反映了《新月》作者及编者对外国文学的兴趣所在，却也透露了他们在外国作家、诗人、戏剧家及其作品的翻印介绍方面，是任凭主观爱好的，没有明确的翻译引进的规划。

## 第三节 《新月》编辑群体研究

在文学期刊研究中，文学编辑在刊物中担任重要的"守门人"角色。很大程度上，有什么样的编辑，期刊就刊登什么样的作家作品；文学编辑的文艺观和审美趣味都将影响到编辑工作，影响到作家作品的问世和行销，他们既促进了现代作家的创作动力，也对一定时期的文学发展走向产生影响，因此要较为全面地研究《新月》，了解它的编辑群体是不可缺的。

**（一）对《新月》有无主编、为何编务"轮流坐庄"的考析**

现在仍有不少文学词典和论著在介绍《新月》时，说该刊由徐志摩、闻一多、梁实秋等主编。有研究者经考证后指出："《新月》月刊不但没有主编，而且没有固定的编辑者，编务是'轮流坐庄'办理的。"①《新月》每期的版权页上都只印有"编辑者"名单，没有"主编"名单。究竟哪种说法符合事实，一时难辨。我们不妨来看看《新月》共四卷43期（第一至三卷每卷12期，第四卷出版7期）版权页标注的"编辑者"情况：

1. 第一卷第一期至第二卷第一期的编辑者为徐志摩、闻一多、饶孟侃；

2. 第二卷第二期至第二卷第五期的编辑者为梁实秋、叶公超、潘光旦、饶孟侃、徐志摩；

3. 第二卷第六、七期合刊至第三卷第一期的编辑者为梁实秋；

4. 第三卷第二期至第四卷第一期的编辑者为罗隆基，在此期间，扉页和版权页上都不印出版日期；

---

① 倪平：《新月若干史实考证》，《编辑学刊》2004年第6期。

## 第三章 《新月》月刊研究

5. 第四卷第二期至第三期的编辑者为叶公超；

6. 第四卷第四期至1933年6月的第四卷第七期（终刊）的编辑者为叶公超、胡适、梁实秋、余上沅、潘光旦、邵洵美、罗隆基。

从这份名单来看，《新月》不仅没有主编，而且没有固定的编辑者，编务是"轮流坐庄"办理的。但应该指出的是，根据我国姓氏排名惯例，以排在最前面的人为尊，因而凡是姓名排在最前面的编辑者，应该是对该期《新月》的编辑负主要责任的人，换言之，此人在该期《新月》编辑过程中实际担负主编工作。关于这一点，还可以举出一些例证。例如，从1928年3月出版的第一卷第一期至1929年3月出版的第二卷第一期的编辑者为徐志摩、闻一多、饶孟侃，徐志摩的姓名排在最前，他应该是担负主编工作的人，而我们现在从有关文献资料可知，在此期间，《新月》的编辑工作确实主要由徐志摩承担。① 再如，1932年11月的第四卷第四期至1933年6月的第四卷第七期（终刊）的编辑者虽为叶公超、胡适、梁实秋、余上沅、潘光旦、邵洵美、罗隆基，但此时胡适在北京、梁实秋在青岛、罗隆基在天津，邵洵美虽在上海却忙于经营自己的时代图书公司，并且，据叶公超回忆，此时《新月》编务几乎完全由他一人承担。据此，**我们大体可以列出一个曾经主要负责过《新月》编辑工作的人员名单（按刊物出版时间先后排列）：徐志摩、梁实秋、罗隆基、叶公超**。我们甚至还可以进一步推断，每期《新月》版权页所列出的"编辑者"其实就是编辑委员会名单，排在前面的人就是该期《新月》的执行编辑。

那么，如何解释仅仅从"编辑者"名单来看，《新月》不仅没有主编，而且没有固定的编辑者，编务"轮流坐庄"办理呢？梁实秋在《〈新月〉前后》中说："杂志的筹划，最初是胡先生、志摩、上沅负责在进行。有了成议之后，上沅到闸北斯考特路潘光旦家，宣布杂志由胡先生任社长，志摩为主编。当时聚集在光旦家的闻一多、饶子离等表示

---

① 梁实秋在《谈闻一多》中说："《新月》杂志于一九二八年三月十日创刊，编辑人列徐志摩、饶子离、闻一多三个人。事实上饶子离任上海市政府秘书，整天的忙，一多在南京，负责主编的只是志摩一个人。"（《梁实秋文集》第2卷，第538页。）

异议,表面上是因为社长主编未经同人推选,手续不合,实际上是《新月》一批人每个都是坚强的个人主义者,谁也不愿追随在别人之后,志摩是何等圆滑的人,立刻改为集体编辑。"① 这件事,梁实秋在《忆〈新月〉》中说得更具体些:"上沅又传出了消息,说是刊物决定由胡适之任社长、徐志摩任编辑。我们在光旦家里集议,提出了异议,觉得事情不应该这样的由一二人独断独行,应该更民主化,由大家商定,我们把这意见告诉了上沅。志摩是何等明达的人,他立刻接受了我们的意见。"② 筹划《新月》时本来是"宣布杂志由胡先生任社长,志摩为主编"的,后来因为"新月"的人中"每个都是坚强的个人主义者","谁也不愿追随在别人之后",同时也因为"事情不应该这样的由一二人独断独行,应该更民主化",《新月》就没有了主编,连每期的"编辑者"也"轮流坐庄"了。这一点也符合"新月"诸君的自由、散漫的性格。但是,由于"新月一伙人,除了共同愿意办一个刊物之外,并没有多少相同的地方,相反,各有各的思想路数,各有各的研究范围,各有各的生活方式,各有各的职业技能。彼此不需标榜,更没有依赖,办刊物不为谋利,更没有别的用心,只是一时兴之所至"③,所谓"集体编辑""事情不应该这样的由一二人独断独行,应该更民主化"只能是他们的一种不切实际的愿望,一旦落到实处,作为一个有相对固定办刊宗旨的刊物,《新月》的编务不可能平均摊派在每个"编辑者"身上,而必须有一个担负主要责任的编辑,因此尽管每期版权页中没有标明,事实上每期还是有"主编"的。

同样是由于"新月一伙人,除了共同愿意办一个刊物之外,并没有多少相同的地方",每个实际上担负主编工作的"编辑者"都按照自己的喜好来做编辑工作,结果导致其他对这一种喜好不感兴趣或是不赞同的人退出了"编辑者"名单。例如,因为88岁的英国著名作家托马斯·哈代(Thomas Hardy,1840—1928)于《新月》创刊前的2月逝世

---

① 梁实秋:《〈新月〉前后》,《梁实秋文集》第3卷,第96页。
② 梁实秋:《忆〈新月〉》,方仁念选编《新月派评论资料选》,第13页。
③ 梁实秋:《忆〈新月〉》,方仁念选编《新月派评论资料选》,第14页。

## 第三章 《新月》月刊研究

的缘故，在1925年由狄更生介绍"谒见"过且受哈氏影响甚深的徐志摩，把《新月》创刊号办成了"哈代专号"。徐志摩如此毫无顾忌地在刊物中显示自己的个人趣味，梁实秋后来评论说："（徐志摩）不免在手续上不大讲究，令人觉得他是在独断独行"，因而"颇引起一部分同人不满"①。由于"颇引起一部分同人不满"，后来徐志摩名列五个"编辑者"之末，再到后来，由于不赞成梁实秋主编时期《新月》愈来愈浓的思想性和议论色彩，徐志摩索性退出了《新月》"编辑者"名单。再如，在《新月》编辑群体中，后来加入了罗隆基。罗氏主张《新月》也要发表时政论文。这一点是徐志摩等立志于把《新月》办成纯文学杂志的新月同人所反对的，但是罗氏得到了胡适的支持。胡适喜欢涉足政界，当时正热衷于写政治评论文章。由于有胡适的支持，尽管原来爱好文艺的《新月》编辑者对《新月》发表政论文章颇有微词，并退出"编辑者"名单以示不满，罗隆基仍然单独主编了10期《新月》。

顺便提出，80年后的今天，我们来看《新月》的"集体编辑"（不设主编）和编务"轮流坐庄"制度，发现：尽管这一制度充分体现了同人办刊的特点，却为日后《新月》编辑群体的分裂乃至《新月》停刊埋下了隐患（详见下文"叶公超主编时期"）。

**（二）编辑群体的整体文化风格和编辑理念**

统计上文所列出的《新月》共43期"编辑者"名单可知，参与《新月》编辑事务者有10人，即徐志摩、闻一多、饶孟侃、梁实秋、潘光旦、叶公超、罗隆基、胡适、余上沅、邵洵美。大体来说，这10人"没有什么组织除了这月刊本身，没有什么结合除了在问题和学术上的努力，没有什么一致除了几个共同的理想"②。他们为了"几个共同的理想"聚集在《新月》周围，形成有特色的《新月》编辑群体。编辑群体的形成与其整体文化风格密切相关。编辑群体的整体文化风格

---

① 梁实秋：《谈徐志摩》，《梁实秋文集》第2卷，第339页。
② 徐志摩：《〈新月〉的态度》，《新月》1928年第1卷第1期。

既促进了编辑群体的形成与巩固,也直接影响编辑理念。下文先分析《新月》编辑群体的整体文化风格及其对编辑理念的影响,然后探讨《新月》的编辑理念。

1.《新月》编辑群体的整体文化风格及其对编辑理念的影响

《新月》编辑群体的10人有着类似甚至完全相同的背景和人生经历,可以列表说明:

表3-5　　　　　　　　《新月》编辑者简况

| 姓名 | 籍贯 | 《新月》创刊时年龄 | 《新月》创刊前后任职 | 教育背景 | |
|---|---|---|---|---|---|
| | | | | 国内 | 国外 |
| 徐志摩 | 浙江海宁 | 31 | 北京大学、清华大学、光华大学教授 | 北京大学 | 美国克拉克大学、哥伦比亚大学;英国剑桥大学 |
| 闻一多 | 湖北浠水 | 29 | 中央大学教授;武汉大学、青岛大学文学院院长 | 北京清华学校 | 美国科罗拉多大学、芝加哥大学 |
| 饶孟侃 | 江西南昌 | 26 | 上海暨南大学教授 | 北京清华学校 | 美国芝加哥大学 |
| 潘光旦 | 江苏宝山 | 29 | 上海国立政治大学教务长、光华大学文学院院长 | 北京清华学校 | 美国普特茅斯大学 |
| 罗隆基 | 江西安福 | 32 | 光华大学政治系主任、教授 | 北京清华学校 | 美国威斯康辛大学、哥伦比亚大学 |
| 梁实秋 | 浙江杭州 | 25 | 上海国立政治大教授、光华、大夏大学兼职教授 | 北京清华学校 | 美国科罗拉多大学、哈佛大学 |
| 叶公超 | 广东番禺 | 24 | 上海暨南大学教授、外文系主任 | 天津南开大学 | 英国剑桥大学 |
| 余上沅 | 湖北沙市 | 31 | 上海暨南大学、光华大学兼职教授 | 北京大学 | 英国卡内基大学;美国哥伦比亚大学 |
| 胡适 | 安徽绩溪 | 37 | 北京大学、清华大学、中国公学校长 | 清华大学 | 美国哥伦比亚大学 |
| 邵洵美 | 浙江余姚 | 28 | 开办金屋书店,创《金屋》月刊 | 上海南洋路矿学校 | 英国剑桥大学 |

由表 3-5，我们清楚地看到：（1）除胡适略长几岁外，其余人年龄相仿或者同龄；（2）大多数人出自江浙一带小康富裕家庭；（3）毕业于北京大学或者清华大学，留学英美，多数人是校友或者同学；（4）爱好文学；（5）不同程度地接受了英美自由主义，对白璧德新人文主义有不同程度的了解；（6）1927年至1939年居留上海，1930年后陆续北上；（7）在大学任教，多数人互为同事；（8）互相认识并且是朋友，多数人交情颇深；（9）在编办《新月》以前，大多有过编办刊物的经历。

上述种种类似甚至完全相同的背景和人生经历，使他们能够聚集在《新月》周围，用心编办这份杂志，从而形成颇具特色的《新月》编辑群体的整体文化风格并对其编辑理念产生影响。具体如下：

（1）编办《新月》时，编辑群体的平均年龄为29岁，这是一个充满激情活力、对理想充满信心的年龄。年龄相仿或者同龄，使他们在"没有什么一致除了几个共同的理想"的情况，能够齐心协力去编办一份同人杂志。

（2）文学与地域有着极为密切的关系，从某种角度说，文学的发展在很大程度上有赖于地域文化的丰富多样性。① 根据这个道理来看江浙地域文学发展情况，可见自古以来江浙一带文风旖丽、柔媚，故主要来自江浙一带小康富裕家庭的《新月》编辑群体，在文学作品的审美趣味方面相似，大都喜欢华丽、婉柔的文章。

（3）留学英美的经历和不同程度地了解白璧德的新人文主义，使他们不同程度地倾向于古典主义文学观。

（4）居留上海、爱好文学、在大学任教、互为朋友，既使他们交游密切，能够共同编办《新月》，也使他们在文艺观、编辑方针等方面相互影响。

（5）大多有过编办刊物的经历，特别是胡适编办《现代评论》、徐志摩和闻一多、余上沅等主编《晨报副刊·诗镌》《晨报副刊·剧刊》

---

① 王祥：《试论地域、地域文化与文学》，《社会科学辑刊》2004年第4期。

的经验,对他们编办《新月》的编辑理念影响很大,甚至可以说,一定程度上他们编辑时期的《新月》就是《晨报副刊·诗镌》或者《晨报副刊·剧刊》的继续。

(6) 他们交游密切,大致上性格相投,气质相类,具有敏感、多思、正直、内向的心理气质,这使他们既有启蒙苍生的现代知识分子抱负,对国家和社会上的不平之事有发表意见的内在需求,却又不能敞开自己,介入社会冲突,因而常常陷入"我不知道风是在那一个方向吹"的困惑中。[①] 但也正因为如此,他们当中的多数人才能够返回内心世界,在动荡不安的社会里坚守自由的艺术立场。

(7) 极为相似的留学英美的教育背景,对他们的影响如此大以至于不少研究者将他们划为英美派知识分子。的确,留学英美对他们每个人的一生影响极为深远,不仅他们当中不少人在留学期间建立起深厚的友谊因而在文艺观上互相影响(如闻一多、梁实秋、饶孟侃),而且都受到了英美两国民主、自由观念的影响,比如《〈新月〉的态度》一文强调说:"成见不是我们的,我们不问风从那一个方向吹。"对所有来稿不抱有成见的编辑方针,无疑体现了英美自由主义文艺思想对新月派的影响。此外,相似的留学英美的教育背景,也使《新月》编辑群体对西方现代文学抱有浓厚兴趣,这一点大大影响了《新月》的办刊指向特别是栏目设置(如,为了"使读者随时知道一世界文坛的现状",从第一卷第八期开始设置了"海外出版界"栏目)。

2. 《新月》的编辑理念

(1) 保持中立的编辑路线

《新月》从创刊伊始,就竭力在当时复杂的社会背景和文艺思潮中保持不偏不倚的中立姿态和自由品性。这一方面自然是由新月派的自由主义思想所决定,但也与《新月》的办刊方针不无关系。尽管发刊词《〈新月〉的态度》并未明确指出,却还是在只言片语间透露了《新月》独立、宽容、不偏不倚的办刊方针和路线。该文宣称:"成见不是

---

① 徐志摩:《我不知道风是在那一个方向吹》,《新月》1928年第1卷第1期。

我们的，我们不问风从那一个方向吹。功利也不是我们的，我们不计较稻穗的饱满是在那一天。"没有党派的成见，也不计较利益得失，这难道不正是不偏不倚的中立者姿态么？《新月》第二卷第六、七期合刊中，编者在《敬告读者》一文里说："我们都信仰'思想自由'，我们都主张'言论出版自由'，我们都保持'容忍'的态度（除了'不容忍'的态度是我们不能容忍以外）……"《新月》的"容忍的态度"，在编辑群体的编辑实践中有具体的体现。作为一份同人杂志，该刊固然主要发表新月派的作品，但是也发表了郁达夫等创造社成员以及冰心、巴金等人的作品。

虽然走的是不偏不倚的中立路线，对国共两党都不接受、都有批评指责，《新月》还是形成了自己的特色，那就是在不违背人生的尊严与健康这两大原则的前提下，保持杂志整体气质的"郑重矜持"。也就是从自由主义文艺观点来审视作品的思想性和艺术性。只要是不违背这一点的作品，都来者不拒，因为"成见不是我们的，我们不问风从那一个方向吹"。

（2）根据实际需要和时势变化，适当调整刊物栏目设置

与同时代的同人文学杂志如《现代》相比，《新月》的栏目特色并不明显，但就创刊初期的几期来看，还是有几个基本栏目的，比如：前面的几篇文章一般是重要的论文，然后是"诗"和戏剧。这样的栏目设置，连编辑者本人也觉得内容过于单调、枯燥。《新月》创刊半年后，编者坦言道："同时半年来回头一看，虽说所幸还没有溢出过范围，然而内容太趋向于'沉重'方面也是我们屡次觉到的。"[①] 由于创刊半年以来，《新月》刊登的文章绝大多数是专业论文，"内容太趋向于'沉重'"，对于这种情况，编者不是刻板地按照既定的编辑方针继续下去，而是在栏目设置方面进行调整，"决定从下期（第一卷第八期——引者注）起要略略添点轻松的色彩"，这样做的直接目的是"使读者不致于感觉到过分的严正"。应该注意到，调整刊物栏目设置的措

---

[①] 《编辑余话》，《新月》1928 年第 1 卷第 7 期。

施,只是"要略略添点轻松的色彩",而"这并不是说要改变态度,那'郑重矜持'的决心我们还始终要维持"。《新月》编辑群体根据实际需调整刊物栏目设置,是以不改变办刊宗旨、不违背总的编辑方针为前提的。据统计,《新月》自创刊以来因实际需要增添的栏目有"我们的朋友""书报春秋""零星""海外出版界""通信",这些栏目并非每期都有,而是视杂志篇幅情况来灵活决定其长短和有无。

《新月》编辑群体不仅根据实际需要,而且适应时势变化情况,适当调整刊物栏目设置及其篇幅。1930年初,国民政府出台了一系列压制言论出版自由的法律法规,此事激起了民主党派和无党派人士的声讨。在此情形下,《新月》不能置身事外、不能仍然保持沉默也无法保持沉默,因而当时独力主编《新月》的罗隆基亲自撰写了一批反对限制言论出版自由的文章,这一时期几乎每期《新月》以大量篇幅刊登政论文章,在当时影响很大。到了1932年下半年,国民政府致力于"剿共",对舆论界的批评基本上不予理睬,因而知识界的政论、对政府的批评收效甚微。鉴于这种情况,同时由于《新月》编辑群体其他成员对罗隆基主编时期大量刊登政论文章不满,《新月》又恢复了注重文学作品的编辑方针,所以叶公超接编《新月》后,该刊发表了大量后期新月诗派特别是陈梦家等后起之秀的诗作。

(3) 重视引进和介绍外国文学

"20世纪,世界各民族文学在逐渐交流和融合中,外部交流取代了内部交流,世界文学意识日益觉醒。而此时的中国文学,则开始认识世界和走向世界。"[①] 如上所述,《新月》编辑群体的10人都曾留学英国或美国,这种教育背景使他们比同时期其他期刊编辑更热衷于引进和介绍外国文学。前文"《新月》登载各种文章数量表及其分析"已有统计,在《新月》登载的文学作品中,外国文学作品占24%。以约1/3的篇幅刊登外国文学作品,这在中国现代文学期刊中是不多见的。尤为值得注意的一点,这些翻译引进和介绍外国文学的文章,大多数是由编

---

① 刘增人等纂:《中国现代文学期刊史论》,新华出版社2005年版,第181页。

辑群体成员亲自撰写的。如徐志摩对哈代诗歌的翻译、余上沅对易卜生戏剧的翻译及研究、胡适翻译的欧·亨利小说，等等。就此而言，《新月》编辑群体继承了五四新文学传统精神，继续做着引进和介绍外国文学的工作，为中国现代文学进入世界文学和中国现代文学的现代化做出了贡献。

《新月》对外国文学的引进和介绍，范围极为广泛，内容庞杂，兼收并蓄。《新月》几乎每期有刊登翻译引进的外国诗歌、小说、戏剧、散文、学术性论文，还广泛介绍外国作家作品。为了"使读者随时知道一点世界文坛的现状"，从第一卷第八期开始就设置了专栏"海外出版界"，"用简略的文字介绍海外新的名著，和从出版界到著作家的重要消息"。① 此外，差不多每期《新月》都有一幅世界知名作家诗人的画像。特别值得一提的是，这些世界知名作家诗人的画像，总是与这些作家诗人作品及其介绍一起出现，并且排在正文之前。例如，第一卷第三期先是刊登了一幅易卜生的肖像图，然后登载余上沅撰写的《伊卜生的艺术》、张嘉铸的《伊卜生的思想》；同样，在介绍哈代时，也先是刊登一幅哈代的塑像图，然后才是郭守有撰写的《见哈代的四十分钟》、徐志摩翻译的《哈代八十六岁诞日自述》。对于这一点，固然可视为《新月》编辑群体的一种编辑技巧，但的确可见他们对引进和介绍外国文学的重视。

如上所述，《新月》编辑群体从第一卷第八期开始设置专栏"海外出版界"的目的很明确，即"使读者随时知道一点世界文坛的现状"，这个目的说明他们在引进和介绍域外文学时还很注意把握最新的文学动脉，保持与世界文学同轴运转。

《新月》编辑群体对外国文学的引进和介绍，的确功不可没。那么，是不是可以说《新月》编辑群体引进和介绍外国文学是一种有计划有规模的行为呢？尚不可。因为，如本章"《新月》登载各种文章数量表及其分析"所述，《新月》引进外国文学作品和介绍外国作家诗

---

① 《编辑余话》，《新月》1928年第1卷第7期。

人，就国家而言集中在英、美、法三国，就单个的作家诗人来看，集中在莎士比亚、波莱特、雪莱、哈代等少数著名作家诗人，不仅涉及的国家比较少，涉及的作家诗人的人数也相对单薄。照理说，《新月》编辑群体都曾留学英美国家多年，应该具有相当开阔的眼界，但事实是他们在为《新月》引进和介绍外国文学时，并没有显现出开阔的视野。为何会如此呢？笔者的解释是，《新月》编辑群体对外国文学的引进和介绍，并不是一种有计划有规模的行为，而是随意的、无计划的，尽管他们引进和介绍外国文学的主观意识很明显。

（4）发现和扶持文学新人

"发现和扶持文学新人"是几乎所有期刊的题中应有之义，因而把它视为一种编辑理念可能欠妥。但是在笔者看来，在中国现代文学期刊史上，没有哪个杂志像《新月》这么重视、这么有意识地发现和扶持文学新人，并因此培植了一批对中国现代文学产生重大影响的作家诗人。

《新月》编辑群体无疑是一群比较独特的人，他们没有哪一个正式学习过或者毕业于编辑专业，尽管在编办《新月》前大都有过编辑的经历，却始终不曾以编辑为职业。特别是，他们大都本身就是作家，热心于文学事业。作家的身份赋予他们敏锐的艺术感觉和开放的现代意识，使得他们在编选稿件时，能够以自身的审美体验和艺术敏感发现一般职业编辑难以体察的艺术精微之处，能够体会创作的甘苦，因此他们非常善于发现也比较重视具有艺术特色和创新精神的作家作品。如胡适、徐志摩等人既是著名的作家，又是著名的编辑。徐志摩发现并器重沈从文，便是广为人知的文坛佳话。

实际上，不仅《新月》编辑群体，乃至整个新月派都有一个很好的传统，那就是，分外重视发现和奖携促进青年后进。在他们内部，年龄较长者和青年一代往往能够破除俗见平等相处。比如胡适和徐志摩、徐志摩和沈从文、叶公超和卞之琳。20年代的时候，"新月前四子"（朱湘、饶孟侃、杨世恩、刘梦苇）就常常在闻一多的家——一个艺术的"阿房"里，随心所欲，无尊卑长幼，谈诗、谈艺、谈梦。30年代，新月派又捧出"后四子"——陈梦家、方玮德、卞之琳、邵洵美，前三者当时是在校大学生。

1931年,闻一多写信给陈梦家,内中称他"梦家吾弟"。陈梦家回函,不知天高地厚,竟把老师闻一多称为"一多吾兄"。闻一多在新月派中是比较看重尊卑长幼秩序的人,他看后信勃然大怒,当即把陈梦家大训了一通,但这不妨碍闻一多鼎力支持陈梦家编选并出版的《新月诗选》。

1931年,卞之琳还是在北大英文系读书的羞涩男孩,偷偷写诗,因为他总想不为人知,写的少,自行销毁的多。直到徐志摩来上课,堂下问起他是否写诗,卞之琳觉得不好意思,但终于鼓起勇气,拿那么一点点给徐看。没料到徐志摩把诗带回上海,跟沈从文一起读了,大加赞赏,没和卞打招呼,就交给一些刊物发表,也亮出了卞的真实姓名。有了这样的鼓励,卞终于开始了"在桥上看风景"的诗歌之旅。

1932年至1933年,叶公超主编《新月》,竟然把该刊的重要栏目"诗"放手交给当时二十出头的陈梦家等年轻人编辑,这使初出茅庐的陈梦家等人的诗歌作品得到大量发表,从而后期新月诗派呈现出勃勃生机。

粗略统计,早年受到《新月》发现和扶持的中国现代著名作家诗人有:沈从文、巴金、陈梦家、卞之琳、臧克家、储安平、林徽因、何其芳、何家槐。

3. 徐志摩主编时期:独立自主、自由宽容的编辑立场

如上文所述,这里所谓"徐志摩主编时期"以及下面的"梁实秋主编时期""罗隆基主编时期""叶公超主编时期",并非《新月》封面或版权页标明了这些人为主编,而是指在每期版权页标示的"编辑者"当中,他们个人实际上担负了主要的编辑工作。

虽然《新月》编辑群体的风格和气质大体相近,但毫无疑问每个人都保持着自己独立的个性,因而他们的具体文学主张和审美情趣各具特色。[①] 徐志摩、梁实秋等具体文学审美情趣的不同,直接影响了他们的编辑思想,从而使他们主编时期的《新月》呈现不同的特色。

---

① 参见付祥喜《新月派考论》,中国社会科学出版社2015年版,第64—69页。

在徐志摩主编时期,《新月》最大、最明显的特色,就是纯文学性。徐志摩早些时候就有了创办一份纯文学杂志的愿望,《新月》创刊使这个愿望的实现成为可能,因而在办刊过程中,他把《新月》当成一份纯文学杂志来办的意识是很明显的。在他主编期间,《新月》刊登的文章大多是文学作品或者与文学有关的内容。

但是徐志摩并没有在编辑过程中刻意追求甚至排斥文学以外的内容。翻开他主编的几期《新月》,看得出来,还是发表了一些与文学无关的文章。事实上,从主编《晨报副刊》到《新月》,他一直坚持独立、自由的编辑立场。徐志摩坦言自己编办《晨报副刊》的态度是:

> 我说我办就办,办法可得完全由我,我爱登什么就登什么……我自问不是一个会投机的主笔,迎合群众心理,我是不来的,谀附言论界的权威者我是不来的,取媚社会的愚暗与褊浅我是不来的;我只认识我自己,只知对我自己负责,我不愿意说的话你逼我求我我都不会说的,我要说的话你逼我求我我都不能不说的:我来就是个全权的记者……我自己是不免开口,并且恐怕要常开口。①

他这段话表明了他办刊的几种主张:其一,自主决定编辑方针和刊物内容,"办法可得完全由我""我爱登什么就登什么";其二,尊重读者,但决不迎合读者,"迎合群众心理,我是不来的";其三,对于"谀附言论界的权威者"和"社会的愚暗与褊浅",决不妥协,决不屈服;其四,凭良知说话,"只知对我自己负责"。这种独立自主、自由宽容的编辑立场,到他主编《新月》时也并未更改。例如,《新月》编辑部收到一篇署名冷西的小说《观音花》,徐志摩打算发表,梁实秋认为此文与《新月》宗旨不符、不同意发表,胡适附和梁实秋的意见,最后徐志摩还是不顾梁、胡的反对,不怕得罪他们,在第二卷第一期发表了这篇小说(作者系一名青年学生,徐并不认识)。为了发表一篇出

---

① 徐志摩:《我为什么来办,我想怎么办》,《晨报副刊》1925年10月1日。

## 第三章 《新月》月刊研究

自陌生青年学生之手的小说，徐志摩不惜得罪梁实秋、胡适，其坚持独立自主的编辑立场可见一斑。此外，梁实秋认为那篇小说与《新月》宗旨不符，因而主张不予刊登，这种处理外稿的措施，就那个时代的同人刊物而言，是正常莫过的。徐志摩显然不像梁氏那样排斥外稿，他对稿件的来源的态度，是自由宽容的。

不过，也需要指出两点：

第一，虽然"办法可得完全由我""我爱登什么就登什么"表明了独立自主的编辑方针，这就主编一个刊物来说是很重要的，徐志摩却在实践中把"我爱登什么就登什么"发展到了任意、任性的地步，因而在一定程度上损害了《新月》的整体质量和声誉，也引起了《新月》同人的不满。例如，吴世昌曾谈到徐志摩编《新月》的一桩旧事：

> 吴世昌读大学二年级时写了一篇《辛稼轩传记》，请顾颉刚先生评阅。顾先生没看完便放在桌上。徐志摩来吃饭，问顾先生有何作品可付他所编的《新月》，顾先生就把吴世昌那篇文章交给徐志摩。徐一边看一边吃饭，饭后就将此稿放进口袋。顾颉刚把此事告诉吴世昌后，吴因为此稿中的引文没有注明卷页，立即去信向徐志摩索回稿子，徐不但不给稿子，反而寄来一张支票，说，稿子已经在上海排印了。因此，此稿在《新月》发表时，几乎所有引文的卷页都是空白，在当时成为笑话。①

吴世昌当时还只是名不见经传的在校青年学生，他的论文连引文的卷页都没有注明，显然并不完整，可徐志摩二话没说就给发表了，这固然体现了徐自由宽容的编辑立场，却同时也体现他"我爱登什么就登什么"的任性和随意。

当然，如众所知，类似的"旧事"和"笑话"，在徐志摩主编《新月》期间还有一些，不需赘述。

---

① 劳天：《徐志摩编新月旧事》，《出版史料》2002年第2期。

第二，徐志摩说自己办刊时"迎合群众心理，我是不来的"，不迁就读者、不哗众取宠，这一点就坚持办刊宗旨而言，原本是件好事，也正是《新月》的独特个性所在，却也反映了他不尊重读者的阅读心理和读者的意见。上文已述，"我爱登什么就登什么"体现了徐志摩在稿件取舍方面是任性、随意的。这一点本身就反映了他在取舍稿件时一般不会顾及读者的需要，他只凭自己的个人兴趣和好恶，不管读者爱不爱看，也一般不听从其他编辑的意见。由于这个缘故，创刊半年来《新月》的内容一直过于"沉重"，读者反应不大好，颇有意见。这种情况，徐志摩不是不知道，但他依然我行我素、坚持不肯迁就读者。其他编辑，如饶孟侃等虽然不满，却也无可奈何。直到1928年6月15日，徐志摩启程经日本赴美、英、印度等地游历，临行前《新月》编务托付给胡适。就在徐志摩出游期间，第一卷第七期《新月》增添了一些取悦读者的"花样"，第一次出现了"编辑余话"，"决定从下期起要略略添点轻松的色彩"，增添"书报春秋""零星""海外出版界"三个栏目。这样做的直接目的是"使读者不致于感觉到过分的严正"。由于这三个栏目的增添，是在徐志摩主编《新月》时期开始的，因而容易被误以为是徐志摩力主倡导或者至少是得到他同意的。倘若事实如此，岂非徐志摩转性了、开始尊重读者的意见？

其实，《新月》开设"书报春秋""零星""海外出版界"三个栏目与徐志摩无关1928年6月徐氏离国远游至11月回国，其间出版的《新月》虽然每期"编辑者"名单中"徐志摩"排首位，但是实际担负编辑事务的是梁实秋。理由有这样几点：

（1）1928年6月15日至11月，徐志摩离国远游，他在国外仍然操心《新月》编辑事务，不忘为《新月》联络作者："谢寿康、周太玄、梁宗岱皆允为《新月》撰文。宗岱与法国大诗人梵乐利（梁译'哇莱荔'）交往至密，所作论梵诗文颇得法批评界称许，有评传一篇，日内由商务徐元度送交兄处，希即刊载《新月》，稍迟再合译作出书。"[①] 由于

---

[①] 《致胡适》，虞坤宁编《志摩的信》，学林出版社2004年版，第282页。

## 第三章 《新月》月刊研究

徐身在万里之外，此等"操心"也只能是对《新月》编务鞭长莫及。因而在他出国期间出版的《新月》，不可能由他主编。

（2）1928年8月21日，徐在英国给胡适写信告之自己大约11月初回国，接着就迫不及待地说："第一件事要问你的是新月月刊的生命。我走的时候颇感除老兄外鲜有负责任人，过日本时曾嘱通伯夫妇加倍帮忙。出版不致愆期否，最在念中。"9月20日，徐志摩再次致信胡适，信中说："《新月》重劳主政，待归来再来重整旗鼓。"① 可见，徐志摩在出国前曾将主编《新月》之事托付给胡适，后来又"曾嘱通伯夫妇加倍帮忙"。"通伯夫妇"即陈通伯、凌叔华夫妇。倘若在出国期间徐志摩仍然掌控《新月》，何必要将《新月》托付给胡适、陈通伯夫妇？又何来在致胡适信中"待归来再来重整旗鼓"之言？

（3）那么，是不是在此期间，《新月》就由胡适主编、陈通伯夫妇协助呢？应该不是。胡适在这段时间里正忙着写文学考证文章，无暇主编《新月》，况且从《新月》创刊到终刊，他对该刊的编务一直没有什么兴趣。至于陈通伯夫妇，从一开始就基本上没有参与《新月》事务，当然是不便贸然插手《新月》编辑事务。

（4）在此期间实际负责《新月》编务的，是梁实秋、饶孟侃。主要证据是第一卷第七期"编辑余话"中的一句话：

> "书报春秋"是我们在"学灯"里曾经用过的名称。现在《学灯》等于消灭，这名称继续在《新月》里出现，似乎也没有什么不可以。这一栏专载关于文学艺术思想各方面的论评文字。

引文中的"《学灯》"指的是上海《时事新报》的一个学术性副刊。《时事新报》是梁启超研究系的机关报，早期由张君劢任总经理，张东荪任总编辑兼《学灯》首任主编，而新月同人中的潘光旦是《学灯》的最后一任主编（1927年5月1日至1928年3月31日），梁实秋

---

① 《致胡适》，虞坤宁编《志摩的信》，第281、282页。

则经张君劢之弟张禹九（嘉铸）介绍主编过《时事新报》的文艺副刊《青光》（1927年5月1日至8月9日），他那本有名的《骂人的艺术》就是主编《青光》时批评文字的结集。引文说，"'书报春秋'是我们在'学灯'里曾经用过的名称"，这句话透露出一个信息，即说话者曾经参与过《学灯》的编辑事务，并且在《学灯》里开辟过"书报春秋"栏目。这样一来，说话者的身份就昭然若揭了：只有梁实秋主编《青光》期间，《学灯》才设有"书报春秋"栏目，因此说话者是梁实秋，换言之，《新月》第一卷第七期"编辑余话"出自梁实秋之手。既然如此，该期《新月》的实际主编就只能是梁实秋。

此外，我们还应该注意到，《新月》增添的三个栏目中，"（书报春秋）这一栏专载关于文学艺术思想各方面的论评文字"，"（零星）是登载短评和杂感的专栏"，这两个栏目登载的都是评论性的文章，这也和梁实秋注重思想性评论文章的编辑方针相吻合。

再有一点也可资佐证，那就是，1928年11月徐志摩回国后不久，第二卷第二期《新月》的"编辑者"名单变成"梁实秋、潘光旦、叶公超、饶孟侃、徐志摩"，又过几个月后，干脆由梁实秋独自编辑。梁实秋由接替徐志摩担任主编到独自编辑《新月》，这一过程在短时间内发生，实在显得突然。但是如果徐志摩出国期间梁实秋参与并实际承担了主编《新月》的事务，并从第一卷第八期开始增添了"书报春秋"等三个栏目，那么由梁实秋接替徐担任主编以及后来独自编辑《新月》，就是顺理成章的事了。

梁实秋是闻一多、饶孟侃在美国留学时的好友，而闻一多、饶孟侃本来就是徐志摩主编时期的"编辑者"（尽管徐志摩的名字排在最前），而且在徐志摩出国期间，梁实秋已辞去《青光》主编，由他出面暂时代替徐志摩编辑《新月》，也是名正言顺的。

尽管在出国期间徐志摩实际上离开了《新月》编辑事务，但他坚持独立自主、自由宽容的编辑立场，特别是坚持《新月》的纯文学杂志办刊方向，对《新月》是有贡献的。

### 4. 梁实秋主编时期：注重思想性的编辑方针

上文认为，徐志摩出国期间梁实秋实际上承担了《新月》主编事务。由于在此期间《新月》版权页上标明的"编辑者"名单没有梁实秋，在此论得到进一步证实并获得学界多数肯定以前，我们不把这一段时间计入梁实秋主编《新月》时期。梁实秋正式主编《新月》，要从第二卷第二期开始，闻一多辞去《新月》编辑，编辑者改为梁实秋、潘光旦、叶公超、饶孟侃、徐志摩，直到第二卷第五期；从《新月》第二卷第六、七期合刊至第三卷第一期，由梁实秋一人编辑，因而《新月》实际上由梁实秋主编的时期是：从1929年5月下旬出版的《新月》第二卷第二期至1930年9月出版的第三卷第一期。在梁实秋主编的这一年半里，《新月》没有明显的大变化，梁实秋基本上秉承了徐志摩主编时期特别是《新月》创刊时的初衷。但是他主编时期，对《新月》的发展具有非同寻常的意义，他注重思想性的编辑方针使《新月》由纯文学杂志向政论性杂志过渡。

鲁迅先生说梁实秋是"新月社的批评家"，这实在妥恰。梁实秋在《新月》发表的文章基本上是评论性质的，并且从《新月》创刊伊始，他俨然就以新月派理论家的身份发表文章，居高临下地指出："文学里可以不要规律，但是不能不要标准。""凡从事于文学事业者，无论是力在创作者或批评者的地位，甚而至于欣赏者的地位，其态度必须是严重的。"这里所谓"文学的标准"和"严重的态度"，最终的指归都是思想、是精神，因为"文学的态度之严重，情感想象之理性的制裁，这全是文学最根本的纪律，而这种纪律又全是在精神一方面的"。① 由此出发，梁实秋主张以理性节制情感，在进行文学批评时，很重视作家的创作态度，他说："文学里很重要的是作者的态度。"他要求"诗人可以想象最可怕最反常的罪恶，并且引入题材，但他能不自己卷入这罪恶的旋涡，保持一个冷静的态度"。所谓"冷静的态度"，便是以理性节制创作情感，加强作品的思想内涵，而不是放任情感，致使作品空

---

① 梁实秋：《文学的纪律》，《新月》1928年第1卷第1期。

洞、浮躁。

梁实秋上述注重思想性的文学批评观,在他主编的十几期《新月》里都有体现,而最明显、最直观的体现,就是思想性较强的评论文章数量开始增加(详见"《新月》登载各种文章数量总表")。他刚刚接手《新月》,就迫不及待地在《敬告读者》中说:"我们容忍一切,就是不容忍那'不容忍'的态度。"又在《编辑后言》中宣称:"(《新月》月刊)想在思想及批评方面多发表一些文字。"① 由于胡适的《人权与约法》(第二卷第二期)在《新月》发表后激起各方面的较大反响,编者大受鼓舞,告诉读者说:"我们以后希望每期都有一篇关于思想方面的文章请大家批评。"并说:"我们的目的一则是要激动读者的思想,二则是要造成一种知识的庄严,在英文里所谓 Intellectual Dignity。"② 此后,果然《新月》"每期都有一篇关于思想方面的文章"。

将梁实秋主编时期的《新月》和徐志摩主编时期作一对比,不难发现,从文章类型来看,前者发表的注重思想性的评论文章较多;单就文学作品来看,前者所发表的文学作品大多具有较强的思想性,而后者偏重于艺术性。虽然徐、梁都声称要维持"矜持的态度",但显然徐志摩在稿件取舍上采取的是自由宽容乃至任意、随性的态度,而梁实秋的态度则是相对严谨的。

梁实秋的古典主义文艺观直接影响到他的编辑方针和编辑思想,这是在所难免的,原本无可厚非,但是在实际编辑工作中,他把注重思想性的编辑方针放大为对评论文章的偏爱和重视,以至于在他主编时期,《新月》的刊物性质开始发生转变,由纯文学杂志向综合性杂志过渡。对于《新月》文学色彩的衰退,新月派中的纯文学派以及后人大多指责罗隆基,竟不知其始作俑者是梁氏!

5. 罗隆基主编时期:政治色彩鲜明,不惜淡化弱化文学

1930 年 9 月,梁实秋辞去《新月》编辑,改由罗隆基主编,因

---

① 《敬告读者》,《新月》1929 年第 2 卷第 1 期;《编辑后言》,《新月》1929 年第 2 卷第 3 期。
② 《编辑后言》,《新月》1929 年第 2 卷第 3 期。

## 第三章 《新月》月刊研究

而1930年10月的第三卷第二期至1932年1月的第四卷第一期的主编是罗隆基，他共主编了10期《新月》。罗隆基主编时突出《新月》的政治色彩，甚至不惜淡化弱化文学，这是显而易见的。存在的问题是：第一，严格说，罗隆基对文学的兴趣不大，不是新月派，他却为何能够单独编辑10期《新月》？第二，对于罗隆基主编时期"政治色彩鲜明，不惜淡化弱化文学"的编辑策略，当时新月派中徐志摩等超功利派已颇有微词，后人也多有非议，80年后的今天我们应作如何评价？

罗隆基在留学期间接触到并服膺于拉斯基的学说[①]，对费边社也表示出了兴趣。1928年从美国留学回国来到上海，任教于光华大学，成为徐志摩、梁实秋、潘光旦等人的同事后，他很快参加了主要成员包括胡适、王造时、梁实秋、闻一多、徐志摩、潘光旦、丁西林、叶公超等名流的平社的活动。成为平社主要成员、进入胡适派文人群体的圈子，使他能够被《新月》编辑群体认同，这是他得以主编《新月》的一个前提条件。当然，仅仅有这一个前提条件，徐志摩等人还不会放手把《新月》交给他单独编辑。胡适的支持，是罗隆基获得主编《新月》的机会并坚持下去的一个重要原因。《新月》创刊时，胡适忙于"整理国故"，对文学创作的兴趣不大，只在《新月》发表了几篇谈研究方法之类的文章。到了1929年，国内形势的变化特别是国民政府加强了文化统治，使胡适忍无可忍，"忍不住要谈政治"，他开始关心时政，并与平社其他成员一起讨论时政。本来打算要在《新月》之外另行创办一份周刊或旬刊即《平论》，由于某种原因，这个刊物没有创办起来。胡适在1929年3月25日的日记中记叙创办《平论》的情况："《平论》是我们几个朋友想办的一个刊物，去年就想办此报，延搁至今。《平论》的人员是志摩、梁实秋、罗隆基（努生）、叶公超、丁西林。本想叫罗努生做总编辑，前两天他们来逼我任此事，此事大不易，人才太

---

[①] 罗隆基在留学期间因服膺拉斯基的理论，曾在1925年到英国伦敦大学政治经济学院师从拉斯基学习一段时间。拉斯基的思想和学说对罗隆基等中国现代知识分子影响很大，在现代中国，拉斯基的影响力一直影响到20世纪40年代末罗隆基领导下的中国民主同盟走"第三条道路"。

少；我虽做了发刊词，心却不很热。"① 创办《平论》的目的是讨论政治问题，即国家大问题。《平论》因种种原因而流产，原拟在《平论》上发表的思想或批评就由《新月》月刊承担下来，当时只不过是一种权宜之用，但此后《平论》的创办杳无音信，因此《新月》月刊第二卷第二期开始，每期都以突出地位刊登政论文章。1930年初，梁实秋辞去《新月》编辑、赴青岛大学任教，原定担任《平论》主编、与胡适一样热衷谈论政治的罗隆基便顺理成章接手了《新月》。这其中如果没有胡适的同意，罗隆基是不可能做得了《新月》主编的。由于胡适在新月派中的地位和威望以及新月书店董事长的身份，即便后来新月派中不少人反对罗隆基，对《新月》的褪变表示不满，罗隆基仍然可以坚持自己的编辑策略并继续编办《新月》。在当时情况下，胡适的支持使罗隆基得以主编《新月》并顶住各种压力，而罗隆基主编下的《新月》使胡适获得了一个放言政论的载体。进一步说，假如当时没有罗隆基来主编《新月》，《新月》也会加强政治、思想色彩，因为，当时胡适需要一个类似《平论》那样的刊物作为谈政治的载体。更何况，如前文所述，早在梁实秋主编时期，《新月》就已经呈现出了由纯文学杂志向注重思想性的综合性杂志过渡的特征，按照这个趋势，《新月》强化政治、淡化弱化文学色彩，是迟早的事，罗隆基只不过顺应了这个趋势。

事实上，罗隆基对《新月》作出了一定的贡献。在增加《新月》经济收入方面，贡献较大的应该是罗隆基。从罗隆基主编《新月》开始，《新月》在增加广告收入方面做出了一些努力。在此之前，《新月》的广告基本分为两种，一种是推介新月书店新书，另一种是为其他刊物做一些广告，那时候期刊杂志之间大多互登对方的广告，不赢利或者赢利不大。在罗隆基主编时期的前一段时间，广告的空间得到了极大的开拓，有专版，有时是连续的广告集中在一起，有时甚至还刊登纯商业性质的广告，例如第三卷第二期刊登了金纳氏猫牌与虎牌的巴德补血酒的

---

① 《胡适日记》1929年3月25日，《胡适全集》第31卷，第347页。

## 第三章 《新月》月刊研究

广告。罗隆基的做法似乎引起《新月》内部人士的不满,这种"开拓"在后来的广告中基本上消失了,但仍然可见,为了使《新月》维持下去,罗隆基的确是下了功夫的。罗隆基对《新月》的经济贡献,便是极大地提高了《新月》的发行量。由于新月同人坚持不走商业化的道路,《新月》的发行一般保持在每期3000—4000份,其发行情况是不尽如人意的。"内容太趋向取沉重",因此"只有加倍的再继续努力","略略添点轻松的色彩",但没有带来根本性转变,"月刊的销路,老实说是不好的"①。后来由罗隆基主编,《新月》转向政治性论争,"销路好起来了",每期能销售10000份左右。仅上海一地1928年就创刊了几百种期刊,在这种情况下,《新月》在当时能维持每期10000份左右的发行量,这是很不容易的。

当然,罗隆基对《新月》的最大贡献,应该是扩大了《新月》的影响,使《新月》成为一份在全国影响很大的杂志。由于罗隆基坚持"政治色彩鲜明,不惜淡化弱化文学"的编辑策略,大量刊登评论时政的文章,《新月》引起了社会的广泛关注。特别是胡适、罗隆基在《新月》上开展了"人权与约法"问题的讨论,引发了一场遍及社会各界的广泛论争,以致国民政府不得不出面干涉。这时期,梁实秋在《新月》发表文章,与鲁迅就"文学阶级性""硬译"等问题进行论争,也引起了文化界的普遍关注。到了1931年,有报刊甚至认为:"中国目前三个思想鼎足而立:(1)共产;(2)《新月》派;(3)三民主义。"②该报直接把《新月》视为当时中国的三大思想之一,《新月》之影响可见一斑。

但是,从一定程度说,罗隆基把《新月》在全国的声誉推到了顶点,却也把《新月》带到了绝境。胡适、罗隆基发表的一系列关于"人权与约法"的政论文章,从理论上动摇了国民党专制统治的理论依据,从意识形态上威胁着国民党统治的基础,在社会上引起很大反响,

---

① 《编辑余话》,《新月》1929年第1卷第7期。
② 《罗隆基致胡适》,《胡适来往书信选》(中),中华书局1979年版,第73页。

因而遭到国民政府的压制，胡适、罗隆基受到国民党御用文人的"围剿"。1930年5月15日，胡适被迫辞去中国公学校长职务。国民党上海市第八区党部向上海警备司令部告发罗隆基"言论反动""侮辱总理"，是"国家主义领袖"和"共党嫌疑"。是年11月4日下午，上海警备司令部便命令上海市公安局，拘捕并审讯在光华大学刚刚上完课的罗隆基。由于胡适及时打电话请蔡元培、宋子文出面担保，罗隆基很快获释。但此事令罗隆基非常愤慨，随即撰写了《我的被捕的经过与反感》，将被捕经过和自己对此事的批评公之于众。① 罗隆基如此桀骜不驯，令国民党当局大为恼怒，国民政府教育部遂电令光华大学解除罗隆基的教职，并有传言说，国民党政府将要勒令《新月》停刊。此时徐志摩等人为维持新月书店营业，主张《新月》今后不谈政治，罗隆基对此坚决反对，认为这样"向后转"未免太快，因为"《新月》月刊的立场，在争言论思想的自由。为营业而取消立场，实不应该"。虽然有徐志摩等人反对，罗隆基仍然继续单独编辑《新月》。徐志摩等反对《新月》谈政治的主张得到更多《新月》同人的赞同，他们纷纷离开上海，投稿也不积极。"如今新月的一班朋友，亦散落在各地。胡适之先生徐志摩先生在北平，梁实秋先生闻一多先生在青岛，还有在武汉的，在安庆的，在广东广西的"②，因此罗隆基在致胡适的信中埋怨："《月刊》的内容，的确不是我一个人的力量可以改进的。一班旧朋友，除先生的文章照样寄来外，都不肯代《新月》做稿。志摩、实秋、一多、英士、公超、上沅、子离、西滢、叔华、从文这一班人都没有稿来。一多、实秋前次在上海，都答应马上寄稿来，如今又毫无音信。编辑人有什么办法？旧人对《新月》内容不甚满意，这责任的确应大家负担。"③ "一班旧朋友……都不肯代《新月》做稿"，《新月》经常出现稿荒，从第三卷第四期开始不标示出版日期，说明已不能按时出版。由于《新月》不能按时出版，再加上国民党政府机关经常扣压《新月》，

---

① 罗隆基:《我的被捕的经过与反感》,《新月》1930年第3卷第3期。
② 《新月讨论》,《新月》1931年第3卷第5、6期合刊。
③ 《罗隆基致胡适》,《胡适来往书信选》(中),第73页。

## 第三章 《新月》月刊研究

全国部分地区收不到或者不能按时收到《新月》，导致刊物发行量锐减。国民党政府的压制、徐志摩等《新月》同人的反对、稿荒、《新月》发行量急骤下降导致的经济压力，使罗隆基独力支撑一段时间、出版第四卷第一期《志摩纪念号》后，放弃《新月》离沪北上担任《益世报》副刊主笔，致使《新月》休刊半年。此时的《新月》无疑陷入绝境。

6. 叶公超主编时期：巧妇无米，月落西山

叶公超主要参加了两个时段的《新月》编辑工作：一是与梁实秋、徐志摩、潘光旦、饶孟侃等五人列名第二卷第二期至第五期（1929.4—1929.7）"编辑者"名单，此时叶公超虽列名为"编辑者"，但他正担任暨南大学外国文学系主任兼图书馆馆长，同时兼任胡适做校长的中国公学西洋文学系教授，很少在《新月》上发表文章①，也没有承担主要编务，因此这一时段叶公超并非《新月》主编。二是 1932 年 1 月初，罗隆基主编出版了第四卷第一期《志摩纪念号》后离沪北上，《新月》寂然无声，休刊达半年之久。当此乏人之时，身在北平任清华大学外国语文系教授的叶公超，毅然挺身而出，单独主编了第四卷的第二、三两期（1932.9—1932.10），使《新月》绝境逢生。接下来，叶公超又与胡适、梁实秋、余上沅、潘光旦、邵洵美、罗隆基等人合编了《新月》的最后四期（1932.11—1933.6）。据叶氏讲，最后这几期名义上由几人合编，实际上主要的编务还是由他负责："最有趣的事，是《新月》停刊前最后三四期，除少数几位朋友投稿外，所有文章几乎全由我一人执笔。在一本刊物里发表好几篇文章，自然不便全用叶公超一个名字，因此，用了很多笔名。时隔四十多年，那时究竟用过那些笔名，现在已想不起来了。"② 据统计，叶公超在此时期发表文章所用笔名，主要有公

---

① 此时叶公超在《新月》发表的成篇文章并不多，如他本人所言，"我在《新月》写的多半是书评"（叶公超：《我与〈学文〉》，关鸿、魏平主编《新月怀旧——叶公超文艺杂谈》，学林出版社 1997 年版，第 159 页），而这些书评又是全部出现在《新月》固定专栏"海外出版界"上面（除《"现代"的评传》和《小品文研究》两篇发表在第 4 卷第 3 期的"书报春秋"栏目）。

② 叶公超：《我与〈学文〉》，关鸿、魏平主编《新月怀旧——叶公超文艺杂谈》，第 159 页。

超、超、白宁、棠等,可见叶氏所言非虚。

对于叶公超主编时期,一般认为《新月》重新回到了纯文学杂志。这是没错的,叶公超主编时期《新月》浓厚的文学色彩,乃有目共睹。但是笔者也赞同刘群博士对叶公超编辑风格的如下推论:

> 在《新月》月刊更换频仍的几任编辑中,叶公超的编辑风格显然是以学术性见长的。这首先表现在,他本人在《新月》及后来的《学文》上的文章,大致上以文学批评为中心展开,如西方文艺理论及诗歌批评、中国现代文学批评、散文批评等等,其行文平和,既不像罗隆基那样热衷于谈政治,也无梁实秋之攻击锐利语出讥诮之风,而是基本专注于学理层面的研究撰述,"显示了30年代中国文坛'自由派'文学的坚实存在"。其次,叶公超主编《新月》《学文》时发掘的学生辈作者,他们的创作也多偏重文学评论及研究文章,绝少陷入文坛是非的纠葛,体现出较高的学术专业素养。这样的名字,可以排出一个相当耀眼且不短的名单,如钱钟书、杨联陞、吴世昌、常风、赵萝蕤等,可以说都是受到叶公超的赏识、汲引和指点,从而起步走上治学、创作或翻译道路,成长为一代优秀学人的。①

的确,与徐志摩、梁实秋、罗隆基主编时期相比较,徐志摩注重文学作品,叶公超则偏重于文学研究与文学评论;梁实秋注重思想性,实际上偏重于政治性评论文章,这自然与叶公超偏重文学性评论文章有区别;罗隆基热衷于政论文章,姿态激愤、桀骜不驯,叶公超不喜政论,偏爱平和、严正的学术讨论。

已有研究成果表明,叶公超在《新月》乏人之时临危受命,不仅使《新月》摆脱困境,起死回生,而且使他主编时期的《新月》成为培养出一大批日后在中国现代文学和学术史上成就卓著的作家、翻译家

---

① 刘群:《学者的摇篮——叶公超在新月时期的编辑活动》,《兰州学刊》2006年第4期。

## 第三章 《新月》月刊研究

和学者的摇篮。① 不仅如此,叶公超主编《新月》时期,还组织西方现代诗译介,对当时诗坛形成一股冲击,并促使新月诗派美学风格嬗变、艺术表现转向现代主义。这样一来,一个问题就产生了:既然在叶公超主编时期《新月》"摆脱困境,起死回生",为何1933年6月,《新月》在出版第四卷第七期之后突然停刊,这轮在上海升起的苍白的月亮悄然沉落了呢?主编叶公超是否应该对《新月》的停刊负有责任?

据叶公超回忆,《新月》停刊大致有以下几个原因:

1. 没有组织,行的是多头政治,各有各的意见,时常不能统一,而很多意见又往往是很天真的看法。

2. 没有钱,他们坚持不接受任何其他的支援,而本身又不善于经营,总是亏损,终至于无法维持。

3. 没有稿子,有时候广告都发了,稿子却只有题目而拿不出文章。本来大家都有职业,早期还能抽空写一些,后来却有了懒于写的现象,以后期的刊物,内容与质地都差了些,销路很受影响,当然经营也就困难了。

4. 徐志摩的突然去世,给新月同人的心理打击很大。他虽然不居于领导地位,但他热心,以及他在朋友之间的粘合力量,是本来各有其业的新月同人不可缺少的。

5. 同人们的职业问题,造成了四分五散,很不容易聚合,不像左派作家,他们不必有职业,就守在上海写作和办刊物。这也是后来反共文学团体终遭失败,而左派独霸上海文坛的主要原因之一。②

《新月》停刊的确由许多方面的原因造成,除了叶公超回忆的上述五个原因以外,还需要补充几点:

第一,因发表评论时政的文章并引起较大反响,《新月》遭到来自

---

① 刘群:《学者的摇篮——叶公超在新月时期的编辑活动》,《兰州学刊》2006年第4期。
② 叶公超:《关于〈新月〉》,程新编《港台·国外谈中国现代文学作家》,四川文艺出版社1986年版,第165—166页。

国民政府的强大压力,生存环境恶化。1930年2月,国民政府下令要求新月书店焚毁《新月》第二卷第六、七期合刊,其他书店也不得代售。国民政府的压制甚至达到了这种程度,1930年2月7日张孝若致胡适信中说:"有一点要向先生告罪:我前将先生的传序送去排印时,校对人来商:在序内第七段举近一点的人物,孙文列居最后;在先生本无所容心,深恐党人量仄,以为吾辈有意屈弄,别生芥蒂,不如摆到前面。我认为名字移动,无关宏旨;但未及征得先生同意,亦觉皇恐,想不以为罪也。"① "深恐党人量仄,以为吾辈有意屈弄,别生芥蒂",竟然到了如此草木皆兵的地步!尽管叶公超接编后,《新月》基本上不再谈政治,但是《新月》遭受压制的情况并未好转,《新月》同人也仍然心有余悸。

第二,《新月》同人坚持不走商业化的办刊道路,致使《新月》一直受到"没有钱"的困扰,终致无法维持。《新月》创办人在创刊之初就有"几项不曾形诸文字的约定":要成立独立的机构,不假借任何其他的力量,尤其是官方的力量;需要用的钱,都要由同人自己拿出来;以自己所能筹到的钱为准,可以维持多久就维持多久。这几项"约定"固然保证了《新月》独立自主的办刊立场,却也使《新月》同人没有从商业角度去经营《新月》,因而"月刊的销路,老实说是不好的"。尽管后来也想了一些办法(比如为了"略略添点轻松的色彩",增了"零星""海外出版界"等栏目),杂志的发行量也有所增加,"但是比起时髦的刊物还差得远,我们这个月刊是赔钱的买卖"。② 值得提出的是,从1928年创刊到1933年停刊,这五年里全国物价特别是上海市物价有一定幅度的上涨,《新月》的售价却始终不变,订购全年为3元,半年为1元6角,每期零售3角。五年里《新月》的售价没有因为全国物价上涨而加价,虽然证实《新月》同人办刊的目的不是赚钱,却也说明他们毕竟太书生气,因为,正如他们自己所说:"赚钱我们不敢希

---

① 《胡适来往书信选》(中),第498页。
② 《敬告读者》,《新月》1930年第2卷第6、7期合刊。

## 第三章 《新月》月刊研究

望,可是赔钱长久了我们也赔不起。"① 为了使《新月》能够维持下去,罗隆基在担任主编时曾想了一些办法,比如通过论争来吸引读者、增加广告版面、允许《新月》刊登商业性的广告等。然而,由于遭到一些《新月》同人的反对,这些"办法"没维持多久就消失了,到叶公超主编时期,更是踪迹全无。

第三,叶公超虽然使《新月》摆脱困境,起死回生,但是除了恢复《新月》纯文学杂志的属性以外,并没有发现和纠正《新月》存在的问题。1932年9月,叶公超在《新月》停刊半年之后临危受命,按照自己的方式主编《新月》,特别是栽培、重用陈梦家等一帮青年,给《新月》注入了新鲜血液,《新月》很快摆脱困境,起死回生,因而叶公超对《新月》是做出了较大的贡献。但是他在使《新月》重新成为纯文学杂志的同时,也基本上采取徐志摩主编时期的编辑办法,甚至小到"诗"这个专栏,也和徐志摩一样,基本上只刊登新月诗派的作品。当然,承袭徐志摩的编辑办法不是说不可以,问题在于,徐志摩的编辑办法在当时尚属独树一帜,到了叶公超主编《新月》的1930年初,却已显得过时,而且其主编的《新月》也在当时文学期刊多如牛毛的20世纪30年代缺乏特色。另外,对于《新月》当时存在的一些问题,比如发行量较少、稿荒等,叶公超没有解决,终致问题越积越多、越来越严重。以至《新月》停刊前最后三四期,除少数几位朋友投稿外,所有文章几乎由叶公超一人执笔。《新月》已经到了"无米之炊"的地步,自然离停刊不远了。

叶公超提到的一个《新月》停刊的重要原因,即由于《新月》主要撰稿人各谋生计,四分五散,很难聚合在一起,导致稿子缺乏,难以为继,这种现象值得深思。《新月》同人在1929年以后"四分五散",固然是由于生活和工作所需离开上海,但主要还是各种分歧和矛盾最终导致《新月》内部的分化和重组。参与办刊的人"并没有多少相同的地方,相反的,各有各的思想路数,各有各的研究范围,各有各的生活

---

① 《敬告读者》,《新月》1930年第2卷第6、7期合刊。

方式，各有各的职业技能"（梁实秋语），这使他们要么就按照自己的方式去办刊，要么就不办。但是怎么可能按照每个《新月》同人的想法去编办呢？所以，闻一多参与编办最初的几期《新月》后就去了青岛任教，和《新月》的关系变得很疏远；沈从文始终没有参与《新月》的编辑工作，他把主要精力放在创作上；胡适、罗隆基等人也筹划创办专门登载政治性文章的《平论》，后来《平论》流产，胡适在北平另辟《独立评论》，罗隆基去青岛编《益世报》副刊；由于对罗隆基主编时期《新月》大量刊登政论文章不满，徐志摩、邵洵美等人另外创办了《诗刊》……《新月》内部之所以分化，《新月》同人之所以会各自为政，各行其是，与隐藏在他们内部的矛盾和分歧不无关系。因为具体的文学主张不同，新月派内部分为以徐志摩、闻一多为代表的纯文学派和以胡适、罗隆基为代表的文学功利派，初期由徐志摩、闻一多、饶孟侃编辑《新月》，胡适由于种种原因，并没有积极地参与其中的活动，只是在《新月》上发表了一些考据性的文章；1929年后胡适对政治的兴趣突然变大，于是政治倾向很强的梁实秋、罗隆基接管了《新月》，并且声称："不错，我们是谈政治了，我们以后还要继续谈！"完全不顾徐志摩等人的反对。这样一来，徐志摩、闻一多、饶孟侃等人都不愿意编《新月》了，后来干脆让罗隆基一个人编。徐志摩等纯文学派很少甚至不愿再把自己的作品交给《新月》发表。《新月》出现稿荒，罗隆基不仅没有检讨自己的编辑工作，反而说："大家都不把稿子交来，我又有什么办法？"还说："新月派的旧人对月刊内容不满，其责任应由大家承担。"徐志摩等人对《新月》逐渐失去兴趣，或是另外创办自己作主的刊物（如《诗刊》），或是离开了上海。同样道理，属于线文学派的叶公超主编《新月》后，胡适、梁实秋、罗隆基等文学功利派也不予支持。这样一来，《新月》同人出现了分化，新月派开始分崩离析。因而《新月》停刊是新月派内部矛盾和分歧的必然结果，上述八个原因只是加速了《新月》停刊。

　　鉴于以上所述，虽然叶公超与《新月》停刊不无关系，但是并不承担主要责任。试想当年叶公超面对《新月》存在的种种问题，特别是"无米之炊"的情况,也只能发出"巧妇无米"的叹息,眼睁睁看着《新月》"月落西山"。

## 第四节 抗争:《新月》的自由主义政治立场

我们在引论中提到,本书在主要讨论文学意义的"新月派"的前提下兼顾其历史学意义,这并非虚言。例如,本章第二、三两节,便是分别从文学和历史学视角观照"《新月》"。我们发现,由于《新月》是一份同人刊物,新月派的文学选择决定了刊物的文学立场,而他们的文学选择与他们的政治立场、政治意识相关,也就是说,时代的政治文化氛围和特定的文学语境共同影响了《新月》的文学、政治立场及其选择。所以,要想呈现和理解《新月》的文学立场,就不能忽略其政治立场。事实上,假若不讨论《新月》的政治立场,也将无法从文学角度解释罗隆基主编时期《新月》发表的大量政论文章。故以下将以"争人权、要法治"运动为中心,剖析《新月》的政治立场。

在本章第一节中,我们明确了《新月》的自由主义文学立场。那么,它的政治立场是什么呢?自然也是自由主义的。因为,一般地说,现代中国同人刊物的文学立场与政治倾向性互为表里,文学立场是政治立场的具体体现。不过,《新月》创刊之初,它的文学立场并不具有明显的政治倾向性,这一点从发刊词《〈新月〉的态度》和徐志摩主编时期《新月》的纯文学性质看得出来。《新月》的文学立场呈现出明显的政治倾向性,始于第二卷第二期、止于第四卷第二期。《新月》的文学立场呈现出政治倾向性,与当时的政治文化背景密切相关。在1930年前后的上海,由于文学期刊在意识形态传播中的重要作用,它也成为权力主体和权力客体在文学场中争夺资源的重要领域。1928年8月8日至15日,国民党在南京召开二届五中全会,决议实施"训政"。这种通过结束"军政"向"训政"过渡,以图实现"宪政"的美好愿望,却因"训政"策略的荒谬，使政治处于个人独裁、专制之中。自由、人权、民主、法治都被排斥在人的基本权利之外。作为自由主义学人的胡适派文人，在大革命以后，对国民政府的态度先是"不合作"式的沉默，但是当国民政府对自由、民主和法治的践踏进一步严重时，他们忍无可忍，必须打破沉默，复苏自由主义者以言论议政的声音，利用新的"公共空间"，走向舆论的前沿，反抗政治强权。此外，日益勃兴的共产党领导的左翼文学运动，也使胡适派文人特别是新月派当中部分敏感的成员，觉得左派力量扩大、新月同人需要加以抵制。① 于是亮出了自己的旗帜，公开发表言论主张、表明立场。《新月》的政治立场主要通过编辑群体的政治立场得以体现。而《新月》编辑群体的政治立场，无疑主要通过集编辑和主要撰稿人于一身的胡适和他的"三个火枪手"（罗隆基、梁实秋、王造时）在《新月》上的言论得以体现。

　　《新月》创刊之初标榜的或者意欲争夺的只是文学领域的话语权力，但是随着国内形势的变化，该刊的注意力迅速转移到政治领域，《新月》由不谈政治、纯文学性质转变为热衷于政论、政治色彩加强。这显露了20世纪20年代后期胡适等新月派文学立场与政治立场之间互相转化的微妙关系。然而，诱发胡适不再沉默，复苏自由主义者以言论议政的声音的直接因素，却是国民党第三次全国代表大会上陈征德的一项提案。根据这项提案，法院不需审问，只凭党部的一张声明便可定罪"反革命"并予以处刑。胡适写信给当时的国民党南京政府司法院院长王宠惠，指斥该提案的荒谬。② 胡适将信稿抄录一份寄给国闻通讯社。国闻通讯社没有发表胡适这封信，《国民日报》却发表了陈征德的《胡说》一文，责骂胡适的信是"胡说博士来胡说"。③ 陈征德的提案和文章本已使胡适十分恼怒，1929年4月20日，国民政府又作自欺欺人之谈，发布保护人权、尊重法律的命令。忍无可忍的胡适便作《人权与约法》在《新月》发表。在该文中，胡适就国民政府4月20日的命令针锋相对地提出了三

---

① 参见叶公超《关于新月》，程新编《港台·国外谈中国现代文学作家》，第164—165页。
② 《胡适日记》1929年3月26日，贴有抄件，《胡适全集》第31卷，第348—349页。
③ 《胡适日记》1929年4月1日，《胡适全集》第31卷，第351页。

点质疑性责难,指出政府和党部的行事无法可依,人民的人权得不到法制的保障,呼吁"快快制定约法以确定法治的基础!快快制定约法以保障人权!"① 此文一出,立刻在文化思想界引起轩然大波,多数文化界人士以各种方式对胡适的言论表示赞同,其中梁实秋、罗隆基、王造时等一批清华大学出身、曾留学美国的自由主义知识分子的声援最为引人注目。

在《新月》创刊初期,梁实秋注意力集中在宣扬自由主义文学理论方面,先后在《新月》发表《文学的纪律》等文章。国民政府加强思想钳制使他无法沉默,遂在《新月》第二卷第三号发表《论思想统一》一文,对国民党欲求政治、军事统一,必先"统一思想"之说表示疑惑和不满:"思想这件东西,我以为是不能统一的,也是不必统一的。"他旗帜鲜明地说:"我们反对思想统一!我们要求思想自由!我们主张自由教育!"②

与梁实秋相似,罗隆基刚加入《新月》编辑群体和撰稿人群体时,不仅他主编的《新月》一直刊登介绍欧美政治学的文章,而且他本人也主要撰写这一类文章。后来,他见胡适谈论现实政治,便积极撰写政论、从侧翼声援,且言辞较胡适更犀利、政治热情更高,也更显专业力度。他的政论以现代欧美民主政治作参照,否定国民政府的现行政治,对胡适的政论文章起到了很好的声援作用。

由于梁实秋、罗隆基的声援(随后加入王造时等),胡适的议政热情更加高涨、胆子更大,文笔也更尖锐。在《新月》第二卷第四号上,他同时发表两篇文章:《我们什么时候才可有宪法——对于建国大纲的疑问》《知难,行亦难——孙中山先生的"行易知难"述评》,由对现实问题的质疑转向对国民政府的精神支柱发难。在《我们什么时候才可有宪法——对于建国大纲的疑问》中,胡适把近二十年来的政治失败、民主、自由、人权遭践踏,归因于没有法治,提出:"我们深信只

---

① 胡适:《人权与约法》,《新月》1929年第2卷第2期。
② 梁实秋:《论思想统一》,《新月》1929年第2卷第3期。

有实行宪法的政府才配有训政"。① 在《知难,行亦难——孙中山先生的"行易知难"述评》中,胡适分析了孙中山"知难行易"说的内在矛盾和实施过程中产生的不良影响,指责"一班不学无术的军人政客"视孙中山的"知难行易"为"护身符",并与罗隆基的《专家政治》一文相呼应,指出,要实现"专家政治",就要打倒"知难行易",消除对孙中山的迷信。②

胡适、罗隆基等发表在《新月》上的政论,使"不学无术"的党国大员们受到前所未有的刺激,立即对胡适等人采取政治高压。一方面,上海、北平、天津等市国民党部数次开会,呈请中央"严惩反革命之胡适,并即时撤消其中国公学校长职务"③,而罗隆基后来甚至被当局逮捕入狱;另一方面,由国民党中央宣传部部长叶楚伧指挥,集中人力批驳胡适、罗隆基,出版《评胡适反党义近著》第一集,此外,查禁第二卷第四期《新月》(刊登了胡适的《我们什么时候才可有宪法?》《知难,行亦不易》及《"人权与约法"的讨论》)。

国民党上海市党部、中央的议案和对胡适的批驳,通过广播、报纸传布全国,使胡适成为舆论的热点人物,也使代表了《新月》政治立场的胡适等人的"人权与约法"观念迅速传遍文化思想界,并引起广泛的社会反响。胡适的朋友汤尔和等对胡适的言论表示赞同、支持,而倾向于激进政治革命的左派人士却嫌胡适的观点过于保守。

面对国民政府的政治高压,胡适并不示弱,而是和罗隆基等发起更强、目的更直接的攻势。实际于1930年1月出版的《新月》(第二卷第六、七期合刊),发表了胡适的《新文化运动与国民党》、罗隆基的《告压迫言论自由者——研究党义的心得》,以及黄肇年配合胡、罗文章写的《苏俄统治下之国民自由》。如果说胡、罗以前发表的政论,主

---

① 胡适:《我们什么时候才可有宪法——对于建国大纲的疑问》,《新月》1929年第2卷第4期。
② 胡适:《知难,行亦难——孙中山先生的"行易知难"述评》,《新月》1929年第2卷第4号。
③ 参见1929年8月29日至9月22日《胡适日记》,《胡适全集》第31卷,第453—486页。胡适将此期间国民党中央及地方对他的"严惩"剪报,贴在当天日记中。

## 第三章 《新月》月刊研究

要从宏观方面争取人权与法治,那么《新月》第二卷第六、七期合刊发表的这两篇文章,则从微观方面具体争取人权的重要内容——言论自由,而且后者言辞更显激烈。

1929年11月19日上午,胡适在上海暨南大学讲演时,所讲的内容便是当天凌晨刚写完的《新文化运动与国民党》。讲演引起台下一阵哗然。时任文学院院长的陈钟凡是胡适在北京大学任教时的学生,他听罢讲演后对胡适吐舌说:"了不得!比上两回的文章更厉害了!我劝先生不要发表,且等等看!"① 胡适表示他没有丝毫顾忌,随后,他又把这个题目和内容拿到光华大学继续讲演。

1930年1月,胡适、罗隆基、梁实秋三人的政论结集为《人权论集》由新月书店出版。胡适在《人权论集》序文中直言不讳地说:"我们所建立的是批评国民的自由和批评孙中山的自由。上帝我们尚可以批评,何况国民党与孙中山?"

1930年2月15日胡适在新月书店见到国民党上海市党部密令,中央宣传部令该部"设法没收梵毁"《新月》第六、七期合刊。次日,胡适与友人谈及中央宣传部密令,"决意起诉"②。尽管后来此事没有下文,却真实地显露了胡适希望诉诸法律来维护出版自由的努力。

以上说明,面对国民政府的政治高压,直到1930年2月,胡适仍然保持敢说、敢批的形象,他仍是自信、果敢、毫不畏惧的。应该说,胡适的这种形象,是《新月》当时政治立场的直观反映。

胡适、罗隆基等发起的更强、更具体的攻势,固然令知识分子称快,却使国民党当局更着急——他们绝不容许胡适等人及《新月》月刊、新月书店如此"胆大妄为"。先是《新月》第二卷第六、七期合刊遭查禁,接着上海市党部决议呈请中央撤销胡适中国公学校长之职并严行通缉之。③ 胡适更甚之前的激烈言辞,一方面博得文化思想界特别是

---

① 《胡适全集》第31卷,第535页。
② 《胡适日记》,《胡适全集》第31卷,第614、619页。
③ 1929年9月27日《胡适日记》所贴剪报,《胡适全集》第31卷,第485—486页。

自由主义知识分子诸如"威武不屈,胆略过人""龙胆公"等恭维、赞誉①,另一方面也引来了朋友们的劝阻。周作人来信劝胡适离开上海,回北平教书避难,以免遭不测。②胡适采纳了周作人建议,于1930年11月底回北平任教于北京大学。他顾及上海朋友的情谊,回北平后继续给《新月》写了一些稿子,比如他的自传《四十自述》等,但大都是和政治无关的题材。由于胡适北迁,1930年以来本已形同瓦解的平社,随之消散。

自迁居北平后的一年多时间里,胡适没有再写政论,他在日记中也不再发表对时局的见解,直到1932年春夏创办《独立评论》。胡适在这一年多里停止议政,表明他在当局高压下暂时退缩了。③胡适的退缩,被后来研究者当成他对国民政府的批评只是"善意的劝谏"的必然结果,也有论者认为他失去了继续反抗国民党政治高压的勇气。应该看到,作为自由主义知识分子,胡适不主张以暴力革命推翻国民政府,而是希望通过和平渐进的改良将中华民国改造成英美式的资本主义国家。这种政治思想决定了他在对国民政府践踏人权的行为忍无可忍时要打破沉默、站出来发表意见,也决定了当他和《新月》同人对政治的批评无效或受阻时,会坚持一段时间,却不会长期坚持下去,因为继续

---

① 1930年1月24日,高梦旦致信胡适,说他哥"忽然大恭维起胡先生",并把他哥哥高凤池的原信转寄给胡适,信中说:"读《人权论集》……自梁任公以后可以胡适先生首屈一指。不特文笔纵横,一往无敌,而威武不屈,胆略过人。兄拟上胡先生谥号筹之为龙胆公,取赵子龙一身都是胆之义。"(参见1930年1月29日《胡适的日记》,《胡适全集》第31卷,第587—588页。)

② 《周作人致胡适》,《胡适来往书信选》(上),第538—539页。

③ 说到胡适北迁之后的"退缩",有个插曲应该被提起:据师从胡适并随胡适一家于1930年11月28日离沪迁北的罗尔纲回忆,当时有传言说特务将在车站狙击胡适,因而胡适举家离沪那天,没有任何亲友送行,胡适甚至没有让在上海的侄儿送行,到达北平后,也没有人接车。事隔十多年后,随行的罗尔纲仍对"当年车站上那种阴森、险恶、恐怖的往事",心有余悸。参见罗尔纲《师门五年记·胡适琐忆》,生活·读书·新知三联书店1998年版,第101页。查1930年11月28日及前后几天的《胡适日记》,胡适在11月28日的日记中写道:"到车站送别者,有梦旦、拔可、小芳、梦邹、原放、乃刚、新六夫妇、孟录、洪开……等几十人。"胡适一家到达北平后,也有傅斯年等前去接车。鉴于罗尔纲的回忆系十多年后所记,而胡适所记为日记,故后者较可信。然而,胡适在日记中忽略了令罗尔纲心有余悸的"当年车站上那种阴森、险恶、恐怖的往事"。所以,就胡适北上时"当年车站上那种阴森、险恶、恐怖的往事"来看,胡适北上后在政治上退缩,不应排除当局的恐怖性高压对他的影响。

## 第三章 《新月》月刊研究

坚持抗争就违背了自由主义的容忍原则。

当周作人劝胡适"以后别说闲话"、回北平避难时,胡适在回信中说了自己的心里话:

> 至于爱说闲话,爱管闲事,你批评的十分对。受病之源在于一个"热"字。任公早年有"饮冰"之号,也正是一个热病者。我对于名利,自信毫无沾恋。但有时侯总有点看不过,忍不住。王仲任所谓"心喷涌,笔手扰",最足写此心境。自恨"养气不到家",但实在也没有法子制止自己。①

这一段话表明,胡适忍不住要批评时政,是因为"有时候(对时政)总有点看不过,忍不住""实在没法子制止自己"。在《人权论集》序言中,他坦言:

> 今天正是大火的时候,我们骨头烧成灰终究是中国人,实在不忍袖手旁观。我们明知小小的翅膀上滴下的水点未必能救火,我们不过尽我们的一点微弱的力量,减少良心上的一点谴责而已。

出于知识分子的社会良知,出于对社会的责任感,胡适和《新月》同人"实在不忍袖手旁观",这一点与当政者是哪个政党无关。换言之,他们跳出来议论时政,也许在客观上起到了向国民党当局"进忠言"的作用,但在主观上,他们并非是为了国民党一党。

那么,他为什么没有把评论时政坚持到底而是退缩了呢?

在给周作人的那封回信中,胡适接着说:

> 近年因为一班朋友的劝告——大致和你的忠告相同,——我也

---

① 《周作人致胡适》,《胡适来往书信选》(上),第542页。周作人劝胡适的信,见于该书第538—539页。

有悔意，很想发愤理故业。如果能如尊论所料，"不会有什么"，我也可以卷旗息鼓，重做故纸生涯了。但事实上也许不能如此乐观，若到逼人太甚的时候，我也许会被"逼上梁山"的，那就更糟了。但我一定时时翻读你的来信，常记着 Rabelais（拉伯雷——引者按）的名言，也许免得下油锅的危险。①

"一班朋友的劝告"使胡适"有悔意"，因为他已意识到，"若到逼人太甚的时候，我也许会被'逼上梁山'的，那就更糟了"。他所说的"逼上梁山"，显然指的是以暴力反对政府，这不是他希望的，他希望的是一条和平渐进的改良道路。

1930年胡适在《新月》发表政论《我们走那条路?》，重点阐明在中国和平改革实现现代化的思想。在文中他谈了两个问题：一是我们的目标是什么？他分为消极目标和积极目标。消极目标是要铲除贫穷、疾病、愚昧、贪污、扰乱五大仇乱，积极目标是"我们要建立一个治安的、普遍繁荣的、文明的、现代的统一国家"。二是怎样到达目标。他反对各种性质的暴力革命，认为"我们真正的敌人是贫穷、是疾病、是愚昧、是贪污、是扰乱。这五大恶魔是我们革命的真正对象，而他们都不是用暴力革命所能打倒的"。因此，他主张"认清了我们的敌人，认清了我们的问题，集合全国的人才智力，充分采用世界的科学知识与方法，一步一步地作自觉改革，在自觉的指导之下一点一滴地收不断的改革之全功。不断的改革收功之日，即是我们的目的地达到之时"。胡适设计的中国发展的道路，是通过和平渐进改良实现的，因此即便是坚持评论时政、从文化思想战线上长期与国民党当局相对抗，也是他要避免的，因为他担心那样做的话，"我也许会被'逼上梁山'的"。②

根据上述分析，可以断定，胡适在"争人权、要法治"运动中的政论，就其主观动机而言，并非如论者所说对国民党当局是"小骂大帮

---

① 《胡适致周作人》，《胡适来往书信选》（上），第542页。
② 胡适：《我们走哪条路》，《新月》1930年第2卷第10期。

## 第三章 《新月》月刊研究

忙"、是劝谏，胡适后来的退缩，也不是失去了继续反抗国民政府政治高压的勇气（从他创办《独立评论》及在该刊上的一些言论可见）。

当然，这场"争人权、要法治"的运动，因为胡适的退缩而暂时缓和下来，却是不争的事实。尽管胡适退缩后他的"三个火枪手"罗隆基、梁实秋、王造时还在继续斗争，尤其是罗隆基面对国民党当局的高压誓不低头，先后在《新月》发表了《我对党务上的"尽情批评"》（第二卷第八期）、《我被捕的经过与反感》（第三卷第三期）、《服从的危险》（第三卷第五、六期）、《平等的呼吁》（第三卷第七期）、《民会选举原来如此》（第三第七期）、《我们不主张天赋人权》（第三卷第八期）、《对训政时期约法的批评》（第三卷第八期）、《什么是法治》（第三卷第十一期）、《我们要什么样的政治制度》（第三卷第十二期）等文章，王造时也发表了《中国问题的物质背景》（第三第四期）、《中国社会原来如此》（第三卷第五、六期）、《昨日中国的政治》（第三卷第九期）、《由"真命天子"到"流氓皇帝"》（第三卷第十一期）、《政党分析》（第三卷第十二期）等文章，而且还吸收、培养了几个青年作者，如平心、储安平。但是随着胡适、罗隆基相继北上，梁实秋的注意力转向文学的人性、阶级性及翻译问题，卷入了同鲁迅等左翼作家的论战中，喧嚣一时的以《新月》为基地的"争人权、要法治"运动很快归于沉寂。

我们现在来看以《新月》为阵地的这场"争人权、要法治"的运动，它在当时社会产生的影响自然不容忽视，不过就其历史意义而言，也许这场运动勃兴和沉寂的深刻原因更值得玩味。前文从胡适的政治思想这个角度，分析了他打破沉默积极撰写政论和后来退缩的原因。其实，他之所以敢于"肆无忌惮"地批评国民党及其政府，至少还有两个外在原因使他"有恃无恐"：一是胡适等掀起的"争人权、要法治"运动，得到了英、美在华舆论界（报刊）的声援和英、美在华政治家的关注、支持。胡适在1929年的言论，*North-China Daily News*，*China Daily News* 等英文报刊都做了相应报道、译载。当国民党当局对胡适施加政治压力时，这些英文报刊积极声援胡适，抗议国民政府压制言论自由。1928年来华充当蒋介石的政治顾问的英国怀德爵士，甚至曾试图拉近蒋介石与胡适的关系。二是胡适除了与当时不少国民政府大员如汪精卫等关系密切，更与财政部长宋子文保持密切的联系，试图借助类似宋子文这样的国民政府中的开明派实现自己的政治抱负，譬如他曾为宋子文设计政治改革方案。这样，即使胡适的"过激"言论惹恼了当局、出现了危机，也会有说得上话的人出来帮忙、解救。1930年中原大战后，汪精卫、宋子文失势而蒋介石在国民党党、政、军中的地位得到巩固、加强，胡适派自由主义知识分子在当时政治"倒退"的历史环境中，对政治的热情开始降温。失望之余，胡适接受朋友的劝告，离沪北上，举家迁往北平，政治态度随着北方局势而发生相应变化，随后创办《独立评论》，基本上脱离了《新月》。尚无资料可以证明胡适的退缩动摇了罗隆基、王造时继续抨击国民党当局的决心，但胡适退缩以后，国民党当局把舆论"围剿"的矛头转向罗隆基，11月4日上海市警方以"言论反动，侮辱总理""有共产党的嫌疑"之名拘捕罗隆基，经胡适等多方设法，罗虽获释放，但旋即教育部勒令开除其光华大学教职。迫于压力，罗隆基北上赴天津主持《益世报》社论专栏，梁实秋则早在他之前就已经赴青岛大学任教。

《新月》竖起自由主义旗帜、将一批自由主义作家聚集在周围，胡适显然起到了凝聚作用，是这一群人的灵魂。胡适的北上，使罗隆基、王造时等失去了议政的大旗和得以庇护的大树，于是《新月》同人中注重文学的徐志摩、邵洵美便"为《新月》营业计，主张《新月》今后不谈政治"①，改组后《新月》回到了创刊初期的纯文学立场。

## 第五节　分化：《新月》作者群及其个体命运

### 一　《新月》作者群

《新月》创刊伊始，就在发刊词里明确表达了主办者的办刊理念，

---

① 《罗隆基致胡适》，《胡适来往书信选》（中），第76页。

## 第三章 《新月》月刊研究

与过去常见的那些具有同人性质的文艺刊物不一样，它宣称"成见不是我们的，我们先不问风是在那一个方向吹。功利也不是我们的，我们不计较稻穗的饱满是在那一天"①。事实说明，这一理念在每一期《新月》中得到了贯彻。而且，编者还一再强调这一理念，比如在第二卷第六、七期合刊《敬告读者》里，编者坦言："我们并没有固定的体例，我们是有什么人便登什么文章，有什么角色便唱什么戏。"作为一份同人期刊，其作者主要是同人，可贵的是，《新月》并没有像创造社刊物那样排斥异己，而是不抱成见，以相对开放的态度对待外来稿件，所以，我们现在综观各期《新月》的作者，群英荟萃，基本上云集了当时中国的大多数优秀的作家、诗人、批评家和翻译家。在这些人里面，既有早已成名的胡适、徐志摩、陈西滢、郁达夫、冰心等作家和余上沅、丁西林等戏剧家，也有刚刚崭露头角，并正在走红的作家，如小说家沈从文，诗人陈梦家，文艺批评家梁实秋，政论家罗隆基，同时也有名不见经传的青年学生，如吴世昌等，还有基本上专事翻译的饶孟侃、赵景深等，皆可谓一时之选。尽管如此，我们还是要指出两点：一是新月派无疑占《新月》作者的绝大多数，甚至有好几期的作者都是新月同人，这说明《新月》编者对待外稿的开放、自由的姿态，并不影响这份杂志体现新月派旨趣、成为新月派意志的体现者；二是郁达夫、冰心、巴金等非新月派，在《新月》发表的作品很少（最多3篇），况且，属于某个文学流派或文学社团的作家、诗人偶尔在非本流派、社团的刊物上发表作品，是很正常的，比如说徐志摩就在创造社的刊物上发表过文章，因此郁达夫、冰心、巴金等在《新月》发表过作品，并不意味着他们赞同或属于新月派，当然也就不能把他们纳入《新月》作者群来予以讨论。

《新月》的作者队伍大致可以分成三部分。其中，每一部分又可分成不同的层次。第一部分是《新月》比较核心的作者群，由徐志摩、闻一多、饶孟侃、梁实秋、胡适、叶公超、邵洵美、罗隆基等具有编

---

① 徐志摩：《"新月"的态度》，《新月》1928年第1卷第1期。

者、主要撰稿人身份的人员构成,这部分作者不仅其作品是形成《新月》杂志风格的基础,而且通过编辑《新月》对刊物的性质、内容等起决定性作用。自始至终,他们参与或介入《新月》,使《新月》明显带有很深的个人的印痕。从对文学主体价值认识的不同,可以把这部分作者分为徐志摩、闻一多、饶孟侃、叶公超等纯文学派和胡适、梁实秋、罗隆基等文学功利派。在这两派主掌时期,《新月》呈现出不同特征,大致以第二卷第六、七期《敬告读者》发表为分水岭,此前为纯文学派把持,"兴趣趋向于文艺的人占大多数,所以新月月刊也就几乎成为一种纯文艺的杂志",此后直到倾向纯文学派的叶公超接手主编(第四卷第二期开始),一直为文学功利派控制,每一期都有一两篇关于时局或一般政治的文章。这两派之间的势力消长情况,以及掩盖在"共同的理想""志同道合"之下的内部矛盾与分化,不仅直接对《新月》乃至新月派的发展、消亡产生影响,而且构成了《新月》作者群生动的文化历史图景。依据与《新月》关系的亲疏程度不同,第一部分的作者又可分为徐志摩、梁实秋、叶公超、饶孟侃等与《新月》关系密切的一类,和胡适、闻一多等与《新月》关系疏远的一类。第一类不仅实际上担任过《新月》主编,而且也是《新月》实际上的主要撰稿人,因而倘若说《新月》体现了第一部分作者的意志,真正在其中发挥作用的,其实只是第一类。第二类中的胡适起先只是应付性地在《新月》发表几篇考证性质的文章,后来发表了《人权与约法》等政论,文章数量并不多,尽管也曾名列"编辑者"名单,但并未参与《新月》具体编辑事务。第一卷的"编辑者"名单中闻一多排第二、仅次于徐志摩,然而闻一多对《新月》编务"并不热心",撰稿也不积极,1929年初离开上海后,基本上与《新月》脱离了关系。

第二部分为第一部分作者在上海的朋友、同事和学生。如徐志摩的同事余上沅等,学生方玮德、陈梦家、卞之琳等,与罗隆基一样有志于发表政治言论的他的朋友王造时等。

第三部分为文艺观、学术思想和政治主张与《新月》趋同,赞成或支持《新月》的宗旨和主张的文化人。如何家槐、俞平伯、浩文、

## 第三章 《新月》月刊研究

费鉴照等。

在持续五年，共出版四卷四十三期的《新月》月刊中，发文（诗歌一首以一篇计算，文章连载以每期连载篇数计算）9篇（首）以上者有16人，基本上是新月派主要成员：梁实秋48篇，徐志摩43篇，罗隆基34篇，胡适31篇，沈从文24篇，饶孟侃23篇，陈梦家19篇，潘光旦16篇，闻一多14篇，叶公超14篇，顾仲彝13篇，方玮德12篇，彭基相10篇，刘英士10篇，陈楚淮9篇，余上沅9篇。若按文学作品体裁统计，发表小说较多者有沈从文（22篇）、凌叔华（8篇），诗歌有徐志摩（21首）、陈梦家（19首）、饶孟侃（18首）、方玮德（12首）、闻一多（9首）、曹葆华（7首）、胡不归（5首）、卞之琳（4首）、沈祖伴（4首）、林徽因（3首）、臧克家（3首），散文有何家槐（7篇）、徐志摩（5篇）、储安平（4篇），戏剧有陈楚淮（9篇）、余上沅（7篇）、顾仲彝（7篇），文学评论有梁实秋（17篇）、徐志摩（5篇）。若按学科统计，《新月》作者呈现出"术业有专攻"的局面，关于这一点，鲁迅曾在文章中指出自己对《新月》作者的印象，他说："徐志摩先生的诗、沈从文、凌叔华先生的小说，陈西滢（陈源）先生的闲话，梁实秋先生的批评，潘光旦的优生学……"① 的确，徐志摩等新月诗派的诗，沈从文、凌叔华的小说，梁实秋的文学批评，胡适、罗隆基的政论，余上沅、陈楚淮的戏剧，何家槐的散文（小品文），潘光旦的优生学，彭基相的哲学，费鉴照的外国诗人介绍，叶公超的海外出版界介绍，形成了《新月》的专业特色，并奠定了这份杂志在读者心目中丰富多彩的印象。

由上可见，《新月》各栏目或者说刊登的各种文学体裁、各专业文章的作者，相对稳定，由此亦可见，《新月》在稿件录用方面相对保守、封闭，较少采用新月派以外的来稿，《新月》的作者群是相对稳定的。

---

① 鲁迅：《"硬译"与"文学的阶级性"》，《鲁迅梁实秋论战实录》，华龄出版社1997年版，第201页。

根据笔者绘制的《新月同人简况表》①，对《新月》主要作者简况作出如下分析：

首先，从年龄结构来看，上述作者，大体可分作三代人。胡适年龄最大，至《新月》时期，他早已是誉满全国的学人，对于其他作者而言，他属于前辈，是为第一代。徐志摩、闻一多、梁实秋、饶孟侃、罗隆基、余上沅、陈楚淮、潘光旦等年龄相近，大致同辈，他们之间或者曾为同窗（如闻一多与梁实秋），或者在某方面志同道合（如徐、闻、饶等为前期新月诗派），是为第二代。陈梦家、沈从文、方玮德、曹葆华、何家槐等为第三代。然则年龄并未在这三代人之间产生严重代沟，事实上，作为第一代的胡适，与第二代中的多数人有着良好的友谊，比如他跟徐志摩，不仅是好朋友，甚至在书信中常以兄弟相称，胡适与罗隆基在《新月》时期的关系也颇密切。更为重要的一点，前两代人早年曾留学英美，甚至是校友，《新月》时期他们多数人执教于上海的高校，互为同事，因而大都与第三代存在师生关系，如陈梦家、方玮德、曹葆华是徐志摩的学生。以第一、二代作者留学英美的受教育背景，与第三代几乎不曾出国留学相观照，他们在受教育背景和知识结构方面存在差异，然而第三代却能师承前两代，继续以《新月》为阵地打出自由主义文学的旗号，这说明了中国自由主义作家之间代际传承的关系。1929年后，随着闻一多、胡适等先后离沪北上，第二代中多数人也相继离开了上海，第三代作者便加入《新月》，不仅成为重要撰稿人，还担负起一些重要栏目的编辑工作，既为《新月》作者群注入了新鲜血液，更使《新月》呈现中兴之势。

其次，从《新月》作者群的职业分布来看，几乎无一例外，是当时中国第一流大学的教授和学生；身为教授者一般还兼有编办报刊、出版书籍（《新月》、新月书店）等其他职业，如邵洵美除了创办《金屋月刊》《论语》半月刊，还是金屋书店、时代印刷公司的老板。不过，

---

① 《新月同人简况表》，付祥喜《新月派考论》，中国社会科学出版社2015年版，第360—372页。

除了个别人如余上沅曾任上海市政府市长秘书以外，无人是政府官员。这种职业状况，使他们能够比较独立、自主地为《新月》写作。当然，这也使他们对下层民众的生活缺乏了解，他们的作品不能替广大贫苦百姓代言，《新月》的读者限于具有一定文化程度的知识阶层。

再次，从专业分布来看，除个别人例如赵景深学的是纺织学、丁西林是生物学家外，绝大多数是人文社会科学的学人，特别是以从事外国文学、政治经济学、中国文学、哲学研究者居多。

最后，从对政治的热情来看，除了胡适、罗隆基、王造时等少数人热衷于议政外，多数《新月》作者对政治冷淡，至少他们对文学的热情远大于政治，甚至不少人有意疏远政治。这一点，应该说，从一定程度上决定了《新月》乃至新月派主要是一个文学刊物或者文学流派，而非政论刊物、政治党派。

二 《新月》作者的个体命运

尽管《新月》作者围绕该刊聚集成为一个以欧美派知识分子为主体的群体，但这个群体是相当松散的。由上述对《新月》作者构成的分析，也可以看出，《新月》作者内部极不统一，换言之，与创造社系列刊物或左联刊物的作者相比，《新月》作者显得我行我素、各自为政。1929年底《新月》编辑者在《敬告读者》中明确说："我们办月刊的几个人，本来没有什么组织，一直到现在还是很散漫的几个朋友的集合……"[1] 相去几十年后，梁实秋在一篇回忆《新月》的文章中，也有相同意思的表述。[2]《新月》作者的这种松散和相对自由，很大程度上放大了这个作者群的内部矛盾。如上所述，《新月》作者中的第一部分，又分为徐志摩、闻一多、饶孟侃、叶公超等纯文学派和胡适、梁实秋、罗隆基等文学功利派。这两派作者之间的差别，直接导致了《新月》办刊色彩由重文学转向重政治，后来又重新重文学，在这个转变

---

[1]《敬告读者》，《新月》1930年第2卷第6、7期合刊。
[2] 梁实秋：《忆〈新月〉》，方仁念选编《新月派评论资料选》，第14页。

过程中，虽然两派人没有互相攻讦也不至于水火不相容，却各自为政，而且基本上没有互相配合。比如，梁实秋与鲁迅等左联论战时，就没有得到徐志摩等艺术派的声援，以致事隔数十年后梁实秋回忆此事，仍旧耿耿于怀，说当时"我是独力作战，《新月》的朋友并没有一个人挺身出来支持我"①。胡适、罗隆基等发起人权运动时，也只有他们几个热衷于政论的作者在《新月》上发表政治文章，多数作者并不附和。

实际上，《新月》作者因为对文学和政治的态度不同而分成纯文学派和文学功利派，这一点意味着《新月》作者群的分化是不可避免的。在重文学的徐志摩主编《新月》时期，胡适只在《新月》上发表了几篇学术论文，而在《新月》政治色彩最浓的罗隆基主编时期，徐志摩等同人不仅先后离开上海北上，而且很少为《新月》写稿，以致1931年5月20日罗隆基在给徐志摩的信中抱怨说："半年来，一多、实秋、英士、子离、上沅、公超、西滢、叔华等先生都没有稿来，你的来稿亦可说太少。"②叶公超接编《新月》后，文学色彩重归浓厚，胡适、罗隆基等功利派基本上不再为《新月》写稿，不但脱离了《新月》的编辑事务，人也离沪北上。徐志摩也把精力放在了主编《诗刊》上。可以说，到了叶公超主编时期，先前那一批以徐志摩、梁实秋、胡适等为核心的《新月》作者，实际上已经从《新月》分裂出去。后来聚集在《新月》周围维持残局的，主要是陈梦家、梁镇等新月派后起之秀。

我们现在对《新月》作者群做一个纵向的整体的观察，不难发现，大体上从1929年开始，《新月》作者群内部的分化趋势越来越明显。先是闻一多转向古籍研究，基本上退出文坛，随后是《新月》政治色彩变得浓厚，纯文学派和文学功利派的矛盾加剧，接着是被视为新月派精神领袖的胡适举家北迁，将精力转移至编办《独立评论》，而1931年底徐志摩遇难对《新月》、对新月派都造成直接而重大损失，罗隆基辞去《新月》主编后北上天津，此后致力于政治斗争；而在《新月》

---

① 梁实秋：《忆〈新月〉》，方仁念选编《新月派评论资料选》，第14页。
② 《罗隆基致徐志摩》，虞坤宁编《志摩的信》，第227页。

## 第三章 《新月》月刊研究

上发表大量诗歌的后期新月诗派,大体于 1931 年后,向现代主义转变的倾向越来越明显……种种迹象表明,《新月》作者群在分化瓦解,他们分道扬镳,走上各自的人生道路。但他们没有料到的是,曾经的《新月》作者的身份,会使他们此后的个体命运,不可避免地带上了悲剧色彩。

坦白说,每次想到《新月》作者的个体命运,笔者总是忍不住扼腕叹息。他们就像从浩瀚的夜空划过的流星,虽然曾经发出耀眼的光芒,却在那样一闪即逝后默默无闻,没有引起人们多少注意。没错,他们的曾经存在,如鲁迅所言"于我如浮云!"这,究竟是他们个体命运使然?还是一切早已注定,他们多数人只能以昙花一现乃至悲剧收场呢?

先看几位英年早逝的《新月》作者。

**徐志摩**遇难时年仅 35 岁,**闻一多**遭暗杀时 47 岁,他们的情况乃众所周知,此处不赘述。

**梁遇春**(1906—1932),福建省闽侯人。1924 年进北京大学英文系,并开始翻译西方文学作品和进行散文创作,署名梁遇春,曾用笔名秋心、驭聪、蔼一等。从 1926 年开始,他的散文陆续发表在《语丝》《奔流》《骆驼草》《现代文学》《新月》等刊物上,其中绝大部分收入《春醪集》(1930 年)和《泪与笑》(1934 年)出版。

1928 年梁遇春大学毕业后任教于上海暨南大学,1929 年返回北京大学于图书馆工作。1932 年因染急性猩红热,猝然病逝,死时年仅 26 岁。

**方玮德**(1908—1935),字重质。安徽省桐城县人。1929 年考入南京中央大学外文系,攻读英国文学,对中国李白、俄国托尔斯泰、英国拜伦极为崇拜,从此对文学产生极大的兴趣,倾注全力深究探索,求师访友。与同校学生陈梦家结为诗友,互相切磋琢磨。同年徐志摩应中央大学学长之聘,任外文系教授,讲授欧美诗歌。方玮德深受徐志摩教授的诗作和诗歌理论的影响,开始新诗的创作,并发表了许多诗作。1930 年前后,以陈梦家、方玮德等几位新诗秀为核心,在南京集合了一批诗人,如玮德的九姑方令孺和表兄宗白华等结成小文会,互相交流创作经验。这些小文会的成员，再加上在《新月》月刊发表诗歌的中央大学学生沈祖牟、梁镇、俞大纲、孙洵侯和后来为《诗刊》撰稿住北京的林徽因、卞之琳、孙毓棠、曹葆华等诗人，后来形成了新月派后期的诗人群即为第二代诗人群，而陈梦家和方玮德两人成为这一诗人群中的最重要代表人物。这段时期的方玮德，驰骋才思，涉笔远阔，诗多俊伟，新诗创作到一个小盛期。然而，因病入膏肓，1935年夏方玮德溘然长逝，终年27岁。

方玮德逝世时，长辈和同辈各人写了哀辞祭文，表示沉重悼念。吴宓写的挽诗："文学家声远，先儒教泽敷。巍然向发祖，卓尔青袍姑。冢子能承缵，一门足楷模。玉山欣明照，悠悠泪成珠。"北京《晨报·学园》为了悼念方玮德，连刊"玮德纪念专刊"两天，并印成《玮德纪念专刊》单行本。写诗祭文有：黎宪初《哭玮德》、方令孺《悼玮德》、宗白华《昙花一现》、林徽因《吊玮德》、陈梦家《送玮德》、孙毓棠《送玮德》、闻一多《悼玮德》、卞之琳《纪念玮德》、靳以《纪念玮德》、卢奄构《纪念玮德》、高植《忆玮德》、方璞德《五弟给大碍》、方琦德《追念玮德》、瞿冰森《忆玮德》等。

**沈祖牟**（1909—1947），又名沈丹来，用过"宗某""萧萧""绿匀""绿匀山馆主人"等笔名，福州市人，世居福州宫巷，为沈葆桢的嫡系玄孙。1925年，与爱国师生集体脱离圣约翰大学后，转入光华大学，曾师从徐志摩。因"旧学根底深厚，使他的新诗一开始就别具一格，深得徐志摩、闻一多赏识"。① 沈祖牟早期的诗作大多是抒情短章，以生活感受为题材，追求技巧的精湛和感情的纯真。如收入《新月》《诗刊》《新月诗选》的《瓶花》《港口的黄昏》《清晨》《摆脱》《信》等。30年代是沈祖牟创作的兴盛时期，他的诗作除了发表在《新月》《诗刊》杂志外，大多发表在福建省的报纸刊物上，如《异军》《文学社》《南天诗刊》《国光日报·纵横》《小民报·新村》《福建民报·南

---

① 详见沈孟璎、沈丹昆《诗人·藏书家·古籍研究家——我们的父亲沈祖牟》，政协福州市委文史资料委员会编《福州文史资料选辑》第二十一辑（文化篇），内部印刷2002年版，第469—478页。

## 第三章 《新月》月刊研究

风》等。1932年,他在厦门集资创办《南天诗刊》,并任主编。

沈祖牟在《新月》发表的作品不多,只有4首新诗,但有2首被陈梦家选入《新月诗选》,并在《〈新月诗选〉序言》里赞道:"梁镇、俞大纲、沈祖牟的几首诗,技巧的熟练和意境的纯粹,决不是我们的夸张。""大纲、祖牟全有旧诗的根柢,他们的词藻是相信得过,都是经过拣练的。"

沈祖牟生前广交文化界人士,除了徐志摩,他还与文学界前辈鲁迅、郁达夫有过交往,与后期新月诗派成员陈梦家、卞之琳、方令孺、方玮德等常有书信来往。1947年10月11日病逝,逝世时年仅36岁。

**梁镇**(1905—1934),湖南会同县人。1929年毕业于南京中央大学外文系,是闻一多的学生。曾任商务印书馆编辑、国立师范大学讲师。著名的诗有《默示》《晚歌》等,译作有《俄罗斯文学》《从清晨到夜半》。1934年,梁镇病逝,年仅29岁。

除以上早逝的几位《新月》作者以外,新月派还有其他几名重要成员,也是英年早逝。我们不妨把他们与英年早逝的《新月》作者放在一起考察。

**朱大枏**(1907—1930),重庆巴县人。1923年与蹇先艾、李健吾组织"曦社",创办刊物《爝火》。1924年入交通大学,1926年参与《晨报副刊诗镌》编辑工作,在该刊发表诗作,成为前期新月诗派成员。1928年与人合写《灾梨集》,由北平文化书社出版。著名诗歌有《黄河哀歌》《笑》《感慨太多》《落日颂》等。1930年,朱大枏病逝时,年仅24岁。

**刘梦苇**(1904—1926),原名刘国钧,笔名有梦苇、孟韦等,湖南省常德市安乡县人。1920年入长沙一师学习,曾与沈仲九等组织无政府主义组织"安社"。1923年发表《吻之三部曲》成名,出版有诗集《孤鸿》和短篇小说集《青年的花》。死时才22岁。

**杨子惠**(1904—1926),原名杨世恩,新月派早期著名诗人。他和孙大雨(子潜)为清华大学同班同学,与朱湘(子沅)、饶孟侃(子离)并称为"清华四子",都是闻一多、梁实秋为首的清华文学社成员，1925 年所办《晨报副刊·诗镌》成员。著名诗歌有《她》《"回来了"》《铁树开花》。1926 年 7 月 18 日杨子惠病逝后，由友人唐亮等搜集其作品结集为《子惠琐集》①。死时 22 岁。

**朱湘**（1904—1933），字子沅，新月诗派著名诗人，优秀新诗人。安徽太湖人，出生败落之家。父母早亡，由嫂薛琪英和大哥抚养大，1927 年清华毕业后到美国劳伦斯大学与芝加哥大学留学，攻读西方文学，1930 年春回国后任教安徽大学，任外国文学系主任，1932 年辞职。1933 年自杀，年仅 29 岁。朱湘有诗集《夏天》《草莽集》和《石门集》，散文集《中书集》《三是集》《朱湘书信集》《海外寄霓君》《望北斗集》，译著《番石榴集》等，评论《评徐君志摩的诗》《闻一多君的诗》等。

以上英年早逝的"新月"作者，死时最年长的是闻一多（47 岁），最年轻的是刘梦苇、杨子惠（22 岁），平均寿命 28 岁，这真是令人触目惊心！而 10 人中居然有 9 人是新月诗派的诗人，其中徐志摩、闻一多、朱湘更是新月诗派的重镇。

与"新月"作者英年早逝同样令人费解的，是曾经在文坛叱咤风云的若干《新月》作者，因为种种原因，后来竟然纷纷放弃文学、改行从事与文学无关的职业。例如，1929 年后胡适的议政热情高涨，热衷在《新月》上发表时评和政论；闻一多则转向古籍研究，基本不再涉足文学创作，由此影响了他的学生、新月派后起之秀陈梦家，于 1936 年后放弃文学致力于古文字研究；饶孟侃、孙大雨后来主要从事英语教育和翻译；林徽因的文学创作热情在 20 世纪 30 年代"喷涌"

---

① 关于杨子惠这部《子惠琐集》，似未有人提到过，故这里稍加介绍。据唐亮在序言中说，杨子惠病逝的日期是"今年七月十八日下午四点"，该序末注"唐亮十五年十二月"，因此可知，杨子惠病逝的准确日期是 1926 年 7 月 18 日，而《子惠琐集》印刷成书的时间是 1926 年 12 月前后。据唐亮所言，该集子所收的，主要是杨子惠生前发表在《清华文艺》和《晨报副刊》上的诗作，从该集子目录来看，收诗共计 12 首（篇），依次为：《安眠》《她》《"回来啦"》《她》《"铁树开花"》《她》《电杆的归去辞》《赠言》《让我安然归去》《或人的恋爱》《创世纪略》《离国前一日》《热河东陵的旅行》。《子惠琐集》并未公开出版，而只是由杨子惠生前好友子沅（朱湘）、懋德、唐亮"印赠给子惠的亲友以志哀念"。

## 第三章 《新月》月刊研究

后,沉醉于建筑学;方令孺于20世纪30年代中期后致力于中学教育;沈从文于新中国成立后改行搞服饰研究,基本上不再有文学新作出现;新中国成立后邵洵美晚景凄凉,靠翻译维持生活。是什么原因导致《新月》作者命途多舛?

**(一) 诗人之死,谁是凶手?**

诗人之死,从来就不是中国文学史的重要内容,却从来就是引起纷争与困惑的话题。随便翻开一本诗歌史,就会发现,诗人的生命多从喜剧开始,以悲剧结束。这使我们忍不住追问:诗人之死,谁是凶手?

首先注意到,英年早逝的新月诗人,大都在逝世前夕过着经济拮据的生活。刘梦苇、杨子惠的身后事,居然是一班诗友凑钱才得以料理,由此可见其生前的贫穷。徐志摩和陆小曼结婚后,志摩的父亲徐申如断绝了对志摩的经济接济,而"陆小曼因体弱久病,染上了阿芙蓉癖,加上生活赖散,不理家政,以致日常生活入不敷出"①。志摩必须频繁往返京沪两地上课,"到北平后就借住在米粮库胡同胡适家里","他把在两个大学教书所得,留下三十元大洋外,全部汇沪充小曼家用"。② 1931年6月14日,他在给陆小曼的信中说:"第二是钱的问题,我是着急得睡不着。"徐志摩请求陆小曼节制开销,并说"我靠薪水度日,当然梦想不到积钱,唯一的希冀即是少债"。③ 1931年11月1日,他写信给郭子雄说:"我在此号称教书,而教员已三月不得经费,人心涣然,前途黯淡。"④ 发此信的时间,离徐志摩撞机出事之日不到20天,可见他当时经济拮据的狼狈相。何家槐寄了一首诗给赵景深主编的《青年世界》,曾经两次去信向赵景深要稿费。⑤ 一首诗的稿费能有多少钱!可见他需要钱的迫切。至朱湘于1933年自杀,与他长期找不到工

---

① 赵家璧:《回忆徐志摩和志摩全集——纪念诗人徐志摩逝世五十周年》,《我亲历的文坛往事·忆名师》,人民文学出版社2004年版,第567页。
② 赵家璧:《回忆徐志摩和志摩全集——纪念诗人徐志摩逝世五十周年》,第568页。
③ 《致陆小曼》,虞坤林编《志摩的信》,第113页。
④ 《致郭子雄》,虞坤林编《志摩的信》,第344页。
⑤ 赵景深:《何家槐》,《文坛忆旧》,上海书店1983年影印版,第33页。

作导致的经济十分拮据有直接关系。曾和朱湘同在安徽大学教书的苏雪林，在《沉江诗人朱湘》一文里，回忆了朱湘在失业后两次到武汉大学找自己的情形——

  一日，朱湘忽来珞珈山访我，头发蓬乱，形容憔悴。与在安大时判若两人。坐定，询问近况之下，他嗫嚅其词地说：失业已久，光景异常困难，意欲我介绍他来武大教书。送他走后，即找武大外文系主任方浪商谈此事。方说：是朱湘吗？这人现在神经失常，已成废人。武大初改制时，原想聘他来任外文系主任，他坚决拒绝。现在连一名普通教授，我们都不敢请他了。……

  我没办法，写信答覆诗人说：武大外文系并不缺人，请他另觅发展之地。过了数月，诗人又来了珞珈山。这一次的情形更形潦倒，脸儿又黑又瘦，头发像一蓬乱草，那一身藏青色的敝旧西装大概已进了当铺，身上穿一件破旧布长袍，宽博得与他那瘦削的身体毫不相称，令人不得要想起欧文《拊掌录》那位村塾先生。我请他到学校合作社吃了一顿便饭，又替他买了一包香烟。他以似乎"抢"的姿势，将那包香烟抢去向怀中一藏，要吸的时候，取出一枝点燃了，余烟仍返怀中。看他那种郑重的样子，实觉可笑。可怜的诗人，不仅三月不知肉味，恐怕也有半年不知烟味哩！

  饭后返我的住所，他又提起来武大……暂时谋个四五十元一月的职员干干也好，因为他实在支持不下去了。我只有告诉他，对他实在爱莫能助。……诗人闻之，似颇失望。说既如此，我只好到上海去找赵景深，但手中一文皆无，没办法动身奈何？我问他需要多少，我愿意借给他。他只向我要了五十元，请他多拿些，无论如何不肯。诗人的风骨始终是嶙峋的，虽处穷途而不失其志！①

1987年凌叔华回忆说，朱湘投江前曾到武汉大学找过她，当时朱

---

① 苏雪林：《沉江诗人朱湘》，《文坛话旧》，传记文学出版社1967年版，第80—81页。

## 第三章 《新月》月刊研究

湘"形容憔悴，他嗫嚅其词地表示已走投无路"①。朱湘两次为找工作之事来武汉大学找苏雪林和凌叔华，两次都无功而返，诗人一次比一次穷困潦倒，生活状况一次比一次恶劣。苏雪林、凌叔华笔下的朱湘，与《晨报副刊·诗镌》时期意气风发、狂傲的朱湘，判若两人。

五四运动以降至新中国成立，是风云变幻的三十年，也是战乱频仍、社会动荡不安的三十年。1905年清政府废除科举制度以前，尽管社会没有创造或提供给读书人一个优越的生活环境，可他们至少还可以为了一个"学而优则仕"的理想而参加科举考试，以之改变命运和生活，因而读书人尚能够忍受痛苦。1905年清廷废除科举后，广大读书人几乎在一夜间失去了奋斗目标，更为重要的是，此后的清廷和北洋政府乃至"四·一二"政变后的蒋介石国民政府，都没有为读书人提供一种稳定、合适的生活条件。特别是，按照20世纪20年代中后期已经初步形成的按字数计算稿酬的办法，那些把主要精力花在写"豆腐干体"新诗的新月诗人，仅靠稿酬，根本无法保证生活。1925年初登文坛的沈从文，靠卖文为生，以至于经常捉襟见肘，任教于上海中国公学后，生活才得到改善，但他这份工作很快因为胡适辞去中国公学校长而自动放弃。尽管当时沈从文已是名誉全国的青年小说家，可以拿到数目可观的版税，他在经济上却仍然不宽裕，乃至贫困。1928年11月沈从文写信给徐志摩，让新月书店预付稿酬，说："最低程度我总得将我家中人在挨饿情形中救济一下。"又说："因穷于对付生活，身体转坏，脾气亦坏。文章一字不能写。"② 可见他当时之穷困状况及贫穷带来的恶劣影响。

生活于20世纪二三十年代的作家，只有少数能在教育、出版等行业找到足以安身、养家糊口的工作，因而多数人面临着经济拮据的生活状况。加上当时动荡不安的社会格局下，世道欺诈，君子道消，小人道

---

① 郑丽园：《如梦如歌——英伦八访文坛耆宿凌叔华》，陈学勇编《凌叔华文存》（下卷），四川文艺出版社1998年版，第966页。
② 《沈从文致徐志摩》，虞坤林编《志摩的信》，第198页。虞坤林把此信写作日期断为1927年，实误，应为1928年11月4日。

长，人心由不平而激昂，由激昂而轻生。"新月"早逝作家的轻生，主要表现在两点：一是不爱惜身体，以致体弱多病，如刘梦苇、朱大枏、方玮德都体弱多病；二是自杀或有自杀倾向，如跳河自杀的朱湘，和本来多病却故意不知自爱而"成天沉溺在烟酒之中"的朱大枏。

自古以来，文人多穷困。赵景深回忆二三十年代文人的生活状况，说：

> 文人差不多与穷字是连在一起的……我们的生活比乞丐好不了多少，只是多了一件长衫。战时内地"九十九涨价论"（唯独文章不涨价）正说明了这种情形。现今的稿酬总赶不上排工。①

稿酬是极不稳定的收入，在当时战乱频繁、政局动荡的社会，靠卖文为生的《新月》作者，注定要挣扎在贫困线上。经济拮据加剧生存压力，从而导致生活状况恶劣，严重影响身心健康，这恐怕是"新月"作者英年早逝的重要原因。

倘若说生活状况恶劣，摧残他们的身体，则精神压抑、颓废，吞噬了他们的生存意志。据说朱大枏逝世前两年，因为他对现实不满，生活更加颓废，蓄着长发，穿一件长袍，成天沉溺在烟酒之中。② 徐志摩出事前几年的生活，"不仅是极平凡，简直是到了枯窘的深处"。他说："我觉得我已是满头的血水，能不低头已算是好的。"③ 志摩于1931年7月8日、10月29日写给陆小曼的家信，是"看了会叫人心酸的那种绝望的哀鸣"④。

1982年，塞先艾在忆及朱大枏的早逝时，感叹地说："万恶的旧社会，就这样扼杀了一个有天才的青年作家"⑤。这话或许有道理，但也

---

① 赵景深：《何家槐》，《文坛忆旧》，上海书店1983年影印版，第33页。
② 塞先艾：《记朱大枏》，方仁念选编《新月派评论资料选》，第211页。
③ 徐志摩：《〈猛虎集〉序文》，方仁念选编《新月派评论资料选》，第309页。
④ 赵家璧：《回忆徐志摩和志摩全集——纪念诗人逝世五十周年》，《我亲历的文坛往事忆名师》，人民文学出版社2004年版，第566页。
⑤ 塞先艾：《记朱大枏》，第211页。

使人不禁要问：生活在"万恶的旧社会"、经济拮据的其他青年作家，为何没有英年早逝呢？看来，经济的困窘只是"诗人之死"的一方面的原因。

总觉得，刘梦苇、杨子惠疾病缠身而夭、徐志摩意外事故而亡、朱湘沉江自绝、闻一多遭特务暗杀，在其表面原因之外，更有不足为外人道也的文学因素。在诗人之死与诗歌创作之间，在肉体的毁灭与文本所体现的思想之间，存在着无可规避的辩证。1931年徐志摩的诗作中经常表露出的"想飞"的离绝人寰的意识，就可理解后来陈梦家为何把《想飞》一诗视为志摩的谶语。而刘梦苇述怀诗中对生的厌倦、对死的向往，读来令人揪心：

> 我对于这世界无所留恋，
> 人间的关系原本就浅浅。
> 今生呀，以不了了我心愿，
> 相见于黄泉之下啊，再见！
>
> 呕，呕尽它罢：一切的苦恨，
> 吐，吐尽它罢：一切的悲愤！
> 誓不将我这满腹的牢骚，
> 带了去污辱死后的精灵。
>
> ——《呕吐之晨》

虽然新月诗人之早逝，仅朱湘属于自杀，因而可资谈论的自杀案例并不多，但是这并不意味着自绝于世的诱惑，就不曾影响他们。特别在新月诗人的作品世界，当刘梦苇唱着《生辰的哀歌》、于赓虞沉迷于骷髅幽灵和恶魔的意象，当沈从文回忆着为情殉身的湘西男女，死成为比生更有力的存在方式，尽管这种存在方式往往受到人们误解，它却把批判或探问指向现代中国人神秘的灵魂深处。

闻一多的《也许》《忘掉她》《死》《李白之死》，朱湘的《葬我》

《死之胜利》乃至陈梦家的《葬歌》中，都表达了对死的憧憬、对生的鄙弃。就连对自由、爱和理想充满浪漫主义激情的徐志摩，也不例外。1925年诗人与陆小曼热恋时，曾在诗中表示要与情人共赴"死亡之约"。他在遇难前一年写下的《爱的灵感》①中，描述了一个奄奄一息的女子躺在床上，向自己的情人诉说着从恋爱到死亡这一短暂的生命历程。从最初的痴情苦恋到不受时空限制的永恒的爱，其间诗人多次直书自己对死亡与爱情之关系的独特感受：

>死，我是早已望见了的。
>那天爱的结打上我的
>心头，我就望见死，那个
>美丽的永恒的世界；死，
>我甘愿的投向，因为它
>是光明与自由的诞生。

这是诗人对"死"的礼赞，对永恒的爱的不惜代价的追求。

但是倘若把诗人对死亡的向往仅仅理解为"不惜代价"追求男欢女爱，就无疑将诗人的意旨庸俗化了。在诗里，当那女子把对爱人的爱扩展到永恒时，她的爱上升为具有哲学意义的博爱。她不仅"把每一个老年灾民/不问他是老人是老妇/当作生身父母一样看/每一个儿女当作自身骨血"，更关键的是她以自己全身心的爱为基础，将爱情引申到一个与世俗相对的世界。那是一个"爱你，但永不能接近你。/爱你，但从不要享受你"的世界。当她把自己的爱的情感上升到一种神灵的境界时，与之相应的便是对肉体欢娱的鄙弃。年轻女子的恋爱经历了一个心灵蜕变的过程，这一过程以世俗的男欢女爱开始，以肉体的死亡、博爱的永恒为结局，于是死亡被赋予了一种比生更深刻的意义。那就

---

① 徐志摩：《爱的灵感》，《诗刊》1931年第1期。此诗末注"十二月二十五日晚六时完成"，即此诗写于1930年12月25日。

## 第三章 《新月》月刊研究

是，死在诗中体现的是一种更为理想的爱的永生，是生命中"真我"的永恒的延续。因此，诗人在此诗结尾写道：

> 现在我
> 真，真可以死了，我要你
> 这样抱着我直到我去，
> 直到我的眼再不睁开，
> 直到我飞，飞，飞去太空，
> 散成沙，散成光，散成风，
> 啊苦痛，但苦痛是短的，
> 是暂时的；快乐是长的，
> 爱是不死的：
> 我，我要睡……

与闻一多认为死亡只是"睡觉"、把死写得美丽轻易，朱湘把死写成浪漫而"永久恬静的安睡"不同，在徐志摩的大多数诗作中，爱与死经常相联。从情感的角度看，死是爱的最高形式，从哲学的角度看，死是生存的唯一实在——在这种辩证关系背后，隐藏着徐志摩对人与宇宙、肉体的消失与诗歌艺术的永恒之间关系的思考与探寻。

由于新月诗人普遍抱有向往死亡、厌弃生存的心理，我们就不难理解为何他们多数英年早逝，尽管致使其死亡的直接原因各有不同。而他们这种心理的产生，显然源于现实与理想的激烈冲突。一方面，他们追求完美和理想；另一方面，现实的丑恶和理想的破灭又无法逃避，他们的心境是很矛盾、很痛苦的。他们多数时候希望通过振奋来消解内心的矛盾和痛苦，于是写下大量热情洋溢、意志高昂的诗歌，但20年代后期越来越严峻的生活与政治文化环境，使他们无法逃避丑恶的现实，于是需要寻求解脱，最终的解脱便是死亡。因此，无论是转至故纸堆中寻求解脱而后重新走出书斋遭暗杀的闻一多、爱情道上失意的徐志摩、方玮德，终生捱苦的朱湘，或是贫病交加的刘梦苇、杨子惠，都视死亡为离弃现实的世外桃源,那是他们心目中没有挫折、没有贫苦、没有丑恶的天堂。

**(二)体弱多病既使作品呈现出病态美,更吞噬了他们年轻的生命**

中国文学史上,年少时才华出众却因疾病早夭的事例,可谓不胜枚举——从古代诗人李贺到新月诗派的刘梦苇、朱大枏等,再到因精神错乱杀妻自戕的顾城、卧轨自杀的海子,莫不令人唏嘘!当然,有关疾病与文学的关系,自然不是什么新鲜的话题。苏珊·桑塔格在《疾病的隐喻》中,就专门分析了将结核病与创造性行为联系在一起的罗曼蒂克成见,认为疾病激活了文学创作意识。① 我们从现在来看 20 世纪 20 年代,不难发现,感伤、激越的文学空气,为文学青年提供了一种激动不安的主体机制。1931 年沈从文在一篇文章中说:"把生活欲望、冲突,意识于作品中,由作品显示一个人的灵魂的苦闷与纠纷,是中国十年来文学其所以为青年人热烈欢迎的理由。只要作者表现的是自己的那样一面,总可以得到若干青年读者最衷心的接受。"② 对强烈的精神的追求,似乎成为那时候一种普遍的诗学自觉。像当时其他文学青年一样,新月派需要"强大的精神刺激"来创作。"强大的精神刺激"的确带来了文学创作的灵感,因此提升了新月派作品的整体文学水平,但也导致了疾病的发作,对于那些本来就体弱多病的作者,情况更是不妙。据不完全统计,新月派中长期体弱多病者,竟然占 1/3 强!刘梦苇和方玮德因体弱需长期服药,储安平自幼多病,林徽因几次险些因肺病丧命。当然,最重要的不是真实"疾病"的有无,而是"疾病"背后的情绪波动、易感、多思、不安。这种起伏变幻不定的情感,在险恶、困难的社会环境中,自然滋生出无限的挫败、自卑。在这种心态下写出来的作品,不可避免地呈现出一种病态之美。刘梦苇和于赓虞的诗作,可谓典型,他们甚至不厌其烦地刻意在诗中用"孤雁""死神""梦魇"

---

① [美]苏珊·桑塔格:《疾病的隐喻》,程巍译,上海译文出版社 2003 年版,第 35 页。
② 沈从文:《论朱湘的诗》,方仁念选编《新月派评论资料选》,第 197 页。

"魔鬼"等凄凉、阴森、恐怖的意象，营造悲哀、凄惨的气氛。这的确有点"为赋新词强说愁"。长此以往，他们原本体弱多病的身体状况越来越差，竟至丢了戚戚性命！

**（三）新月派：不能承受的生命之重**

"新月"诗人因社会和身体健康原因早逝，破除了我们对于诗歌完美的臆想：诗歌不一定诞生于曼妙的仙境，它有可能诞生于病态的社会、逼仄的角落，诞生于一个困顿而多病的愁苦诗人手中。除此之外，还有一个问题需要解决，为什么1929年后越来越多的《新月》作者退出文坛，以致30年代中期新月派分崩瓦解？以下试作论析。

闻一多、梁实秋很反感被别人称作"新月派"。1932年6月16日，闻一多在致饶孟侃信中，对于青岛大学部分师生加于他（包括梁实秋）的罪名——"新月派包办青大"，便有满肚子的牢骚："没想到新月派之害人一至于此"。1937年7月，当闻一多的学生臧克家去清华园里看望老师，并很"冒险也很勇敢地"劝搁笔多年的闻一多先生再写新诗的时候，闻一多满腹愤慨地爆出一句使听者感到"惊奇"的话："还写什么诗！'新月派'，'新月派'，给你把帽子一戴，什么也就不值一看了！"臧克家听了此话，先是"恍然"，然后"凄然"。① 闻一多为何对自己被戴上"新月派"这顶帽子，如此愤慨？也许熊佛西写于1946年、陈梦家写于1957年、梁实秋写于60年代的几段话，可以帮我们找到答案。

1946年熊佛西在《悼闻一多先生》一文中说：

> 有些人仅将你看成一位"新月派"的诗人，那就无异说，你是一位专咏风花雪月，而不管人民现实痛苦躲在象牙之塔里的诗人。这我要为你抗议。我认为这是不正确的。你比新月派的诗人伟大，你比他们更爱国，更爱人民，更了解人民。不错，你曾加入过

---

① 臧克家：《海——一多先生回忆录》，《文艺复兴》1947年第3卷第5期。

新月社，但你之加入新月社完全是由于你和徐志摩私人的感情关系，你的人格和文格都和他们不相同。你比他们更伟大，更懂得现实，与其说你是新月派的诗人，毋宁说你是爱国派的诗人。①

熊佛西尽力区分闻一多与"新月派的诗人"，固然在于他认为"你比新月派的诗人伟大，你比他们更爱国，更爱人民，更了解人民"，而这的确也是事实，但在熊佛西眼里，新月派诗人是"专咏风花雪月，而不管人民现实痛苦躲在象牙之塔里的诗人"，像他这种对新月派的看法，在当时很可能具有代表性。因此，难怪闻一多那么反感被戴上"新月派"帽子，乃至不再写诗！

1957年陈梦家申辩说：

现在还有人喜欢把过去的招牌挂在别人头上，比如"新月派"诗人陈某某等。我很不愿意别人老把过去的招牌挂在我头上，而且这招牌对于我也不合适，当时我只不过是喜欢写诗，和"新月派"诗人接近罢了。有一些诗人像何其芳等比我更接近"新月派"，却因为他改造了思想，入了党，而不再给他挂这块招牌，我虽然没有入党，也不能老挂着这块招牌。②

20世纪60年代，梁实秋也说：

《新月》不过是近数十年来无数的刊物中之一，在三四年的销行之后便停刊了，并没有什么特别值得称述的。不过办这杂志的一伙人，常被人称作为"新月派"，好象是一个有组织的团体，好象是有什么共同的主张，其实这不是事实。我有时候也被人称为"新月派"之一员，我觉得啼笑皆非。如果我永久的缄默，不加以

---

① 熊佛西：《悼闻一多先生》，《文艺复兴》1946年第2卷第1期。
② 陈梦家：《作协在整风中广开言路》，《文艺报》1957年6月10日。

## 第三章 《新月》月刊研究

辩白，恐怕这一段事实将不会被人知道。这是我写这一段回忆的主要动机。胡适之先生曾不止一次的述说："狮子老虎永远是独来独往的，只有狐狸和狗才成群结伙！"办新月杂志的一伙人，不屑于变狐变狗。"新月派"这一顶帽子是自命为左派的人所制造的，后来也就常被其他的人所使用。当然，在使用这顶帽子的时候，恶意的时候比较多，以为一顶帽子即可以把人压个半死。①

在为1980年出版的《新月散文选》作序时，梁实秋又说：

> 请看这一部《新月散文选》，其中作者就包括了胡适、徐志摩、岂明、废名、郁达夫、陈西滢、叶公超、沈从文、季羡林……等，谁能说这些人属于一个派？稍微有一点自尊心的作者，都不愿被人加上一顶帽子。②

事隔近80年后的今天，我们无法体会、明了20世纪30年代人们对新月派的普遍态度，但是从以上闻、陈、梁的陈述来看，这三位公认的新月派深以被称为"新月派"为耻！在他们看来，"新月派"是别有用心的人（如左派）强加给他们的一顶侮辱性的帽子。尽管尚不能断言因此导致闻一多、陈梦家30年代退出文坛，但从他们对"新月派"的嫌恶来看，那时他们有意疏远新月派，却是无疑的。由此我们发现，其实自20世纪30年代以降，绝大多数新月派成员都有意或无意地与新月派保持距离，这固然一方面是新月派作为一个松散的文学流派所致，但另一方面也不能排除进入30年代后新月派名声不好的消极影响。所谓"新月派名声不好"，就是上引闻一多说的"新月派之害人"、熊佛西之说的新月诗派是"专咏风花雪月，而不管人民现实痛苦躲在象牙之塔里的诗人"、陈梦家说的"招牌"、梁实秋之所谓左派恶意的对新

---

① 梁实秋：《忆〈新月〉》，方仁念选编《新月派评论资料选》，第11页。
② 梁实秋：《〈新月散文选〉序》，雕龙出版社1980年版。

月派的批判与指摘。由于资料缺乏，我们很难明确新月派何时、因何原因开始蒙受如此恶名。使我们诧异的是，新月派蒙受指责的理由，竟然与其作品优劣没有关系，而似乎仅仅因为新月派与政治的疏离使它背负了来自社会的道德批判和谴责。

至少一定程度上是因为"新月派名声不好"，1930年后，不少新月派重要成员不仅疏远了与新月派的关系，甚至有些还退出了文坛。比如1936年出版《梦家存诗》后陈梦家退出诗坛，而饶孟侃于1930年8月去安徽大学教书，他后来说："这一走不仅与'新月'日益疏远，而且把我的诗性也带走了，因为从这时起，我已很少写诗、译诗，并决定绝不出诗集。""整个三十年代，我只写了两首诗给《学文》。这说明我在刚转入三十年代时已经事实上退出文坛了。"①

1979年10月蹇先艾回忆当初退出诗坛的原因：

> 三十年代，为了糊口，我的时间大部分花费在教书上，并在北京一个图书馆工作，业余学写点小说和散文，从此就停止写诗了。归纳起来，我不写诗的原因有三：一是我发觉我根本没有写诗的才能；二是摸索了几年，我决定不了写新诗到底应当采取什么体裁，也就是说，并没有找到途径；三是"五四"中期和我一起写诗的师友已经凋谢殆尽了。我每每默念陆机的《叹逝赋》中的那两句话"亲落落而日稀，友靡靡而愈索"，也就没有心肠再提笔写新诗了。②

蹇先艾上述退出诗坛的原因，在退出新月派的那些作家中，具有代表性。大体从1929年下半年开始，聚集于上海的新月派同人，闻一多、梁实秋、沈从文、方令孺、陈梦家、臧克家等先后赴青岛大学任教或求学，胡适、罗隆基北上，徐志摩穿梭于京沪两地——如此情况，呈现出

---

① 南江涛：《"奇迹"诗人饶孟侃》，《成都日报》2006年2月6日。
② 蹇先艾：《我与新诗》，《山花》1979年第12期。

## 第三章 《新月》月刊研究

新月派人事逐渐萧条的景象。1931年11月19日徐志摩遇难后，新月派同人之间更加疏远，乃至有不少人退出或部分退出文坛。考察他们退出或部分退出文坛的原因，一是像闻一多、陈梦家那样因为兴趣转移。二是如上述"新月派名声不好"的影响。三是生计所迫。1936年4月，蹇先艾在《我与文学》中说明自己为何放弃写诗转向写小说，他说：

> 一九三〇年以后，因为生活的转变，家庭的重担挑到肩头上，过着非常单调机械的日子，烟土披里诗意早已逃走无踪；写诗不成，只好以全力来学写小说了。①

此言与蹇氏1979年10月的表述"三十年代，为了糊口，我的时间大部分花费在教书上，并在北京一个图书馆工作，业余学写点小说和散文，从此就停止写诗了"相吻合。关于新月派多数成员生计艰难的情况，上文已述，为了生计，他们当中部分人不得不离开上海乃至放弃文学，这是实情。四是新月文学在20世纪30年代面临内忧外患。所谓新月文学在20世纪30年代面临的外患，指它与主流文学不相宜、受到排斥打压的处境。"内忧"则如蹇先艾所言，一是"摸索了几年，我决定不了写新诗到底应当采取什么体裁，也就是说，并没有找到途径"，当时新月文学没有找到一条由古典主义向现代主义过渡的"途径"；二是"'五四'中期和我一起写诗的师友已经凋谢殆尽"，闻一多基本退出文坛、徐志摩遇难不仅意味着新月派人事愈见凋零，而且标志着新月派元老的隐退（其影响力逐渐衰减），以卞之琳为代表的后期新月诗派又转向现代主义阵营。

综上所述，可以想象，闻一多、蹇先艾等退出或部分退出新月派时的心情，肯定是无奈而沮丧的。

有一些《新月》作者，如沈从文、林徽因等，尽管仍然活跃在三

---

① 蹇先艾：《我与文学》，中国现代文学馆编《蹇先艾代表作》，华夏出版社1999年版，第325—326页。

四十年代的文坛，但进入 50 年代，也放弃文学创作，转向其他行业。1980 年 11 月 24 日沈从文在美国纽约圣若望大学讲演时，以肯定的语气澄清外界传说他放弃文学是因为"在新中国成立后，备受虐待、受压迫，不能自由写作"，他说："这是不正确的。"他说放弃文学，是因为"我不能适应新的要求，要求不同了，所以我就转到研究历史文物方面"①。

虽然 20 世纪 30 年代中期以后，不少《新月》作者不仅离开了《新月》、退出或部分退出了文坛，在 1949 年社会转型之际，《新月》作者中绝大多数人却选择留在大陆，只有胡适、凌叔华、梁实秋等少数人寓居海外或随国民党去了台湾。这个现象值得深思。当时他们绝大多数人具备离开大陆的条件，但他们没有离开。他们对于时局的变化有自己的看法，对于国民党和即将掌握全国政权的共产党也有清晰的认识，可他们留下来了。不论他们留下来是出于什么样的动机，他们毕竟留下来了，仅此一点，就没理由怀疑他们对国家的赤诚、对新生的共产党领导下的政府的期望和信心。

《新月》作者之死，特别是以各种方式自杀者，在旁人看来，大抵都是悲剧。当年朱湘投江自沉后，梁实秋说："诗人活着时是一则笑话，死后能成为神圣的也很渺茫。"仅就梁实秋此言来看，仿佛朱湘沉江就是为了"成为神圣"。所谓"成为神圣"，暗指屈原因沉江"尸谏"而流芳百世。尽管朱湘自沉江河确实因为生活遭遇绝境，但其从容就死，不是效仿屈原，也不是单纯的解脱，而是为了让自己的生命之诗有一个悲壮辉煌的结句！

然而，那些不曾自杀的《新月》作者尤其新月诗人，为什么总是命运多舛？为什么越是敏感多思、心灵丰富的作者，越是容易过早地走上那条不归路呢？

倘若对新月派的历史作一个纵向观察，可发现，自从它跻身中国现代文坛之日开始，这个文人群体的心灵就是芸芸众生中最敏感的，他们

---

① 沈从文：《从新文学转到历史文物》，《新文学史料》1982 年第 1 期。

甚至一生都沉浸在生与死的潮水中，体验着对死的恐惧或渴慕、对生的厌恶与离弃，这加剧了他们遭受误解和打压的处境，又因为新月派以革命文学对立面出现、曾经公开与左联作家论战，就更能见出这一个流派迅速分化瓦解乃至《新月》作者的悲剧性命运。

# 第四章 《诗刊》研究

这里说的《诗刊》,是指徐志摩、陈梦家等创刊于1931年1月的新诗专刊。在中国现当代文学史上,有两个容易与它相混淆的"诗刊":一个是徐志摩、闻一多等创办于1926年4月1日的《晨报副刊·诗镌》,由于种种原因,徐志摩等当事人乃至现在仍有不少人称之为《诗刊》;另一个是臧克家、徐迟等创刊于1957年的《诗刊》。创办于1926年的《诗刊》是前期新月诗派所办,创办于1931年1月的《诗刊》为后期新月诗派所办,前后两个"诗刊"的核心人物都是徐志摩,因而1931年1月《诗刊》创刊时,徐志摩说:"前五年载在《晨报副镌》上的十一期《诗刊》那刊物,我们得认是现在这份的前身"。[①] 至于1957年创刊的《诗刊》,它跟前两个"诗刊",不论在办刊宗旨、主要撰稿人还是创办时代背景等方面,都不同,它与前两个"诗刊"不存在任何关联。

## 第一节 《诗刊》若干出版问题考述

一 创刊缘由

关于《诗刊》季刊的创刊缘由,徐志摩的说法有些含糊,他先是

---

[①] 徐志摩:《序语》,《诗刊》1931年第1期;也可参见徐志摩《〈诗刊〉序语》,方仁念选编《新月派评论资料选》,第305页。

## 第四章 《诗刊》研究

简略回顾了《晨报副刊·诗镌》，认为《晨报副刊·诗镌》是《诗刊》的前身，又说当初的"那一点子精神"，"是值得纪念的"。接着写道：

> 现在我们这少数朋友，隔了五六年，重复感到以诗会友的兴趣，想再来一次集合的研求。因为我们有共同的信念。①

也就是说，他们创办《诗刊》的缘由，是为了继承《晨报副刊·诗镌》的"那一点子精神"，想再来一次对新诗的"集合的研求"。这个创刊缘由，有些空泛，尚不能使我们明白《诗刊》创刊的具体原因。

刘群在其博士学位论文中提出："从时间上看，《诗刊》是在《新月》'行进'过程中出世的"，因而"它的诞生显然与《新月》办刊方向的改变这一背景不无关联"。② 这一说法指涉了《诗刊》创刊与《新月》办刊方向改变之间的微妙关系，遗憾的是，刘群没有指出"《新月》办刊方向的改变"具体何指。从上下文看，他所指的，应该是1929年后《新月》脱离文艺方向、热衷于谈政治。但徐志摩对《新月》谈政治不满而萌发另办刊物的想法，不是在热衷于谈政治的罗隆基主编时期，也不是在梁实秋主编时期，而恰是在徐志摩本人主编时期。1929年7月21日，徐志摩在给学生李祁的信里，流露出"'新月'诸公皆热心政治，似不屑治文艺，我亦不便强作主张"的无奈与失落，不由"颇想另组几个朋友出一纯文艺期刊"。这说明，最迟在徐志摩写这封信时，他已经产生了"颇想另组几个朋友出一纯文艺期刊"的念头。而梁实秋主编《新月》开始于1929年9月、罗隆基主编《新月》始于1930年4月，这说明，徐志摩最初萌发在《新月》之外另办纯文艺刊物的念头，与梁实秋、罗隆基主编《新月》无关。

翻看1929年7月21日之前出版的《新月》，我们容易发现，《新月》谈政治，最先开始于第二卷第二期（实际于1929年5月下旬出

---

① 徐志摩：《序语》，《诗刊》1931年第1期。
② 刘群：《新月社研究》，博士学位论文，复旦大学，2006年。

版),这一期《新月》上刊登了后来引发人权运动的胡适撰写的《人权与约法》,以及罗隆基的《专家政治》。此后,连续几期《新月》刊登至少一篇他们二人的政论文章。值得注意的是,第二卷第二期之后几期,《新月》的编辑者名单,由徐志摩、闻一多、饶孟侃,改成了梁实秋、叶公超、潘光旦、饶孟侃、徐志摩,徐志摩的名字,由排最前,变成排最后,这种"编辑者"名单的变化,显示出新月派中热衷于谈政治者,开始掌握《新月》编辑权,主张文艺者开始淡出《新月》。第二卷第五期《新月》出版后,徐志摩干脆辞去了《新月》编辑职务。

我们将《新月》从第二卷第二期开始刊登政论,同徐志摩在编辑者名单中排名的变化,相结合起来看,可以断定,徐志摩萌发在《新月》之外另办纯文艺刊物的念头,与此有直接关系。然而,徐志摩说的"'新月'诸公皆热心政治,似不屑治文艺,我亦不便强作主张",除了指《新月》开始变成政论性、非文艺期刊,应该还指胡适等人开始"热心政治",他们不仅在《新月》上发表政论,还组织了一个以讨论时局为主的平社,这使专注文艺徐志摩感到失望,流露出"颇想另组几个朋友出一纯文艺期刊"的念头。当然,此时徐志摩还只是想到要另出版一份"纯文艺刊物",他的想法尚不具体,比如,出版什么内容为主的文艺期刊?以什么作刊名?等等,他没有想法。事实上,1929年至1931年,徐志摩在这段时间过得很不愉快,与陆小曼婚后的日子可以说是"深蕴着'不足与外人道'的苦闷"。为了弥补陆小曼的高消费生活,徐志摩身兼中华书局的编辑及两校教席,每个星期往返于京沪路上,为家庭生计而奔波焦虑。一向对待生活热情如火的徐志摩也禁不住发出了对自己这两年的生活"不仅是极平凡,简直是到了枯窘的深处,跟着诗的产量也尽'向瘦小里耗"的悲叹。如果不是在南京中央大学,徐志摩结识了曾受惠于闻一多的就读该校的年轻诗人陈梦家、方玮德,也许他那个"另组几个朋友出一纯文艺期刊"的念头,永远不会付诸实施。他这样写陈梦家、方玮德对于振兴他的"诗心"和编办纯文学刊物《诗刊》的促进作用:

## 第四章 《诗刊》研究

要不是去年在中大认识了梦家和玮德两个年青的诗人，他们对于诗的热情在无形中又鼓动了我奄奄的诗心，第二次又印《诗刊》，我对于诗的兴味，我信，可以消沉到几乎完全没有……我希望这是我的一个真的复活的机会。①

1931年秋天，当陈梦家带着"令孺九姑和玮德的愿望"② 到上海，告诉徐志摩他们想要再办一个《诗刊》的想法后，徐志摩"另组几个朋友出一纯文艺期刊"的念头，有了"一个真的复活的机会"，他顿时"乐极了，马上发信去四处收稿"，连不写诗的叶公超都接到了他信心百倍的来信，宣称"诗刊已出场，我的锣鼓敲得不含糊"。

以上所述，需要强调一点，即《诗刊》的创刊有三个不可或缺的条件，一是新月派成员胡适等热衷于政治并在《新月》发表政论，使徐志摩早在1929年7月就已有在《新月》之外另办一份纯文艺刊物的愿望，但徐此后两年疲于为生计奔命，未能如愿；二是陈梦家、方玮德"鼓动了"徐志摩"奄奄的诗心"；三是陈梦家、方玮德、方令孺等想办一个《诗刊》。综合这三个条件，我们可以说，《诗刊》创刊是徐志摩和陈梦家等"小文会"③ 不谋而合、一拍即合的结果。

## 第二节 《诗刊》创刊经过

1930年秋天，陈梦家到上海和徐志摩商定创办《诗刊》后，立即着手创刊号稿件的征集。在这方面，陈梦家、邵洵美、徐志摩出力最多，又以徐志摩最为积极。他"乐极了，马上发信去四处收稿"，闻一

---

① 徐志摩：《猛虎集序》，方仁念选编《新月派评论资料选》，第309页。
② 陈梦家：《纪念志摩》，《新月》1932年第4卷第5期。
③ 陈梦家在《〈玮德诗文集〉跋》中说："其时徐志摩先生每礼拜来中大讲两次课，常可见到玮德和九姑令孺女士和表兄宗白华先生也在南京，还有亡友六合田津生兄，我们几个算是小文会，各个写诗兴致正浓，写了不少诗。"（收入方玮德《玮德诗文集》，上海时代图书公司1936年版；或上海书店1992年影印版，第175—176页。）

多、叶公超、梁实秋等写诗和不写诗的新月派诸位，都收到了他直接或转达的约稿信。

所谓"大军未行，粮草先行"。《诗刊》创刊尚在筹备中，徐志摩、陈梦家等筹办者，先在报刊上刊登了《诗刊》创刊的广告。1930年10月24日，徐志摩给时任青岛大学外文系教授兼主任的梁实秋去信："《诗刊》广告，想已瞥及，一多兄与秋郎不可不挥毫以长声势。不拘短长，定期出席。"①笔者最初以为，此信中提到的"《诗刊》广告"登在《新月》上。经查，刊登《诗刊》广告最早的一期《新月》，是第三卷第四期。这一期《新月》未注明出版时间，不过这一期发表的胡适的《从拜神到无神——〈四十自述〉的第三章》文末标注有该文写毕时间为"十九，十二，廿五"，即1930年12月25日；又，同期发表的陈梦家的诗《再看见你》，也标注了写作时间"十九年十一月二十五夜"，即1930年11月25日。也就是说，刊登《诗刊》广告的第三卷第四期《新月》，是在1930年12月25日之后出版的。因此，徐志摩在信中提到的"《诗刊》广告"，应当刊登在1930年10月24日前的其他报刊上。从前述徐志摩致梁实秋的信的内容来看，徐尚为《诗刊》向梁实秋、闻一多约稿，故"《诗刊》"广告是《诗刊》创刊的预告，不包含创刊号目录。在报刊上刊登《诗刊》创刊预告，对于吸引读者及文坛注意，扩大刊物影响，是有益的，也是必要的。

到1930年11月，《诗刊》创刊的筹备基本就绪，但直到是月底，仍未出版，一个重要原因，就是闻一多的稿件未到。徐志摩只好再次致信梁实秋，并请其代为催促闻一多赐稿。信云：

> 《诗刊》以中大新诗人陈梦家、方玮德二子最为热心努力，近有长作亦颇不易，我辈已属老朽，职在勉励已耳。兄能撰文，为之狂喜，恳信到即动手，务于至迟十日前寄到。文不想多刊，第一期有兄一文已足，此外皆诗。……一多非得帮忙，近年新诗，多公影

---

① 《致梁实秋》，虞坤林编《志摩的信》，第379页。

## 第四章 《诗刊》研究

响最著,且尽佳者,多公不当过于韬晦,《诗刊》始业,焉可无多,即四行一首,亦在必得,乞为转白,多诗不到,刊即不发,多公奈何以一人而失众望?兄在左右,并希持鞭以策之,况本非驽,特懒怠耳,稍一振厥,行见长空万里也。①

徐志摩认为,在创刊号上刊登闻一多的诗作,对于《诗刊》来说,至关重要,"多诗不到,刊即不发"。12月19日,徐志摩终于盼来了从青岛寄来的诗作,立即给梁实秋写信表达喜悦之情:

> 十多日来,无日不盼青岛的青鸟来,今早从南京归来,居然盼到了(指收到了梁实秋从青岛寄来的讨论新诗的信——引者按)。喜悦之至,非立即写信道谢不可。《诗刊》印得成了!②

由于收到了梁实秋的文章,且从梁实秋处得知闻一多写下了长诗《奇迹》,徐志摩"喜悦之至",并让闻一多电汇《奇迹》,如此,《诗刊》自然"印得成了"——1931年1月20日,《诗刊》创刊号出版。

对于徐志摩等创办《诗刊》,新月派中凡是写新诗或对新诗有研究的人,基本上是支持、鼓励的。梁实秋虽不是诗人,却也以通信形式写了《新诗的格调及其他》一文交付《诗刊》发表;叶公超没有直接给《诗刊》赞助稿件,但是他肯定了徐志摩为《诗刊》"拉稿的本领""不含糊"。闻一多的态度,却容易给人不积极、反应冷淡的印象。徐志摩说:"一多竟然也出了《奇迹》,这一半是我的神通之效,因为我自发心要印《诗刊》以来,常常自己想,一多尤其非得挤他点儿出来,近来睡梦中常常捻紧拳头,大约是在帮着挤多公的《奇迹》。"③ 言外之意,闻一多交给《诗刊》的诗作《奇迹》,是他徐志摩"挤出来的"。平心而论,徐志摩这话冤枉闻一多了!其实,对于《诗刊》的创办,

---

① 《致梁实秋》,虞坤林编《志摩的信》,第380页。
② 《致梁实秋》,虞坤林编《志摩的信》,第383页。
③ 《致梁实秋》,虞坤林编《志摩的信》,第384页。

尤其是陈梦家、方玮德等年轻诗人的不俗表现，同样让早已埋首古籍的闻一多按捺不住自己久违的诗情，他的兴奋甚至并不亚于徐志摩。闻一多不但自己"花了四天工夫，旷了两堂课"，"破例"写出了令人"回肠荡气"，"不仅是他三年来的唯一的诗作，也可说是他最后的一篇"长诗《奇迹》，鼎力支持《诗刊》创刊号，而且他于 1930 年 12 月 10 日在给朱湘、饶孟侃的信中，更是起劲督促新月诗人集合做成"新诗的纪念月"，为"新诗坛过一个丰富的年"，声称自己写完了这首诗，还想继续写，说不定自己"第二个'叫春'的时期就要到了"。① 《诗刊》第二期刊登了陈梦家试验写作十四行诗（Sonnet，闻一多将之译为"商籁体"）的《太湖之夜》一诗后，闻一多认为其"初次的尝试还不能算成功"，于是又在 1931 年 2 月 19 日给陈写信，阐发了自己对商籁体的重要看法。可见，虽然 1929 年后闻一多埋头于古籍研究，却并没有忘却诗歌。再加上受"《诗刊》复活的消息"的鼓舞，"三年不做诗的一多，也鼓起兴致写了一首《奇迹》"。

1931 年 1 月 20 日，86 页的《诗刊》季刊创刊号在上海面世，版权页上印着：

> 每季出版一册，每册三角五分，全年一元四角，与《新月》月刊连定者每年一元，出版者诗社，发行者上海新月书店。

创刊号由陈梦家、邵洵美、徐志摩组稿，孙大雨、邵洵美、徐志摩负责编选，陈梦家与新月书店职员萧克木负责校对。这一期发表的诗文有：具有创刊词性质的《序语》1 篇，诗歌 18 首，诗论 1 篇。

创刊号为 24 开本，封面套红印刷，其正面印一名端坐的裸体女子，上端则有一只回头放声歌唱的夜莺，这个封面图案的设计和《诗刊》的美编均出自上海滩有名的画家张光宇、张振宇兄弟之手，是邵洵美请

---

① 闻一多致朱湘、饶孟侃信，1930 年 12 月 10 日，《闻一多选集》第 2 卷，四川文艺出版社 1987 年版，第 709—710 页。

## 第四章 《诗刊》研究

来的。有论者把这个封面，与徐志摩所宣称的下面这一段话联系起来：

> 我只要你们记得有一种天教歌唱的鸟不至呕血不住口，它的歌里有它独自知道的别一个世界的愉快，也有它独自知道的悲哀与伤痛的鲜明；诗人也是一种痴鸟，他把他的柔软的心窝紧抵着蔷薇的花刺，口里不住的唱着星月的光辉与人类的希望，非到他的心血滴出来把白花染成大红他不住口。他的痛苦与快乐是浑成的一片。①

这位论者因此得出一个见解：

> 可以想见，《诗刊》让"新月"诗人们重新聚集一处，再次在诗的国度里扬起鼓涨的风帆，他们"在相似或相近的气息之下察着同样以严正态度认真写诗的精神"，不但抒写"一个故事，一点感想"，更给予人们"一片霞，一园花，有各样的颜色与姿态，具有各样香味，作各种变化，是那么细碎又是那么整个的美"。②

笔者赞同这位论者的上述见解。不过，《诗刊》封面上回头放声歌唱的夜莺，是对上引徐志摩宣称的那一段话的直观表达。在英美国家，夜莺作为一种叫声婉转优美的鸟，常被比喻成诗歌的化身，因而徐志摩以这种鸟比喻诗人，与《诗刊》封面上的夜莺，是相通的。此外，我们又想起了《新月》的封面，是深蓝的夜空中挂着一轮金黄的满月——《新月》和《诗刊》这两个主要由徐志摩创办的新月派刊物，它们的封面都以夜晚为背景，从《新月》"那纤弱的一弯分明象征着，怀抱着未来的圆满"，到"希翼（《诗刊》）早晚可以放露一点小小的光"，他们对当时文坛如黑夜般的混乱，对诗歌光明的未来的憧憬与自信，从《新月》《诗刊》的封面设计，可窥一斑。

---

① 徐志摩：《〈猛虎集〉序文》，方仁念选编《新月派评论资料选》，第310页。
② 刘群：《新月社研究》，第261页。

## 第三节 《诗刊》编辑出版情况

尽管印行后,"我们当时竟连能否继续一点都未敢自信",《诗刊》第一期却"似乎颇得到读者们的一些同情的注意"[①],销路不错,稍后还出了再版。这种销路不错的状况,一直延续到第二期。不过,由于刊登了梁宗岱从德国寄来的万余言的长篇诗论,《诗刊》第二期"凭空增加了不少的页数",再加上通货膨胀导致纸价和排印费上涨,《诗刊》却不能相应提价,同时"又得要精印封面考究纸张",订全年是特价,就使得这一期《诗刊》的出版不得不做了赔本的生意,卖到4000本都还难以弥补亏空,因此付印后新月书店经理和总编辑都曾向主编徐志摩提出"口头的抗议",建议"此后的篇幅非得想法节省一点"[②]。

为了保证《诗刊》能生存下去,徐志摩不得不听从书店方面的意见,这样一来,《诗刊》篇幅的限制,与大量录用稿件产生了矛盾,这个矛盾使他忍不住在第三期"叙言"中大吐苦水——《诗刊》已经在读者中引起了广泛关注,虽然是同人刊物,却也引来了来自国内如黑龙江、四川、广东等地的投稿,甚至还有日本、法国、德国等国外来稿。面对大量优秀来稿,权衡再三,主编徐志摩只好放弃了约定的散文稿,保留了"不能再有删弃"的新月诗人的一千三百行诗歌,即便如此,该期《诗刊》也厚达100多页,对此,他说:"书店即使亏本,我们也只能转请他们原谅的了。"[③] 毕竟还是一介书生,在文学理想与实际利益发生冲突时,他选择牺牲实际利益来维持文学理想。这种书生气,恐怕是新月派系列刊物都办不长久的一个重要原因。

《诗刊》第一、二期绝大部分为新月诗人的诗作,每期只有一篇诗论文字,为了弥补这一缺憾,主编徐志摩计划在第三期"让出一半或

---

① 徐志摩:《前言》,《诗刊》1931年第2期。
② 徐志摩:《叙言》,《诗刊》1931年第3期。
③ 徐志摩:《前言》,《诗刊》1931年第2期。

## 第四章 《诗刊》研究

更多的地位来给关于诗艺的论文",约定的作者既有五四白话诗的鼻祖胡适、新月的文艺理论家梁实秋,更有新月诗论的老将闻一多,还有徐氏十分赏识的孙大雨和梁宗岱等。他还表示欢迎外来稿件,"同时我们更希望有外来的教益"。《诗刊》是同人期刊,虽然徐志摩宣称"我们更希望有外来教益",实际上,从《诗刊》目录上的作者来看,几乎清一色是新月派,因而徐志摩此言,流于一种姿态,而没有付诸实践。

如果收到的"关于诗艺的论文"有"相当的质量",则打算出一本"论诗的专号"。对这个打算,徐志摩是认真的,他甚至列出了八个论文题材。列举论文题材,既是对"诗论专号"内容的限定,更是诗歌讨论方向的引导。这说明徐志摩打算有意识地推进后期新月诗派诗歌理论的发展。再从这八个题材所涉及的范围看,既有诗人的创作经验,又有关于新诗形式的继续探讨,还有新诗如何对待旧诗传统、如何处理新诗与散文的关系等。可以预料,一旦面世,这将是一本集新月诗论之大成的具有相当分量的刊物。遗憾的是,1931年11月19日徐志摩因飞机失事逝世,那个出"诗歌论专号"的计划,成了永远停留纸面的空想。

有研究者认为,1931年9月徐志摩将《诗刊》编辑工作移交陈梦家、邵洵美负责。[①] 而笔者认为,徐志摩并没有把编辑工作交给邵洵美或陈梦家。理由如下:

第一,第三期《诗刊》版权页标明"二十年十月五日出版",也就是说,第三期直到1931年10月5日才出版;而刊登在这期的《叙言》是徐志摩撰写的,从其内容也可知,这期由他主编。因此,直到1931年10月5日第三期出版,徐志摩并没有把主编移交其他人。

第二,1931年下半年,由于任教于北京大学等高校,徐志摩多数时间住在北平,虽然数次回上海探亲,但他毕竟对于编辑部设在上海的

---

① 有研究者认为,徐志摩把《诗刊》编辑权交给陈梦家、邵洵美的时间是1931年9月。(参见王俊义《论新月诗人陈梦家》,硕士学位论文,内蒙古师范大学,2004年,第3页)倘若此时间无误,则意味着1931年10月5日出版的《诗刊》第三期,由陈梦家、邵洵美主编。但是从徐志摩发表在第三期《诗刊》的《序语》来看,负责这一期编务的,主要还是他本人,也看不出他有把《诗刊》编辑权交给陈梦家等人的意思。

《诗刊》编务已多有不便。正是考虑到这点,徐在第三期《诗刊》"叙言"中公布了两个收稿人和通信地址,第一个是"邵洵美上海二马路中央大厦一九号",第二个是"徐志摩北平米粮库四号"。直到第三期才公布两个收稿人和通讯地址,清楚地说明:直到第三期出版之后,邵洵美才开始负责接收来稿(也许有人认为,可能邵洵美收到来稿后再转寄徐志摩编辑。与其如此颇费周折,又何必公布两个收稿人和通信地址呢?)。邵洵美有没有参与编辑呢?据目前的资料,他应该没有。一是因为他忙于经营他的时代图书公司,二是徐志摩很看重《诗刊》,而且常回沪,没必要让其他人过多参与编辑事务。至于为何第三期《诗刊》"叙言"中公布了邵氏通讯地址,则是因为当时长住上海而较有地位和影响的新月同人,几乎只有他——是时胡适在北平,闻一多、梁实秋在青岛。这也说明:直到第三期出版之后,徐志摩仍旧没有把《诗刊》移交陈梦家主编。否则,他为何不公布陈梦家的通讯地址?

第三,1931年12月,陈梦家在为《诗刊》第四期撰写的《叙语》中说:"三期的《诗刊》刚露出一点嫩芽,对花园起始照管的人听了上帝的吩咐飞上天去,他在哪里?"所谓"对花园起始照管的人",就是徐志摩。也就是说,按照陈梦家的说法,"三期的《诗刊》刚露出一点嫩芽",徐志摩就死了("听了上帝的吩咐飞上天去")。此说颇可疑。倘若陈梦家所说无误,则直到徐志摩遇难的1931年11月19日,《诗刊》第三期尚未编辑就绪("刚露出一点嫩芽")。实际上这是不可能的,因为第三期已于徐志摩遇难前一月出版。由此也可推断,陈梦家话中的"三期的《诗刊》"有误,应为"四期的《诗刊》"。也就是说,陈梦家那句话,不能证明他承担了第三期的编辑工作。

第四,徐志摩在为第三期撰写的《叙言》中,只提到了排在目录较前的孙大雨和林徽因、陈梦家、卞之琳的诗作,而对于排在较后的程鼎兴、梁宗岱的诗作不置一辞。特别是梁宗岱,徐志摩在《诗刊》创刊号《序语》中很看重他,但徐竟然对梁在第三期发表了5首风格独特的诗不置一辞,这是十分令人诧异的。合理的解释是,程鼎兴、梁宗岱的诗作都是在徐志摩这篇《叙言》已经写好后加进《诗刊》的。这种

## 第四章 《诗刊》研究

情况，在第二期也出现过，乃至在当时期刊编辑中都是常见的。

徐志摩逝世后，《诗刊》勉力出版了第四期亦即最后一期（1932年7月30日出版），由陈梦家编辑并撰写了《叙语》，封面则是一幅戴一副标志性的黑框眼镜的志摩漫画像，内页有他的一幅遗像。由于"稿件关系和付印期的急迫"，原定的"志摩专号"变成"志摩纪念号"，另外由于"中日事变的发生"，新月诗人不可避免地也大受影响，"心神不得安定，一时都没有新的制作"，只好将存稿22首（篇）同期发表。

需要指出，《新月》第四卷第四期（1932年11月1日出版）刊登了《诗刊》第四期广告。广告以醒目的字体标明"编辑者邵洵美"，这就引出一个疑问：如果邵洵美是"编辑者"，那如何解释《诗刊》第四期陈梦家撰写的《叙语》？到底他们谁才是第四期的编辑者？或者，他们两人都是？

先看邵洵美。自1931年4月20日开始，邵洵美正式接任新月书店经理，而《新月》从第四卷第二期开始，改由邵洵美担任出版者，《新月》也由邵氏的时代印刷厂印刷。因此，《诗刊》第四期由邵洵美编辑，似乎是可能的。但是此时他除了负责新月书店经理事务和《新月》出版者工作，还负责他创办的时代图书公司旗下数种刊物的编辑出版事宜，因而受精力和时间所限，他负责《诗刊》第四期的编辑事务的可能性不大。

再看陈梦家。1931年冬天，他曾为了参加悼念徐志摩仪式赴上海，1932年他在《纪念志摩》一文中写道："我不敢想去年冬天为什么再去上海，看不见他了，我看见的是多少朋友在他灵前的哀泣。"[①] 正是这次在上海时，邵洵美让陈梦家把徐志摩的诗作收集起来编印，这也就是徐志摩的第四本诗集《云游》。据此推断，应该也是在这时候，陈梦家担负起了编辑《诗刊》第四期的任务。正是由于第四期由陈梦家负责编辑，所以也才由他撰写了第四期的《叙语》。当第四期编辑事务大体完成后，"心神不得安定"的陈梦家进入燕京大学宗教学院学习神学。

---

① 陈梦家：《纪念志摩》，《新月》1932年第4卷第5期。

也就是说，1931年12月编定《诗刊》第四期后，陈梦家便基本上没有再与这期刊物发生联系，而第四期的最后工作，是由新月书店经理、负责《诗刊》印刷事宜的邵洵美完成的。就此而言，虽然《诗刊》第四期由陈梦家编辑，说邵洵美是"编辑者"亦无不可。

直到第四期出版为止，陈梦家等人并没有停刊的打算，他甚至在《叙语》里说，由于收到哀悼徐志摩的来稿太多，"有些是免不了割爱，我们敬请投稿者的恕谅"，并说"这以后，我们尽量采用外来稿件"。事实上，徐志摩遇难后，新月诗派内部就《诗刊》续编还是暂停的问题产生了分歧与争论。孙大雨主张暂停，陈梦家曾就《诗刊》暂停还是续编之事询问胡适的意见。陈梦家倾向于把刊物移到青岛，由闻一多主编，梦家表示自己愿意从旁协助。但后来因闻一多正"努力开掘唐代文化"，并未接手。尽管陈梦家"偏向于继续编下去"，以免"对不起辛苦开创的志摩先生"①，但续编之事仍不了了之。至于停刊的原因，固然有种种，却主要因为徐志摩遇难。这正应验了陈梦家那句话：

    诗刊的复活或许是偶然的，但是要没有他（徐志摩），怕诗刊只有枯死。②

《诗刊》共发表诗作106首，译诗16首，诗论3篇。也就是说，《诗刊》没有明确的栏目划分，但大致按照"叙言"（另有"序言""前言""叙语"等名称，内容为说明本期编辑出版情况）、诗作、译诗、诗论四部分来编排，它是一个发表新月诗人作品的园地。相比《晨报副刊·诗镌》时期受报纸篇幅限制，不能发表长诗的缺陷，作为一份专门的诗歌期刊，《诗刊》发表了新月诗人的一些长篇佳作，如闻一多的《奇迹》、徐志摩"在沪宁路来回颠簸中"写成的长达四百零三

---

 ① 1931年12月20日、29日和1932年4月25日，陈梦家在写给胡适的信里都曾谈到停办还是续编《诗刊》之事。参见《陈梦家致胡适》，耿云志主编《胡适遗稿及秘藏书信》第35册，黄山书社1994年版，第509、511、512—513页。

 ② 陈梦家：《叙语》，《诗刊》1932年第4期。

## 第四章 《诗刊》研究

行的叙事诗《爱的灵感——奉适之》、孙大雨"精心结构的诗作"《自己的写照》、陈梦家与方玮德的唱和之作《悔与回》以及孙大雨、徐志摩所译的莎士比亚诗剧等。

在《诗刊》创刊以前,《晨报副刊·诗镌》作为报纸副刊,固然不能发表长诗,即便《新月》,也因其先是文艺期刊、后来大量刊登政论而不可能登长诗。因此可以说,《诗刊》的出版,使新月诗人快捷地发表长诗成为可能。

值得特别提出的是,经对照相关资料,我们发现,《诗刊》第一至四期版权页标明的出版日期,前两期并非实际出版日期,而后两期是可信的。以下予以考证。

### (一)《诗刊》实际创刊于1931年1月中旬

绝大多数著述采用《诗刊》第一期版权页标明的出版时间,将《诗刊》创刊时间定为1931年1月20日,而《民国珍稀缺版期刊·上海》在介绍《诗刊》时,认为该刊创刊于1930年12月。

经查,徐志摩在刊载于《诗刊》第一期的《序语》文末标注有"志摩僭拟,十二月二十八日"字样。从内容来看,此《序语》可谓由主编撰写的出版说明,涉及对本期文章的简短评价和推荐,故该文一般在本期稿件定稿后才写作。遮言之,徐志摩这篇《序语》写作于《诗刊》第一期出版前夕。也就是说,《诗刊》第一期是在1930年12月28日后一段时间出版的。那么,究竟第一期是1930年12月28日后哪一天出版呢?刊物出版时间的确定有两种方式,一是以定稿日期为准,二是以印刷厂印刷出成品的日期为准。倘若按照前一种方式,则似乎可认为,《诗刊》第一期于1930年12月28日出版;倘若按照第二种方式,则出版时间在1931年1月。如果这个出版的时间是1931年1月20日,那就意味着,从定稿到送印刷厂排印、校对、印刷,其间耗时22天。仅排印等印刷过程就耗时22天,是不是因为当时上海印刷技术较差呢?有研究者指出:"经过几年的积蓄和培育,上海获得了雄厚的出版文化力量和先进大印刷技术。1927—1937年上海表现出了出版文化的高频律动和白热化的喷涌，进入了无比兴旺的黄金时代。"① 当时有人对上海印刷业进行调查后说："在全国中它是最拥有多量的印刷工具者。"② 既然如此，完全可以排除因印刷技术导致《诗刊》第一期定稿 22 天后才出版的可能性。会不会是徐志摩等编者人为地耽搁了时间呢？由前文可知，到 1930 年 11 月，《诗刊》创刊号的筹备已经基本就绪，徐志摩心急如焚地等待闻一多的稿件以便尽快创刊。他岂能在《诗刊》已定稿，连相当于创刊词的《序语》都写好了的情况下，还要有意无意地耽搁 22 天才出版该刊？所以，《诗刊》创刊于 1931 年 1 月 20 日，这个创刊日期，令人怀疑其准确性。

另外，《新月》上最早刊登《诗刊》创刊号目录广告的，是第三卷第四期，而这期《新月》的实际出版日期是 1931 年 1 月中旬，这说明《诗刊》创刊号的实际出版日期在 1931 年 1 月中旬。

综合以上所述，如果不以定稿日期作为出版时间，参照当时上海市出版印刷期刊杂志所需的一般时间，又考虑到《诗刊》创刊前已经筹备就绪、徐志摩又急着尽快创刊，《诗刊》第一期实际出版日期应是 1931 年 1 月中旬。

**（二）《诗刊》第二期实际出版日期是 1931 年 5 月上旬**

《诗刊》第二期版权页标明"二十年四月二十日出版"，这个出版时间，被人们不加怀疑地接受。笔者认为，《诗刊》第二期的实际出版日期是 1931 年 5 月上旬。原因及推理如下。

《诗刊》第二期刊登梁宗岱的《论诗》，文末注："弟宗岱，一九三一，三，二一于德国海德堡之尼罗河畔"；志摩的《猛虎》一诗，诗末注："五月一日"，林徽因的《"谁爱这不息的变换"》一诗，诗末注："香山四月二十日"；罗慕华的《画家》一诗，诗末注："一九三一年四月廿一日北平"；徐志摩写的《前言》（出版编辑说明），该文末标注

---

① 刘增人等纂：《中国现代文学期刊史论》，新华出版社 2005 年版，第 168 页。
② 上海通社编：《上海研究资料》（初集），中华书局 1935 年版，第 399 页。

"志摩，硖石，四月三十日"。这些，足以说明，《诗刊》第二期的实际出版日期，必定在 1931 年 4 月 30 日后，而不是如版权页上标明的是 1931 年 4 月 20 日。仅就罗慕华的《画家》一诗于 1931 年 4 月 21 日写于北平来看，即使他写下此诗当天就邮寄给在上海的《诗刊》社，徐志摩也需几天后才能收到。所以，《诗刊》第二期的出版时间，不可能是 1931 年 4 月 20 日。此外，我们查了万年历，农历一九三一年四月三十日，是公历 1931 年 5 月 15 日，在 4 月 20 日之后，因此即使徐志摩在《前言》文末标注的"四月三十日"是农历，《诗刊》第二期的出版时间，也不可能是 1931 年 4 月 20 日，而是 5 月 15 日。又，据陈从周编《徐志摩年谱》，《猛虎》作于 1931 年 5 月 1 日，而为《诗刊》第二期写的《前言》作于 1931 年 4 月 30 日，二者均为志摩在家乡硖石时所作，也就是说，直到 1931 年 5 月 1 日，他还因母丧停留在硖石老家守孝，即便他第二天就赶回上海，《诗刊》第二期的出版时间也已经是 5 月了。那么，究竟是 1931 年 5 月哪个时段出版的呢？

查《新月》月刊，最早刊登《诗刊》第二期目录广告的，是第三卷第七期（实际出版日期 1931 年 5 月上旬）。最迟在刊登了《诗刊》第二期目录广告的第三卷第七期《新月》出版时，《诗刊》第二期已经出版。所以，《诗刊》第二期实际出版日期是 1931 年 5 月上旬。

应该指出，尽管从《诗刊》第二期刊登的《前言》来看，这一期仍然是徐志摩主编，但相对第二、三期而言，陈梦家、邵洵美等对这一期的编务出力较大。因为，1931 年 4 月 23 日（农历三月初六日）徐志摩的母亲病故，此前徐志摩已赶回硖石老家，直到为其母守孝断七之后的 6 月初，他才回到上海。在此期间，《诗刊》编务必是委托陈梦家、邵洵美等。所以，第二期《诗刊》的后期出版事宜，是由陈梦家、邵洵美等完成的，与徐志摩基本无涉。

**（三）《诗刊》第三、四期版权页标明出版日期是可信的**

如前证，直到第三期出版后，邵洵美才分担《诗刊》编辑工作。第三期版权页上标出的日期是"二十年十月五日出版"，这个日期应该

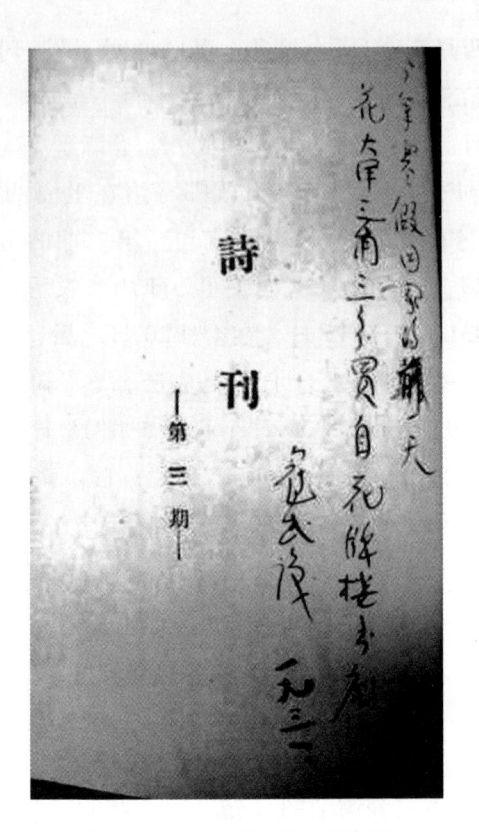

图 4-1　《诗刊》第三期扉页

与实际出版日期相同或相差无几。因为：第一，虽然"九·一八"事变对《诗刊》的出版造成一定影响，这个出版日期（1931年10月5日）离第二期实际出版日期（1931年5月上旬）已有五个月之久；第二，有一件实物可作佐证。上海复旦大学图书馆收藏的原版《诗刊》第三期扉页，有读者"冠武禅"的售书留念。据数码相片，"冠武禅"的售书留念全文是：

　　　　今年寒假回家的前天　花大洋三角三分买自花牌楼书店　冠武禅　一九三一

## 第四章 《诗刊》研究

"花牌楼书店"是30年代南京市著名的书店,以出版发行为主,但也代销报刊和书籍。这件实物资料证明:1931年寒假前夕,《诗刊》第三期已出现在南京的书市。

至于第四期出版时间,我们之所以认为版权页标明的可信,是因为三个理由。第一,陈梦家在第四期《叙语》中说"三期(误,应为四期)的《诗刊》刚露出一点嫩芽",徐志摩就"听了上帝的吩咐飞上天去"。1931年12月1日,陈梦家写信给胡适,请胡适寄徐志摩遗稿以便编辑出版《徐志摩文集》,信末附言"诗刊稿存平不办,亦请汇寄。诗刊仍拟出版"①。说明,徐志摩在遇难前已经着手第四期《诗刊》的编辑。关于这一点,与第二个理由互证。第二,刊登在《诗刊》第四期的陈梦家这篇《叙语》文末标出"陈梦家 二十年十二月",即此文写定于1931年12月,同期刊登的胡适的《通讯》,信末也注"胡适二十,十二,九",说明此信完成于1931年12月9日。也就是说,至1931年12月,第四期《诗刊》基本上已经编辑就绪。但是第四期版权页标出的出版时间是"二十一年七月三十日"(1932年7月30日),这说明,尽管早在1931年12月第四期《诗刊》基本上已经编辑就绪,却由于种种原因,直到1932年7月30日才出版,考虑到徐志摩逝世后新月派同人"感情确实受了不可弥补的创痛",加上"中日事变之后,心神不得安定,一时都没有新的制作"②,第四期延迟至1932年7月30日才出版,也是合理的。第三,《新月》第四卷第二期(实际出版日期为1932年9月1日)刊登了《诗刊》第四期的目录广告,说明此时《诗刊》第四期已出版。

## 第四节 继承与突破:从《诗刊》看新月诗派代际传承

从1931年1月创刊到1932年7月停刊,《诗刊》季刊共出版四期,

---

① 《陈梦家致胡适》,耿云志主编《胡适遗稿及秘藏书信》第35册,第507页。
② 陈梦家:《叙语》,《诗刊》1932年第4期。

存在时间较短,只有一年半,但它对于新月诗派,乃至对于中国现代诗歌起到的作用,却是不同凡响的。梁实秋曾在《诗刊》创刊时,把《诗刊》的前身《晨报副刊·诗镌》称为"第一次一伙人诚心诚意的试验作新诗"①,据其言外之意,《诗刊》则是第二次"一伙人诚心诚意的试验作新诗",是新月诗派的第二次聚集。应该说,当时新月诗人多数是持这样的看法的。

在代表《诗刊》编辑群体发言的创刊号"序语"中,徐志摩写下这样一些话:

> 我们在《新月月刊》的预告中曾经提到前五年载在北京《晨报副镌》上的十一期《诗刊》。那刊物,我们得认是现在这份的前身。
>
> 现在我们这少数朋友,隔了这五六年,重复感到"以诗会友"的兴趣,想再来一次集合的研求。
>
> 因此我们这少数天生爱好,与希望认识诗的朋友,想斗胆在功利气息浓重的地处与时日,结起一个小小的诗坛……
>
> 我们欣幸,我们五年前的旧侣,重复在此聚首,除了远在北地未及加入的几个;我们更欣幸的是我们又多了新来的伙伴,他们的英爽的朝气给了我们不少的鼓舞。

把徐志摩这些话放在一起来看,可知他们不仅自觉地把《诗刊》看作《诗镌》的继续,而且是新月诗人自1926年之后的再次聚集。他们这种聚合是自觉地要"结起一个小小的诗坛",也就是说,他们有着明确的结社意识。然而,再次聚集,不仅有"我们五年前的旧侣",更有"新来的伙伴"——第二次聚集,既有旧侣也有新朋,这对新月派有着尤为重大的意义,它标志着第二代新月诗人群体的集体崛起,而《诗刊》季刊,因此成为两代新月诗人代际传承的载体。

我们先来看看《诗刊》季刊的撰稿人。

---

① 梁实秋:《新诗的格调及其他》,《诗刊》1931年第1期。

## 第四章 《诗刊》研究

在《诗刊》季刊发表过作品的有徐志摩、闻一多、饶孟侃、朱湘、孙大雨、陈梦家、方玮德、林徽因、方令孺、邵洵美、宗白华、梁镇、俞大纲、沈祖牟、孙洵侯、罗慕华、程鼎兴、李惟建、卞之琳、曹葆华、虞帕云、安农、雷白韦、甘雨纹、胡丑。梁实秋、梁宗岱、胡适各自发表了写给徐志摩的论诗信函。

其中,《诗镌》时期的作者或者说第一代新月诗派,在《诗刊》发表作品情况为:徐志摩诗作13首(包括译诗2首),饶孟侃5首,朱湘2首,闻一多1首,共计21首,另梁实秋、胡适各有诗论1篇,徐志摩有《序语》《前言》《叙言》共3篇,仅占全部发稿量128首(篇)的五分之一左右。《诗刊》绝大部分作品(五分之四)的作者,是陈梦家等第二代新月诗人:陈梦家18首,方玮德8首,卞之琳12首(包括译诗3首),林徽因6首,方令孺6首,梁镇6首(包括译诗1首),邵洵美6首,梁宗岱6首(篇)(包括译诗5首,诗论1篇),沈祖牟4首,程鼎鑫4首,宗白华4首(包括译诗1首),俞大纲3首,卞之琳2首,李惟建2首,曹葆华2首,孙洵侯1首,罗慕华1首,甘雨纹1首,胡丑1首。①

第二代新月诗人阵容强大、朝气蓬勃,由上可见一斑,而且,这个名单还不包括在《诗刊》以外的新月派刊物(如《新月》)发表作品,同属后期新月诗派中第二代诗人的一些人,如何其芳(荻荻)、臧克家、孙毓棠、储安平等。

综上所述,后期新月诗派应是一个以徐志摩为核心,以编办《诗刊》为主要契机,以《诗刊》为主要园地,与《新月》诗歌栏目及新月书店联合打造的兼容第一、二代新月诗人且以第二代为主力的新诗创作流派。由此可以想见,《诗刊》作为沟通两代新月诗人的聚集地,其意义之重要乃不言而喻。

第一代新月诗人中,仅有4人在《诗刊》发表了20余首诗作,只

---

① 胡丑的事迹无从查考,疑其就是在《新月》发表诗作多篇的胡不归,因为二者诗作风格特征相似。

占《诗刊》总诗数五分之一，这与第二代新月诗人相比，显得黯然失色，也容易在人们印象中，产生第二代新月诗人就是后期新月诗派的错觉。第一代新月诗人在《诗刊》发文不多，我们认为有两个原因。其一，至20世纪30年代，由于兴趣转移，一些第一代新月诗人基本停止或停止了新诗创作，比如闻一多埋首古籍研究，基本停止诗歌创作，而蹇先艾由新诗转向小说创作；其二，1926—1931年，"这几年内我们已经折损了两个最有光彩的诗友，那就是湖南刘梦苇与浙江杨子惠"①。

虽然第一代新月诗人在《诗刊》上发稿不多，却并非意味着他们和第二代新月诗人之间关系疏远。相反，两代新月诗人之间关系融洽、交往频繁，可以说，第二代新月诗人是在前一代直接影响下成长起来的，并且这种影响陪伴他们一生。我们将详细讨论这一点，以便借此机会，揭示前后两代新月诗人之间如何实现代际传承。

新月派文人对文学新人的发现与培养，是一个直到现在还被人们津津乐道的优良传统，其中，又以徐志摩、闻一多对第二代新月诗人的发现与培养最为典型。

《诗刊》发起人之一、被称为"新月派后期双星或双璧"②的陈梦家、方玮德，作为学生，不仅听过徐志摩与闻一多的课，受到徐、闻在诗歌方面的直接教导，而且，陈、方年少便进入诗坛并迅速博得诗名，一定程度上要归功于徐、闻的发现、推荐③和较高评价。④

---

① 徐志摩：《序语》，《诗刊》第一期；也可参见方仁念选编《新月派评论资料选》，第306页。
② 张以英、刘士元：《方玮德传略》，《新文学史料》1991年第1期。
③ 闻一多于1927年秋至1928年夏任南京中央大学外文系主任，陈梦家常去听他的课并深受赏识（1932年3月陈又追随闻一多去青岛大学做其助教），之后陈梦家在闻一多的指导下写作新诗。陈梦家的发表的第一首诗，就是经闻一多推荐发表的。而陈梦家在《新月》第二卷第八期发表的第一首诗《那一晚》，则经徐志摩推荐发表。1929年徐志摩到南京中央大学外文系任教后，方玮德不仅听过他的课，而且对其诗作很崇拜，并深受其诗歌理论的影响，成为名正言顺的徐门弟子；闻一多则以"发现"方玮德为荣，当他从方令孺处得知方玮德是自己在南京中央大学学生后，立即高兴得向方令孺要来方玮德的照片并置于案头。
④ 徐志摩对陈梦家、方玮德诗作的评价，可参见徐在《诗刊》第一、二、三期中对陈、方作品的简短评价。闻一多对陈、方的评价，参见闻一多《评"悔与回"》（《新月》1931年第3卷第5、6期合刊）。

## 第四章 《诗刊》研究

作为闻一多的学生，臧克家直到晚年还坦言闻一多对自己的诗歌创作，"不只身教而且言传"，还说自己一直喜欢闻一多、徐志摩的诗作，"新月派、新月派诗人给我的影响很大"①。除了臧克家，曹葆华、孙毓棠、何其芳、李广田等也受到闻一多的提拔和教导。曹未风回忆："闻氏后来回到清华任教时，他还是不懈的注意提拔新诗里的后辈人材。曹葆华同孙毓棠都是他的经常的座上客，卞之琳、李广田诸人也跟着他时常在一起。"② 1931年春，闻一多写给曹葆华的一封信，证实了曹未风的回忆。闻一多在这封信中指出曹葆华的诗"规抚西诗处少，象沫若处多"，建议曹葆华"须肯说俗话，敢说俗话，从俗处入手，始能'清新'"③。

卞之琳的成名则直接得益于徐志摩的慧眼识才。1931年初，在胡适帮助下徐志摩再次回到北大英文系任教，做了正读二年级的卞之琳的英诗课老师。课下徐志摩问起卞之琳写诗的事情，卞就拿了自己1930年秋冬间写的一些诗作给他看。没想到徐志摩把这些诗带到上海和沈从文一同阅读后大为赞赏，没跟他打招呼就分送给《诗刊》等刊物发表，卞之琳由此而跃上诗坛。晚年的卞之琳忆及当年成名经历还觉得，"这使我惊讶，却总是不小的鼓励"，并说当时就用了他的真名，自己以后发表作品想用笔名也难了。④ 在北大读书期间，卞之琳还结识了闻一多，受到闻一多的教诲。⑤ 卞之琳特别提道，"（1930—1932）是我在大学毕业以前的一些日子。这阶段写诗，较多表现当时社会现实的皮毛，较多寄情于同归没落的社会下层平凡人、小人物。这（就国内现代人

---

① 臧克家：《我与"新月派"》，《人民文学》1984年第10期。
② 曹未风：《辜勒律己与闻一多》，《文汇报》1947年4月10日。
③ 《致曹葆华》，孙敦恒编《闻一多集外集》，教育科学出版社1989年版，第117页。
④ 卞之琳：《雕虫纪历（1930—1958）自序》，《新文学史料》1979年第3期。
⑤ 卞之琳回忆："我于北京大学毕业前的五月初，印了一本自己的诗集《三秋草》，在青岛大学的臧克家见了就托我在北平照样印他的第一本诗集《烙印》，说闻先生已经答应写一篇序言。我和李广田可能还有邓广铭就为他奔走，买了纸交北京大学印刷所付印。我亲自为他仿《死水》初版设计封面，同样用黑底，只是换了《死水》的金纸书名签，改用红纸书名签。我亲自就近跑印刷所监钉。为了催索闻先生序文，我多次跑清华西院找闻先生。我的印象中这是我和闻先生相识的开始，也是我聆听他谈诗艺最多的时际。"（转引自闻黎明、侯菊坤编《闻一多年谱长编》，湖北人民出版社1994年版，第439页。）

而论）可能是多少受到写了《死水》以后的师辈闻一多本人的熏陶"①。此外，徐志摩逝世后，代徐上课的叶公超，"第一个使我重开了新眼界，开始初识英国30年代左倾诗人奥顿之流以及已属现代主义范畴的叶慈晚期诗"②。叶公超对于卞之琳后来转向现代派，影响很大。叶公超并非新月诗人，但他是新月派。

梁镇、俞大纲等没有接受过闻、徐的耳提面命，但他们与陈梦家、方玮德是关系密切的诗友，多少会从陈、方二人那里间接受到闻、徐的影响。至于方令孺、宗白华，他们在南京中央大学与陈梦家组织研讨诗歌的"小文会"③，也听过徐志摩、闻一多的课。

前后两代新月诗人之间的代际传承，不仅表现在上述第一代对第二代的发现与培养，以致前期新月诗派的"那一点子精神"（徐志摩语）和传统，在第二代那里得到较好的继承，还表现在编办《诗刊》过程中他们之间的配合与合作。《诗刊》的创刊，无疑主要是徐志摩的功劳，但第二代新月诗人中的陈梦家、邵洵美参与了稿件的征集，邵洵美还承担了选编和找人设计封面图案的工作，而陈梦家还承担了校对工作，也就是说，《诗刊》创刊是第一、二代新月诗人合作的结果。正是在参与《诗刊》的创刊以及后面几期的编办过程中，徐志摩的办刊理念对陈梦家等产生影响，以致第三期《诗刊》出版后，徐志摩放心地把刊物交给陈梦家等第二代新月诗人编办。就此而言，徐志摩把《诗刊》编辑权交给陈梦家、邵洵美等，是标志第一、二代新月诗人实现代际传承的重要事件。

谈到两代新月诗人的代际传承，不得不提及孙大雨。本来，不论从年龄上看，还是从孙大雨是《晨报副刊·诗镌》八位创始人之一，他

---

① 卞之琳：《雕虫纪历（1930—1958）自序》，《新文学史料》1979年第3期。
② 之琳：《纪念叶公超先生》，叶崇德主编《回忆叶公超》，上海学林出版社1993年版，第20页。
③ 参见陈梦家《〈玮德诗文集〉跋》，文中说："其时徐志摩先生每礼拜来中大讲两次课，常可见到玮德和九姑令孺女士和表兄宗白华先生也在南京，还有亡友六合田津生兄，我们几个算是小文会，各个写诗兴致正浓，写了不少诗。"（《玮德诗文集》，上海书店1992年影印版，第175—176页。）

## 第四章 《诗刊》研究

都是第一代新月诗人。但考虑到下面两点,把他归入第二代:(1)虽然他参与了《诗镌》时期的活动,那时他并未直接参加《诗镌》的编辑工作,也没真正发表诗作,影响微弱,而且不久就出国留学,直到1930年才回国;(2)严格地说,他的文学活动,在1930年秋天自耶鲁大学毕业回国后,才真正开始——1930年秋天,他回国后不但参与《诗刊》组稿编辑活动,还发表了代表其创作高度的《自己的写照》等7首诗(包括译诗1首),成为《诗刊》编辑人员和主要撰稿人。他这种独特的经历,使他在两代新月诗人的代际传承中,兼具传承者和被传承者的双重身份。林徽因的情况,与孙大雨类似。早在20世纪20年代初,林徽因就已经和徐志摩相识,且徐曾积极追求过林,此后两人一直保持好友关系,因而当林徽因20世纪30年代初开始新诗创作时,她的诗作明显受到徐志摩的影响。孙大雨、林徽因的情况,说明新月诗人代际传承中的复杂性。概言之,两代新月诗人代际传承的过程,是复杂的,既有其整体性,也有其个体特性。对这一点的最好说明,是闻一多的两个得意门生陈梦家、臧克家。

陈、臧同受闻一多教导,并且陈梦家在青岛大学作闻一多助教时,与臧克家熟稔,常在一起探讨诗艺,臧克家的《万国公墓》还经过陈梦家的润色,两人的友谊保持到1949年后。闻氏在青岛的书桌上放了两张照片,他时常对客人说"我左有梦家,右有克家",言下不胜得意之至。[①]但陈、臧二人只是在诗艺上因受闻一多影响很大而彼此相似,他们在精神上并不能"合调"。据臧克家晚年时回忆,在谈诗时他们"常常意见背驰","他信宗教,而我呢,却是重视现实,向往革命","你的心在天上,我的心在地下"[②]。即使陈、臧与闻一多之间,也存在一定差异。尽管臧克家认为闻一多是新月派,却反复声称,新月派对自己的影响,只在"表现艺术上","在对人生和对革命的态度上,在对文艺作品思想内容的观点上,不但和新月派不一致,而且大相径庭"[③]。陈梦家则

---

[①] 曹未风:《辜勒律己与闻一多》,《文汇报》1947年4月10日。
[②] 臧克家:《我的诗生活》,《臧克家文集》第4卷,山东文艺出版社1994年版,第549页。
[③] 臧克家:《我与"新月派"》,《人民文学》1984年第10期。

与闻一多差异更大。臧克家回忆说，有一次陈梦家在一首吊沪上殉国战士的诗中有一句"桃花一行行"，闻一多和臧克家都劝陈将"桃花"改为"血花"，陈梦家不从，认为写的虽然是"血花"，但写作"血花"没有"桃花"漂亮。① 这件事实际上反映了陈梦家对诗的整个的态度，与闻一多存在差异。虽然"闻门二家"② 深受闻一多影响而具有明显的新月诗派的共性，但他们在信仰、精神价值取向等方面，保持自己的个性。这一点使我们比较清楚地看到，新月诗人代际传承中产生的张力关系。

当然，第二代新月诗人对第一代有继承，更有突破，而突破正是第二代新月诗人对新月诗派乃至中国现代诗歌发展的最大贡献。第二代新月诗人对第一代的突破，主要体现在他们从理论和实践两个方面，对前期新月诗派过于注重格律予以反拨。

过于注重诗歌形式整齐、划一，是格律新诗乃至前期新月诗派遭受非议最多的一点。对于这个"可怕的流弊"，早在《诗镌》时期徐志摩就已经意识到："单讲外表的结果只是无意义乃至无意识的形式主义"，"一首诗的字句是身体的外形，音节是血脉，'诗感'或原动的诗意是心脏的跳动，有它才有血脉的流转"③。虽然对诗歌的"内容"与"形式"孰轻孰重没有明确区分，但显然对闻一多力主的"格律是艺术的必须的条件""诗歌就是戴着镣铐跳舞"的立场有所松动，即便闻一多本人在《死水》出版后，对格律的要求其实也趋向宽泛。但是，反拨前期新月诗派片面注重格律的任务，主要还是由第二代新月诗人完成的。一个被研究者广为引用的例子，就是1931年9月陈梦家在《〈新月诗选〉序言》中明确表示：

我们不怕格律。格律是圈，它使诗更显明。形式是官感赏乐的

---

① 臧克家：《我的诗生活》，《臧克家文集》第4卷，第549页。
② 陈梦家、臧克家同为闻一多的学生，又高才，名字中第三个字都是"家"，时人称其"闻门二家"。参见臧克家《我与"新月派"》，第159页。
③ 徐志摩：《诗刊放假》，《晨报副刊·诗镌》1926年6月10日第11号。

## 第四章 《诗刊》研究

外助。格律在不影响于内容的程度上，我们要它，如像画不拒绝合式的金框……但我们决不坚持非格律不可的论调，因为情绪的空气不容许格律来应用时，还是得听诗的意义不受拘束的自由发展。①

看得出来，以陈梦家为代表的第二代新月诗人，对于如何对待格律，有着清醒的认识、独立的思考。他们承认格律对于诗歌是有用的，并不反对格律，也没有抛弃格律，主张"在不影响于内容的程度上，我们要它"。如果说闻一多等前期新月诗派片面注重诗歌的形式忽视了内容，那么，陈梦家等第二代新月诗人，则对其进行了反拨——注重内容，而且已经意识到内容与形式是"画"与"金框"的关系。他们是这样说，也是这样做的。翻开《诗刊》，可以看到，陈梦家、方玮德、沈祖牟等第二代新月诗人的诗作，单从形式上看，很难看出闻一多等前期新月诗派那种"豆腐干体"（每句字数相等的整齐），而是基本上错落有致，大都出现了向自由诗发展的倾向。对此，当时已有人指出来：

> 后期的新月派诗人，已经感到新月派规律本身的缺点，都在努力寻找新的路，于他们的方向都各不相同：陈梦家倾向自由诗，林徽音在实验自由诗，卞之琳去象征派的路不远，孙大雨则曾努力于雄伟的长诗。……这种向自由诗的趋势，似乎有点儿回头走，可是不然他是因对新月派的规律怀疑而起的反动，他绝非五四前后自由诗的复活，最大的一个不同之点，就是，音节的重要是普遍地被承认了，至少这又向新的合理的规律走近了一步。②

也许这名论者指出的第二代新月诗人为了"努力寻找新路"，走上"各不相同"的"方向"，未必都符合事实，却揭示了他们追求新诗形

---

① 陈梦家：《〈新月诗选〉序言》，方仁念选编《新月派评论资料选》，第25页。
② 石灵：《新月诗派》，方仁念选编《新月派评论资料选》，第51—52页。

式的实验所作出的努力，而这正是第二代新月诗人对新诗发展作出的重要贡献。例如，《诗刊》创刊号发表的总共18首诗作中，就有6首商籁体诗：打头阵的是孙大雨的3首（《诀绝》《回答》《老话》），另有饶孟侃1首（《弃儿》），李惟建2首（选自其诗集《祈祷》，1933年由新月书店出版，是我国最早的十四行诗集）。刚从美国留学回国不久的孙大雨，不仅"努力于雄伟的长诗"，试图以长篇叙事诗弥补前期新月诗派因注重抒情而内容流于空洞之弊，而且对曾经受到闻一多、徐志摩重视的商籁体①，作出调整和改革。徐志摩特别指出，孙大雨的"三首商籁是一个重要的贡献！这竟许从此奠定了一种新的诗体"②，梁宗岱也称"就孙大雨的《诀绝》而论，把简约的中国文字造成绵延不绝的十四行诗，作者的手腕已有不可及之处"③。之后《诗刊》又连续发表了陈梦家、卞之琳、林徽因、方玮德等人的试验作品。其中，以陈梦家对双行体、三行体、四行体等诗体形式的探索和实验，最为引人注目。

需要指出，几乎与第二代新月诗人对前期新月诗派片面注重格律进行反拨同时，戴望舒、杜衡等现代派诗人，也在经历了20世纪20年代深受前期新月诗派格律新诗影响后，表示出了对前期新月诗派的反动。戴望舒试图打破前期新月诗派提倡"音乐美""绘画美"和"建筑美"的壁垒。④ 第二代新月诗人对前期新月诗派的反拨，与戴望舒等现代派对前期新月诗派的反动，在20世纪30年代的中国诗坛互相呼应，显示出他们为中国新诗形式另寻出路的强烈愿望。此外，他们这种不约而同

---

① 1928年闻一多在《新月》上发表的翻译的《白朗宁夫人的情诗》（《新月》第1卷第1、2期），此举被朱自清认为，在中国开创了商籁体。随后不久，闻氏又用这种诗体写了一首题为《回来》的诗，发表在《新月》第1卷第3期。徐志摩认为商籁体是"抒情诗体例中最美最庄严，最严密亦最有弹性的一格"。他说："在解放与建设我们文字的大运动中，为什么就没有希望再把它从英国移植到我们这边来？"他还强调之所以介绍白朗宁夫人的抒情诗、引进商籁体，就是要"引起我们文学界对于新诗体的注意"。（参见徐志摩《白朗宁夫人的情诗》，《新月》1928年第1卷第1期）。

② 徐志摩：《序语》，《诗刊》1931年第1期。

③ 梁宗岱：《论诗》，《诗刊》1931年第2期。此文是梁宗岱写给徐志摩的信，发表时没有标题，此处用《论诗》作其标题，系根据《诗刊》第2期目录。

④ 施蛰存：《〈现代〉杂忆》，《沙上的脚迹》，辽宁教育出版社1995年版，第39页。

## 第四章 《诗刊》研究

的"反前期新月诗派",一定程度上可以解释,为何1936年戴望舒主动联手孙大雨、卞之琳等第二代新月诗人。

第二代新月诗人对第一代的突破,当然不止以上所述,学界在这方面已有相当研究成果。我们在这里要特别指出的,是第二代新月诗人在现代叙事诗方面对第一代的突破。

尽管近年来学界对新月诗派的研究成果层出不穷,但总体上存在一种偏向,就是偏重对新月诗派抒情诗学的研究,忽略或遮蔽了他们的叙事诗创作与美学诉求。

众所周知,自《诗经》以来,中国文学就存在抒情与叙事两个传统。新月诗派也不例外。抒情诗创作是新月诗派文学实践的主体,这是不争的事实。但徐志摩、闻一多、朱湘等第一代新月诗人,在不断实验抒情诗各种文体的同时,早在《诗镌》时期就开始了对现代叙事诗的实践和探索。1926年9月,被称为新月诗派中"大将兼先行"的朱湘,断言"叙事诗将在未来的新诗集上占最重要的位置"[①]。尽管朱湘这种断言,缺乏有力证据,却显示出第一代新月诗人对叙事诗的信心。由于《诗镌》存在的时间很短,第一代新月诗人来不及以《诗镌》为园地,展开对叙事诗创作的理论思考和艺术批评。但他们却在创作中,对叙事诗进行了新人文主义的诗学实践。朱湘的《昭君出塞》《残灰》《还乡》《王娇》《死之胜利》,闻一多的《鸟语》,徐志摩的《又一次试验》《罪与罚》《文亚峡》,蹇先艾的《江上》,杨子惠的《铁树开花》,不仅文体形式讲究,取材富有个性,而且都是长篇叙诗。可以说,到20世纪20年代中期,一个有着自觉的叙事诗创作意识的诗人群体,已经在中国诗坛出现,而这个诗人群体,是在第一代新月诗人的创作活动中形成的。然而,由于20世纪20年代末文学思潮的演变及文学格局的改变,尤其是第一代新月诗人自身发生多方面的变化,如闻一多基本上停止写诗而转入古籍研究,徐志摩的主要致力于抒情诗创作,杨子惠病逝,等等,这个自觉的现代叙事诗创作群体,松散而零乱,不仅较少进

---

① 朱湘:《北海纪游》,《小说月报》1926年第17卷第9号。

行现代叙事诗创作，理论探讨也少有。这样，至少从表面来看，当初朱湘对现代叙事诗"将在未来的新诗集上占最重要的位置"的断言，并没有出现。这一种情况，在陈梦家、孙大雨等第二代新月诗人正式登上诗坛后，发生了改变。第二代新月诗人中的陈梦家、孙大雨、刘宇、鹤西（程侃声）、荻荻（何其芳）等，不仅继承了第一代中徐志摩、闻一多、朱湘等人的现代叙事诗传统，而且从题材和文体形式上进行突破和探索。

首先要提的是"将使新诗创作开拓一种境界，一种为他人无从企望的完美境界"的刘宇。他的长篇叙事诗《械斗》①，延续了现代"乡土文学"中"批判国民性"的叙事主题，取材于中国传统农村社会中的械斗，通过"王家的小孩骂了萧家的妈"引发两村间的血腥"械斗"，在虚构的故事中穿插令人无法怀疑其真实性的细节描写，以鲜明的新人文主义，批判了愚昧落后的宗法观念，张扬了人性及其价值。他把乡村题材引入长篇叙事诗，对乡村宗法制度剖析之深刻、批判之尖锐，特别是把乡村土语引进诗歌的尝试，无疑拓展了自第一代新月诗人以来的现代叙诗创作。

其次，我们要说的，是孙大雨的《自己的写照》。1931 年 5 月，《诗刊》第二期发表了孙大雨长达一千多行的长篇叙事诗中的二百多行。徐志摩认为，孙大雨这部诗，是"十年来（这就是说自有新诗以来）最精心结构的诗作"②。徐志摩的这个评价，或许有点言过其实，却大体没错。因为，孙大雨从以下三个方面对第一代新月诗人叙事诗传统的突破，足以显示出他这首诗，的确是"精心结构的诗作"。

### （一）气魄雄浑、宏阔

在第一代新月诗人中，要数朱湘在长篇现代叙事诗创作上数量最多、成就最高。但朱湘的现代长篇叙事诗，绝大部分以历史故事为题

---

① 此诗发表于《新月》1930 年第 2 卷第 9 期。
② 徐志摩：《前言》，《诗刊》1931 年第 2 期。

材。尽管他秉承新人文主义，赋予历史故事以全新的主题，却难免沉迷于细节描述，而使全篇布局失之于琐碎、狭小。朱湘1926年发表于《小说月报》的长篇叙事诗《王娇》便是如此。跟朱湘不同，孙大雨的《自己的写照》，徐志摩评价说"概念先就阔大，用整个纽约城的风光形态来托出一个现代人的错综的意识"①。陈梦家认为，该诗中"新的词藻，新的想像，与那雄浑的气魄，都是给人惊讶的"。② 虽然孙大雨这部长诗最终未能写完，20世纪70年代初，台湾诗人痖弦仍作出这样的评价：

> 确是中国早期诗坛一座未完工的巨大纪念碑，作者气魄的雄浑，与笔力的深厚，一反新月派虽然他自己属于新月派那种个人小情感的花拳绣腿，粗浮的伤感，和才子佳人式的浪漫腔调。③

确实如痖弦所言，孙大雨《自己的写照》一诗雄浑、宏阔的气魄，对于纠正新月诗派沉迷于个体情感抒发导致的感伤、颓废，不无裨益。

**（二）以经验代替情绪**

闻一多和徐志摩都很重视情绪在诗歌中的作用，特别是新格律诗因其流弊遭受众多非议后，他们更重视以情绪弥补过于追求诗歌形式导致的不足。第二代新月诗人在创作上不约而同地表现出以经验代替情绪的特色，曹葆华在多层次的语义朦胧与跳跃的意象组合中，思考人生哲学（如《无题草》），卞之琳用诗性语言诠释辩证思维（如《断章》），而孙大雨的长诗《自己的写照》，则在雄浑宏阔中呈现中国式的艾略特"荒原"意识。

《自己的写照》在《诗刊》发表半个世纪后，孙大雨对当初创作这首最后未能写完的长诗作出如下解释：

---

① 徐志摩：《前言》，《诗刊》1931年第2期。
② 陈梦家：《〈新月诗选〉序言》，方仁念选编《新月派评论资料选》，第28页。
③ 痖弦：《未完工的纪念碑——孙大雨的"自己的写照"》，《创世纪》1972年第30期。

它的题目和它所咏叹的现象之间的哲理方面的关键,是法国世纪末到世纪中的哲学家笛卡尔的一句妙谛"我思维,故我存在"。思维的初级阶段是耳闻、目睹等种种感受,即意识,用凝思和想象深入、探微、绵延、扩大、张扬而悠远之,便由遐想而变成纵贯古今、念及人生、种族与历史的大壁画和天际的云霞。①

孙大雨在创作《自己的写照》时,首先是以沉淀了丰富经验的"凝思和想象深入、探微、绵延、扩大、张扬而悠远之",随后才由此"遐想而变成纵贯古今、念及人生、种族与历史的大壁画和天际的云霞"。也就是说,他的创作思维过程,是依赖经验而逐渐扩展至古今,最后产生具体而微的"壁画""云霞"等意象。他主要靠经验来写诗,而不是靠情绪。由于这个缘故,《自己的写照》显露出了哲理诗的一些特征,以致当时能读懂它的人,"恐怕只有三五人","有人因为茫然不懂它,讥之为'炒杂烩'"②。

**(三) 以"非个人化"补"自我叙事"之不足,以"虚构性"颠覆"诗史"范式和"历史叙事"模式,拓展叙事诗文体与美学功能**

前期新月诗派的长篇叙事诗,大多是心路历程的"自我叙述"或"抒情叙述",如徐志摩的长诗《夜》与《爱的灵感》。这种从文学传统上继承屈原《离骚》"自我叙事"的创作,尽管在前期新月诗派那里已经融入了英美现代诗歌的一些创作手法,却因其过度的关注个体情感抒发,而具有鲜明的主观性、自我性。鉴于这种情况,第二代新月诗人普遍接受艾略特"非个人化"创作的影响,他们的诗作特别是长篇叙事诗,出现了"非个人化"的倾向。

艾略特在《传统与个人才能》中提出了著名的诗的"非个人化"论断:"诗人没有什么个性可以表现,只有一个特殊的工具,只是工

---

① 孙大雨:《我与新诗》,《孙大雨诗文集》,河北教育出版社1996年版,第314—315页。
② 孙大雨:《我与新诗》,《孙大雨诗文集》,河北教育出版社1996年版,第315页。

## 第四章 《诗刊》研究

具,不是个性,使种种印象和经验在这个工具里用种种特别的意想不到的方式来相互结合"。"诗不是放纵感情,而是逃避感情,不是表现个性,而是逃避个性""诗人若不整个地把自己交付给他所从事的工作,就不能达到非个人的地步"①。在《荒原》中,艾略特大量运用了"非个人化"写作方法,以此削弱诗人本身主观意识。受艾略特影响,卞之琳也用这种"非个人化"方法创作了不少诗作,他说:"我总喜欢表达我国旧说的'意境'或者西方所说的'戏剧性处境',也可以说是倾向于小说化、典型化、非个人化,甚至偶尔用出了戏拟(Parody)。"②在他的许多诗作中,抒情主体可以互相变换,甚至通过模糊代词的确定性,来削弱主体,从而使诗人在诗中具有了普遍性。比如,在他的名篇《风景》中,站在桥上看风景的人,也成了一道风景,装饰了别人的梦。诗人通过表达主体的不确定性,表现全诗主旨所具有典型意义,哲理的深意掩盖在富有戏剧性的意象之中。孙大雨在《自己的写照》中普遍尝试了这种"非个人化"的方法。诗中描写地铁车厢中一位纽约城打字小姐的心理活动,不是铺陈、剖析自我,而是罗列了一堆日常生活琐事:夜晚的荒淫生活,对打字工作的厌倦,渴求换来上好的化妆品,性病,月经,无穷的调笑,夜晚街头的卖身,母亲的贫困,期冀将来的微笑,等等。经过非个人化的小说化的处理,一个小人物可怜的生活,跃然纸上,并且具有深刻的典型意义。

需要指出,孙大雨等第二代新月诗人创作中的"非个人化"倾向,除了受到艾略特的影响,与徐志摩、闻一多等第一代新月诗人也有一定的关联。闻一多的《天安门》《飞毛腿》《罪过》等、徐志摩的《大帅》《这年头活着不易》《一条金色的光痕》、饶孟侃的《天安门》等,有意识地通过口语、土语等形式讲述一个客观的场面,以此试图隐藏诗人的情感,这无疑在艺术感染力上远胜于口号式的创作。虽然以此方式"隐藏诗人的情感",并不能削弱诗人艺术创造的个性特征,无法获得

---

① 艾略特:《传统与个人才能》,卞之琳译,《学文》1934 年第 1 卷第 1 期。
② 卞之琳:《〈雕虫纪历〉自序》,《新文学史料》1979 年第 3 期。

"非个人化"所达到的典型意义,却对第二代新月诗人还是能起到启发作用的。由此,也说明孙大雨在《自己的写照》中普遍使用的"非个人化",不仅发展了前期新月诗派"理性节制情感"的理论主张,而且弥补了"自我叙事诗"主观性、个体性过于强烈之不足。

不过,我们还注意到,第一代新月诗人中,与徐志摩的长诗《爱的灵感》等"自我叙事"不同,朱湘的多数长诗,是以历史故事为题材的"历史叙事"。他的长篇现代叙事诗《王娇》,取材于《今古奇观》中的"王娇鸾百年长恨"。尽管朱湘对原来的故事情节作了调整甚至部分改编,在创作中还强化了人文主义的内容,加强了道德谴责意识,但他的创作整体还是在原作的框架下进行,并没有脱离中国传统"史诗"的范式和"历史叙事"模式。而孙大雨的《自己的写照》,吸收了西方史诗及其叙事文学的创作手法、审美趣味,有意识乃至刻意地强化叙事的虚构性,颠覆中国传统"史诗"的范式和"历史叙事"模式。他将纽约虚构成《圣经》中大蝗虫造成的"焦原",以此描写纽约晨昏中滚动不息的人海车潮和城市的空虚与荒淫,绝望与堕落,喧哗与骚动。孙大雨在有意淡化并消解中国传统"史诗"范式和"历史叙事"模式的同时,强化《自己的写照》的"虚构性",由此铺架属于自己的历史叙述及审美时空。

# 下 篇

## 《观察》周刊研究

# 绪　　论

## 一　研究意义

20世纪的中国社会是变革和动荡最激烈的时代，激进主义与保守主义两种社会思潮冲突互动，构成了历史变迁中一幅幅交替显现的戏剧性场面。激进主义与保守主义双峰对峙中的自由主义，在20世纪的大部分时间段落里，只能处在社会边缘地带默默积蓄自己的力量，到40年代，尤其是1945年至1949年间在种种历史机遇刺激下，蓦然发展为波澜壮阔的自由主义运动。然而随着国民党及其军队在大陆节节败退、新中国成立，自由主义运动很快化为茫茫大海中的一抹浪涛，封存在历史尘埃之中，直到80年代以后重新被人发掘出来。

简单回顾一下，从20世纪20年代初到40年代后期，中国自由主义先后经历了严复式自由主义、"五四"自由主义（以《新青年》为代表）、20年代后期的新自由主义（以《新月》为代表）、30年代的"民主主义"（以《独立评论》为代表）、40年代初的"社会民主主义"（以《现代评论》为代表）等阶段。整体上说，40年代后期的自由主义运动，是此前中国自由主义历史过程前后相承的继续。抗战胜利后，国共之间暂时的势力均衡以及由此而形成的1945年秋到1946年春千载难逢的和平瞬间，使中间势力突然成为政治天平上一块举足轻重的砝码。由《观察》周刊所集中体现的中国自由主义知识分子的自由主义运动，正是在此背景下形成的。

关于《观察》周刊，我们现在可以看到它创造了两个奇迹：一是发行量，《观察》创刊时发行5000份，发行到第3期时，猛增到10.5万份，并且出了西北和台北等航空版，其发行量之高、发行范围之广，在当时报刊界是不争的奇迹；二是所登载的文章被引用之频繁，这一刊物从它创刊以来（1946年9月），长期受到许多学者的关注，可以近似地说，但凡研究40年代中后期之思想、文化和政治者，不无例外要参考这一份刊物并引用其中的文章，例如费正清主编的《剑桥中华民国史》（下卷）第13章中"国民党统治的衰落"一节，引用《观察》的注释就达7条之多。从某种意义上讲，《观察》周刊已经成为一个专门术语，一个与中国自由主义相关的特殊指称。毫无疑问，通过《观察》周刊来考察现代中国自由主义知识分子的思想和精神状态，是近代思潮史、政治史和文化史上有意义的课题之一，缺乏对这一课题的准确描述和评价，这些领域的研究将是不完整的。

即便撇开上述不论，仅就《观察》周刊而言，作为20世纪40年代后期影响最大的一份期刊，它已成为中国现代思想史、新闻传播史和自由主义文学史的重要研究对象，因而从这个意义上说，对《观察》周刊进行深入细致的研究，对中国现代思想史、新闻传播史和现代文学史都是必要的，有重要研究意义。

二　研究现状综述

就笔者观察所及，《观察》周刊自20世纪90年代初期以来，引起一些研究者注意，进入21世纪以来发表的相关论文数量几乎逐年增长，但仍有进一步拓展的余地。

由于众所周知的原因，1949年以后较长时期，曾经影响甚大的《观察》开始被遗忘。自1978年起，各种综合专业性辞书中开始收入"《观察》"这个条目，但多数对《观察》周刊持否定性评价，至多是在否定之后多少肯定它对国民党腐败政治的批评。以下列举几本常用的辞书中有关《观察》周刊的条目。

1984年出版的《新闻学简明词典》这样介绍《观察》：

## 绪　论

第三次国内革命战争时期出版的刊物。宣传"民主个人主义"和第三条道路，对国民党内战政策也有所批评。储安平主编。1946年9月1日创刊于上海，1948年12月24日停刊。其前身为《客观》，1945年11月—1946年4月在重庆出版。①

1988年出版的《中国革命史辞典》这样评价《观察》：

资产阶级民主派的刊物，1946年9月1日在上海创刊，周刊，主编储安平。前身为《客观》杂志，该刊标榜坚持"不偏不倚"的政治路线，经常登载一些不满国民党的言论通讯，要求"自由、民主、进步、理性"，但也反对共产主义和共产党。该刊对国民党统治地区反对美蒋反动派的进步学生运动采取了某种程度的同情态度，但又认为青年学生容易"偏狭冲动"。1948年12月24日，被国民党政府勒令停刊。②

1991年出版的《民国史大辞典》用了两个条目介绍《观察》周刊和《观察》：

宣传"第三条道路"的代表性刊物。1946年9月1日在上海出版。储安平任主编。其前身是《客观》杂志。此刊的作者主要是一些资产阶级自由主义的知识分子。《观察》周刊创刊时宣称他们"大体上代表着一般自由思想分子"，"背后别无组织"，"无党无派"，是个"发表政论"而不从事政治活动的刊物。该刊物经常刊载一些不满国民党统治的言论通讯。要求"自由、民主"，但也反对共产主义与共产党，刊登对共产党与解放区的片面的甚至是歪曲的报道。《观察》周刊对国民党统治区的反对美蒋的学生运动采

---

① 余家宏等主编：《新闻学简明词典》，浙江人民出版社1984年版。
② 洪武等主编：《中国革命史辞典》，档案出版社1988年版。

## 下篇 《观察》周刊研究

取了某种程度的同情态度，但又认为青年学生容易"偏狭冲动"。该刊在资产阶级与小资产阶级知识分子中广泛流传，起到了一定的影响。

另一条解释为：

抗战胜利初期出现的一种代表资产阶级和小资产阶级思想倾向的刊物。

1946年9月1日创办于上海。主编为储安平。主要撰稿人大多是资产阶级自由主义的知识分子。该刊在刊登不满国民党独裁统治的同时，亦对共产党及解放区作了一些片面甚至歪曲的报道；在对国统区学生反蒋的爱国民主运动表示同情的同时，又称学生易"偏狭冲动"等。该刊自称大体上代表一般自由思想分子，不属任何党派。1948年12月24日被国民党政府查封。①

容易看出，上述辞书对《观察》周刊的评价，总体上是否定性的，而且很难说这些评价是学术研究的结果。事实上，尽管80年代以后，有人在回忆故友储安平的同时说及《观察》②，但真正以《观察》周刊为对象的研究成果仍然几乎等于一片空白。进入90年代，中国学术界才"重新发现"和重视《观察》周刊。

最早注意到并试图对《观察》周刊做出公允评价的研究者可能是戴晴。她在1989年出版的《梁漱溟、王实味、储安平》一书中，对储安平创办和主编《观察》的经过做了较为详细的论述。次年，美国华裔学者汪荣祖在《自由主义与中国》一文中认为："更具自由主义色彩

---

① 闪尚海等主编：《民国史大辞典》，中国广播电视出版社1991年版。进入20世纪90年代以后，有关中华民国史的辞书中对储安平和《观察》的评价有所改变，基本持一种较为客观的态度，只引事实，不加评价，如陈旭麓、李华兴主编的《中华民国史辞典》（上海人民出版社1991年版）、徐友春主编的《民国人物大辞典》（河北人民出版社1991年版）。

② 参见冯英子《报海忆旧》，山西书海出版社1991年版，第53页；冯英子《不要回避》，《上海盟讯》1993年11月30日第4版；徐铸成《风雨故人》，浙江人民出版社1985年版，第890页。

## 绪 论

是储安平的《观察》集团","储安平及其《观察》尤为自由派批评的重镇,比之当年的《新月》,批评更为广泛,更为尖锐,自由主义的旗帜也更为鲜明,又是一场自由主义与法西斯主义的思想斗争。"① 许纪霖在一部研究张君劢和黄炎培的专著中曾留意过储安平的《观察》言论。② 在论述1945年至1949年中国自由主义知识分子的参政情况时,他说:"最具权威性的要数1946年9月创刊的《观察》周刊。这份由储安平主编,标明'民主、自由、进步、理性'八字宗旨的时评刊物云集了一批最著名自由主义作者,以坦率、公允和智慧的笔调吸引了全国大量知识分子读者……左右着舆论界自由主义运动的风向。"③ 沈卫威研究胡适在《新月》时期所进行的人权与约法论争时说:"同时还吸收一个青年作者储安平——他虽不谈政治,且多是写作文艺作品,但《新月》的精神贯注了他,为他多年后创办《观察》,打下了精神基础。"④ 2000年前后,青年学者张济顺考察了后殖民语境中的《观察》美国观,而赵一顺以储安平为例,试图探究1949年自由主义知识分子选择中国共产党的主观和客观原因。⑤ 这两篇文章,视角独特,但所得结论稍嫌说服力不足。

虽然如此,最早对《观察》周刊做系列专题研究的学者,是谢泳先生。90年代初期以来,谢泳以"一个人、一个刊物、一个群体"的研究思路,相对系统地撰写了17篇以《观察》为题的文章。⑥ 这一批文章,从《观察》的撰稿人、政论、《观察》对学潮的反映等方面

---

① 汪荣祖:《自由主义与中国》,《二十一世纪》(香港中文大学)1990年12月号(总第2期)。
② 许纪霖:《无穷的困惑》,上海三联书店1988年版,第286页。
③ 许纪霖:《中国自由主义知识分子的参政(1945—1949)》,《二十一世纪》(香港中文大学)1991年8月号(总第6期)。
④ 沈卫威:《论胡适关于人权与约法的论争》,《民国档案》1994年第1期。
⑤ 张济顺:《中国知识分子的美国观(1943—1953)》,复旦大学出版社1999年版,第139—166页;赵一顺:《论储安平之投奔解放区》,中国社会科学院近代史研究所编《青年学术论坛·2001年卷》,社会科学文献出版社2002年版,第254—274页。此外,值得注意的还有林建华的《储安平自由主义思想评析》一文(《史学集刊》2002年第2期)。
⑥ 参见谢泳《〈观察〉周刊研究》,1994年自费油印,页码模糊不清。

## 下篇 《观察》周刊研究

作了比较全面的论述。后来，这批文章结集为《储安平与〈观察〉》一书出版。谢先生说："（这一批文章）只做了一点资料的收集，至多为后来的研究者提供了一个思路。"此言过谦，不过也道出了某些事实。该书多数篇章，的确只是做了一些"资料的收集"工作，比较系统、全面、深刻的篇章并不多见。有作者评价说："谢泳的文章多少显得单薄，立论也颇偏欹。"① 而谢泳也自述"从来没有从理论上研究过什么自由主义"②，所以在他的文章中一般没有对自由主义提出某种概说。

北京大学历史系郑现哲的硕士学位论文《〈观察〉周刊（1946—1948年）的民主政治思想研究》③，是笔者所知道的最早出现的以《观察》周刊为题目的学位论文。该文完成于1996年春夏。郑现哲在这篇硕士学位论文中，就《观察》的民主政治思想展开系统研究，对于我们了解当时的自由主义者的思想历程有着重要意义。但尚有三个缺憾：一是正文中所引用的资料几乎只有《观察》周刊一种（全文之注释出自《观察》外者，仅5处）；二是文中对于40年代民主政治思想只作一般性讨论，使人产生隔靴搔痒之感；三是选择《观察》的民主政治思想为题，固然抓住了这一课题的要害，但是《观察》这一课题中比较具有价值之处颇多，民主政治思想只是其一，故郑文尚未能窥全豹。

进入2000年之后，以《观察》周刊及其主编储安平为题的学位论文多了起来，一些中国近现代史、新闻史甚至中国现代文学专业博硕士研究生以此为选题，撰写了近40篇学位论文。④ 毋庸讳言，这批学位论文良莠不齐，总体质量不高。虽然能做到从各自的专业角度对《观察》和储安平展开讨论，但研究视角普遍缺乏新意，所得结论大

---

① 李庆西：《何谓"自由主义知识分子"》，《读书》2000年第2期。
② 谢泳：《我们有没有自由主义传统》，《书屋》1999年第4期。
③ 该学位论文现收藏于北京大学图书馆，分类号K226—533，导师为欧阳哲生教授。北京大学图书馆的何冠义女士为笔者辗转复印了全文，在此致以感谢。
④ 检索中国期刊数据优秀硕博学位论文全文数据库所得，亦可参见本书"主要参考文献"。

## 绪　论

同小异。比如，关于自由主义知识分子以《观察》为阵地实现"文人议政"，谢泳等早有研究成果，厦门大学新闻学硕士郑林仍以《〈观察〉周刊与20世纪40年代下半叶的自由主义文人议政》（2007年6月答辩）为题，讨论"自由主义思想在《观察》文章上的体现"。当然，也不乏研究视角独特，令人耳目一新的。如李雅洁结合公共领域理论，对《观察》周刊在构建公共领域方面的实践进行"再观察"①，程茂枝分析探讨《观察》公共舆论的建构方式及其精神特质②。

至于21世纪以来发表的关于《观察》周刊和储安平的文章，仅2000—2009年，就有72篇。③ 王中江在《从〈观察〉看中国自由主义认同及其困境》一文中指出，《观察》或40年代中国自由主义运动的失败，再次证明了自由主义在中国的困境。④ 此文并非以《观察》周刊为主要研究对象，但对于《观察》周刊这一课题的研究有启发作用。

此外，国外有些学者注意到《观察》周刊在研究20世纪40年代后期中国时不可或缺的作用。其中，胡索珊著的《中国的内战：1945—1949年的政治斗争》一书，以《观察》周刊作为主要文献资料，对《观察》的评价也较高。⑤ 但，该书与国外其他学者的著作一样，对40年代后期中国的研究主要侧重于政治、经济和军事层面，以致对《观察》周刊自身的研究没有给予足够的重视。

---

① 李雅洁：《〈观察〉周刊与民国时代公共领域的建构》，硕士学位论文，暨南大学，2010年。顺便一提，以存在时间仅两年（1946—1948）的《观察》周刊看五十年的"民国时代公共领域的建构"，这种提法不大科学。事实上，该论文讨论的只是《观察》周刊对20世纪40年代后期民国公共领域建构的影响。

② 程茂枝：《自由的言说——〈观察〉周刊公共舆论研究》，硕士学位论文，安徽大学，2010年。

③ 参见林建刚编《近三十年来储安平研究主要文献索引》，谢泳主编《储安平和他的时代——纪念储安平诞辰一百周年学术研讨会论文集》，秀威资讯科技股份有限公司2009年版。

④ 王中江：《从〈观察〉看中国自由主义认同及其困境》，《二十一世纪》（香港）2002年2月号（总第69期）。

⑤ ［美］胡索珊：《中国的内战：1945—1949年的政治斗争》，王海良等译，中国青年出版社1997年版。

下篇 《观察》周刊研究

### 三 研究方法与范围

综上，国内在20世纪80年代以前对《观察》周刊很难得出统一的认识，其根本原因是没有离开阶级斗争的范式，没有摆脱政治定性的做法，而80年代后中外学术界的研究，又大都以研究者本人所处时代的标准去论断、评判当时的《观察》周刊。陈寅恪曾指出，今人研究历史最容易犯的错误之一是："著者有意无意之间，往往依其自身所遭际之时代，所居处之环境，所熏染之系统，以推测解释古人之意志。"①此言对于今天的学术研究，仍不失其指导意义。

《观察》周刊的历史距今不算太远，所以给我们留下了比较完整的资料，让我们可以从文本中去解读它，去了解那一代自由主义者的思想和精神状态。但我们现在研究《观察》周刊，关键的不是要弄清楚它"是什么"，而是要研究它"为什么"。这就需要全面、系统地把握这个刊物，而不是把目光放在它的只鳞片爪上。因此，本篇研究的对象不是某一个人或某几个人写的文章，而是就整个《观察》周刊代表的观点，所起到的作用，来探讨它、剖析它。这同学术界已有的《观察》研究的方法有所不同。此外，在具体研究方法上，本篇尝试将定量分析与定性分析相结合，尤其试图用计量方法研究现代政治观念的形成与嬗替。②

《观察》于1946年9月1日创刊，1948年12月24日因被国民政

---

① 陈寅恪：《冯友兰中国哲学史上册审查报告》，《金明馆丛稿二编》，生活·读书·新知三联书店2001年版。
② 具体操作方法，可参见金观涛、刘青峰先生主持，由香港研究资助局（RGC）资助的课题《中国现代政治观念形成的计量研究》的部分成果。如：金观涛、刘青峰：《新文化运动与常识理性的变迁》，《二十一世纪》（香港）1999年第4月号（总第52期）；金观涛、刘青峰：《〈新青〉年与民主观念的演变》，章清：《传统作为"知识资源"的失落》，林立伟：《〈从文学革命到政治革命—新青年〉翻译的价值趋向》，《二十一世纪》（香港）1999年12月号（总第56期）；金观涛、刘青峰：《天理、公理和真理——中国文化"合理性"论证以及"正当性"标准的思想史研究》，《中国文化研究所学报》（香港）2001年新第10期（总第四十一期）；黎建军：《从〈星期评论〉对国家和事件的评价看五四时期中国现代化模式变迁》，《二十一世纪》（香港）2002年4月号（总第70期）。

## 绪　论

府查封而停刊，1949 年 11 月 1 日复刊，1950 年 5 月改为《新观察》（1950 年 7 月 1 日，《新观察》创刊）。由于复刊后的《观察》，无论刊物风格还是主要作者，都与复刊前迥然不同①，本篇以创刊至停刊这一段时期作为研究对象。《观察》周刊最辉煌、影响最大也是在这一时期。

---

① 参见傅玄（付祥喜）《从复刊后的〈观察〉看中国自由主义知识分子的命运》，《二十一世纪》（香港中文大学）网络版 2003 年 2 月号（总第 11 期）。

# 第一章 从创办到停刊

对《观察》周刊及其主编储安平展开研究,谢泳无疑是开风气者。自从 1994 年谢泳自费印刷《〈观察〉周刊研究》一书,迄今已将近三十年。《观察》周刊逐渐引起学界注意并进入越来越多研究者的视野。据笔者浏览所及,学界对于《观察》的研究,多数停留在对其文本的挖掘和探讨上,① 对《观察》周刊本身的研究,相对缺乏故而下文拟对《观察》周刊从创办到停刊相关史实试作考述。

## 第一节 创刊和办刊的历史背景

要研究一个刊物,便不能不先考察它所处的时代环境。

1946 年 9 月 1 日《观察》周刊创办于上海,于 1948 年 12 月 24 日停刊。这两年多时间,正是中国社会变革异常激烈的时期。一些有利的

---

① 公开发表的《观察》周刊专题研究成果有:马光仁:《储安平与〈观察〉周刊》,《新闻大学》1994 年第 4 期;谢泳:《储安平的编辑生涯》,《编辑之友》1994 年第 6 期;王明星:《储安平与〈观察〉周刊》,《书屋》1998 年第 3 期;李静:《从〈观察〉看储安平的编辑思想》,《青海师范大学学报》(哲学社会科学版) 1999 年第 3 期;陈永忠:《〈观察〉的对外主张》,《江西社会科学》2003 年第 4 期;陈永忠:《〈观察〉的自由民主观》,《广西社会科学》2003 年第 7 期;付祥喜、曾厉:《从〈观察〉看储安平编辑与出版发行思想》,《编辑学刊》2004 年第 1 期;付祥喜:《试论储安平的独立发言精神》,《广东教育学院学报》2005 年第 2 期;蒋含平:《"刊物本身是可以赖发行收入自给的"——储安平〈观察〉的经营策略探析》,《新闻记者》2006 年第 9 期;张巧、朱文丰:《〈观察〉的国际时评研究》,《新闻爱好者》2006 年第 5 期;张洪军、于之伟:《〈观察〉对于国共东北争夺战的军事报道(1946—1948)》,《远东学院学报》(社会科学版) 2009 年第 1 期。

## 第一章　从创办到停刊

因素和严重的社会政治危机，共同激发了主要来自知识阶层的自由主义者，他们展开了一场有一定声势的自由主义运动，这也就形成了现在一些学者所说的抗战结束后的"参与爆炸"（Participation explosion）浪潮。① 当时有利的形势，因1946年1月的政协会议形成了五条决议而更加明显。人们欢欣鼓舞，以为艰难不已的中国自由主义进程出现了融融春意。有人用生动的语言写下此种欣慰的心情："风雨如晦，鸡鸣不已，现在是被鸡唱出了曙光，怎样不叫人们对这个曙光发生欣慰，和希望他不要被阴霾来笼罩了。"② 然而陷于全面危机中的国民党已不能再容忍这些"异端"的自由主义分子及其政党存在，必除之而后快。终于，1947年11月国民政府强迫解散民盟，自由主义运动的"黄金时代"如过眼云烟，昙花一现。作为自由主义知识分子的政论刊物，《观察》周刊的生存环境日愈恶化。具体而言，其面临的历史环境如下。

### 一　国民党当局进一步压制民主、言论

抗战胜利后，迫于国内要求民主自由的呼声，国民党当局不得不宣布废止战时出版品检查办法及禁载标准，但对"收复区"仍然施行新闻检查制度。国民党六届三中全会公然否定了政协会议关于宪法草案决议的民主原则，与之相配合，查封言论机关的事件在这个时期屡屡发生。为了缓和舆论，标榜法治，国民党当局于1947年底公布了《出版法》修正草案、《白报纸配给标准》等具体法规。次年6月颁布《动员戡乱期间军事新闻采访发布办法》。为了推动该法规的实施，12月10日由党、政、军新闻官联合举行新闻界招待会，提出所谓"新闻自由13条"。但正如香港《大公报》在当时所指出："在这13条里，哪儿会看到新闻自由，每一条都是锁链，每一条新闻都会触犯了13条里的任何一条。"③

在这种背景下，作为"超然"于国共之外的政论性刊物，《观察》周刊很容易引起国民党的注意。据《观察》社的林元回忆，早在1947

---

① 许纪霖：《中国自由主义知识分子的参政（1945—1949）》，二十一世纪出版社1991年版。
② 民促中央宣传部编：《马叙伦政论文选》，文史资料出版社1985年版，第86页。
③ 《防民之口以图挣扎，重庆滥施新闻统制》，《大公报》（香港）1949年1月19日。

年 10 月 25 日出版的《观察》刊载了储安平的专论《评蒲立特的偏私的、不健康的访华报告》之时，国民党就已经不满。1948 年 7 月，南京、上海等地传闻国民政府将查封《观察》。① 对于当时《观察》周刊面临的这种情况，储安平在一篇文章里说道：

> 即以本刊而论，虽然截至今日，仍在出版，但在各地所受迫害，可说一言难尽。或者禁售，或者检扣；经销《观察》的，受到威胁，阅读《观察》的，已成忌讳；甚至连本社出版的"观察丛书"也已成为禁书，若干地方的邮检当局，一律加以扣留。②

国民党当局在政治和文化方面实施的这种极端高压和封锁政策，表明摆在《观察》周刊面前的是一条布满荆棘的道路，预示着它的命运将会坎坷不平。

### 二　全国范围的经济崩溃和通货膨胀

在解放战争年代，与其他任何单一问题相比，全国范围的经济崩溃和通货膨胀是生活在那个时代的城市民众印象最深的。国民政府的财政收入连年入不抵出，1947 年的财政赤字约为 27 万亿元，1948 年达 900 万亿元。为了弥补财政赤字，除加重税收，就是大量发行纸币。法币发行额猛增，至 1948 年 8 月 21 日已达 6636946 亿元，比 1937 年 6 月的发行额增加了 47 万余倍。由于发行额猛增，法币贬值，物价随之飞涨。1948 年 1 月上海每市担米售价 150 万元，8 月即涨至 6500 万元。③ 恶性通货膨胀，使城市薪金中间阶层的实际收入仅及 1937 年以前的工资的 6%—12%。

上述恶劣的经济形势，使《观察》社面临停刊或减缩版面的抉择。首先是杂志社的开支成倍增加。

---

① 谢泳：《储安平：一条河流般的忧郁》，中国青年出版社 1999 年版，第 36 页。
② 储安平：《政府利刃指向〈观察〉》，《观察》1948 年第 4 卷第 20 期。
③ 王桧林：《中国现代史》，高等教育出版社 1988 年版，第 481 页。

第一章　从创办到停刊

从《观察》第3卷第1期出版至第24期仅半年时间，排印工及装订工的费用上涨了3倍。而第3卷第1期时的稿费为每千字5万—6万元，至第24期已提高为每千字15万—20万元，提高了3倍多。《观察》社职员的薪金额，在1947年9月仅为700万余元，1948年1月已达5000万元。总之，在这半年中，全部开支增加了5倍左右。然而，"我们最感重压的就是——纸的负担"①。没有白报纸，对于一个杂志社来说就是巧妇难为无米之炊。从1946年年底起，白报纸的价格自每令售价2.5万元、5万元到10万元，狂涨不止，至1948年1月，已达每令150万元。②伴随白报纸价格狂涨而来的，是"报纸的商情表上已无纸价的记载"③，纸张严重缺乏。作为一个没有政治后台支撑的杂志社，《观察》社没有巨额资本购存用纸；而期刊又不在国民政府批准的新闻纸之内，享受不到官价纸的配给，只得向市面纸商购用。由于市面纸价疯狂上涨，《观察》社无力购买，于是不得不发动全社同人四处购买低价纸。尽管如此，对于发行量在当时已达2万份的《观察》周刊而言，全社同人辛苦购得的白报纸仍为杯水车薪。从第3卷第9期开始，《观察》周刊被迫由每期24面缩减为20面，至第4卷第18期之后，再次减为16面。

### 三　夹在激进主义与保守主义之间的尴尬处境

《观察》周刊毫无疑问是一个自由主义知识分子的刊物。但是，众所周知，在中国现代思想史上自由主义不过是一种微弱的声音。尤其在20世纪40年代后期社会转型的阵痛中，高举革命旗帜的激进主义又让自由主义成了无能和不合时宜的代名词。尽管在激进主义与保守主义的双峰对峙中，自由主义知识分子顽强地在夹缝中奋斗，希冀以和平、理性和民主的力量开拓出中国政治的新格局，但是由于他们只能处在社会的边缘地带默默地贡献自己的能量，他们的声音仍然微弱；又由于他们

---

① 储安平：《风浪·熬炼·撑住》，《观察》1948年第3卷第24期。
② 储安平：《我们建议政府调查并公布白报纸配给情形》，《观察》1948年第3卷第19期。
③ 储安平：《白报纸!》，《观察》1947年第3卷第9期。

试图形成一种对抗国共两党的政治呼声,结果受到了来自国共意识形态的左右夹击。

《观察》发刊词明确提出:"我们对于政府、执政党、反对党,都将做毫无偏袒的评论","我们的态度是诚恳、公正的"。① 1947年储安平在给胡适的一封信中说:"我们创办《观察》的目的,希望在国内能有一种真正无所偏倚的言论。"② 从《观察》第1—5卷所刊载的文章(尤其政论)来看,储安平及其同人始终维护《观察》言论的"公正""无所偏倚"。

应该说,他们做到了这一点。并且为了使读者相信《观察》周刊是没有背景的刊物,储安平本人以及杂志社同人不参加任何组织,甚至为了避嫌,连一般的社交活动都很少参加。但是他们仍然难免受到舆论的攻击。1947年8月,各地传闻《观察》被查封,但又看到该刊照旧按期出版,于是以为其中必有"道理",流言遂起。此流言可分两类,一类笼统怀疑《观察》和当局有什么"勾结",如纷传《观察》和CC勾结;一类则具体地传说《观察》已经出卖给什么人了,如传说《观察》已出卖给宋子文。更多的是关于《观察》主编储安平的谣传。例如,《时代日报》报道说:"《观察》主编储安平日前赴京列席国大,已于昨日返沪。"天津《益世报》竟原文转载了此则后来被储安平指为"恶意的中伤"的报道。也有人就《观察》周刊的自由主义立场攻击储安平。由于《观察》周刊既不接受国民党又无法认同共产党,注定了它得不到国共的同情和支持。事实上,《观察》周刊屡次受到国民党政府的警告,而中国共产党主办的香港《华商报》先是断言储安平与CC勾结,后来又在声势浩大地批判"第三条道路"或中间路线及追击自由主义分子的运动中,不点名地批评《观察》及其主办者。

《观察》周刊就是在这样复杂而动荡的环境中创刊并编办的。

---

① 储安平:《我们的志趣和态度》,《观察》1946年第1卷第1期。
② 胡适:《胡适来往书信选》(上),中华书局1979年版,第168页。

第一章　从创办到停刊

## 第二节　创刊股金来源及其数额

创办《观察》周刊的筹备工作在1946年年初就已经开始。① 1946年1月6日,《观察》的第一次发起人会议在重庆召开。依据这次发起人会议的决议,《观察》社以召集股金的方式筹集创刊资金。这样做,显然是因为储安平要把《观察》办成同人刊物,资金以集股方式汇成,有利于在经济上保障刊物的独立自主。

预定股额为1000万元(法币,下文同),当时(1946年1月)根据上海方面的报告,估计每期的总成本为50万元,如果有600万元就可着手创刊(200万元为开办费,400万元为前8期刊物的周转金)。以集股方式筹集600万元,照理应该没有困难,但实际操作起来,才知道事情不像预想的那样顺利。《观察》创刊一周年时,储安平回忆当初筹款时的艰难:

> 我们这批朋友,多是以教书为生的。读者一定充分明了,在抗战的八年中,教育界人员是如何地在饥饿线上挣扎。所以真正到收款时,常常止于"口惠"。其间还遇到使人极其难堪的事情。②

当然,不单是有"使人极其难堪的事情",也有令人感动的事。储安平的一个学生(后来才知道此人是雷柏龄)竟然卖掉了几亩祖田,来资助储安平创办刊物。此外,有些《客观》周刊(《观察》前身)的

---

① 有论者认为,"1946年1月,储安平来到上海在吴淞路444弄11号租下房子,邀请林元和雷柏龄一起开始《观察》杂志的创办筹备工作。"(方小平:《储安平和他主持的〈观察〉周刊》,《民国春秋》2001年第4期)此言谬误甚多。其一,《观察》创办筹备工作,早在储安平返沪之前已经开始(重庆);其二,雷柏龄系《观察》发起人之一,有〈〈观察〉周刊筹备缘起〉和储安平在第二次《观察》社股东会议上的报告为证(参见《〈观察〉周刊社史料一组》,《档案与史学》1997年第6期);其三,林元没有参与《观察》杂志的创办筹备工作,因为他是在1948年夏天经费孝通介绍进入《观察》社工作的(参见林元《从〈观察〉到〈新观察〉》,《碎布集》,文化艺术出版社1991年版,第400—401页)。

② 储安平:《艰难·风险·沉着》,《观察》1947年第1卷第24期。

## 下篇 《观察》周刊研究

读者听说储安平他们拟另创刊物,表示愿意入股。

尽管筹款十分困难,储安平仍真诚地提醒那些愿意入股的读者:一是假使读者从生活零用中勉强挤出钱来入股,储安平他们是不忍接受的;二是读者和编者未曾谋面,读者不应单凭编者的文章就相信他们,所以对入股之事应慎重考虑。在那样艰难的情况下尚如此推心置腹地替读者考虑,储安平此种胸怀着实令人感佩!储安平与《观察》周刊能够很快赢得读者的信任,与他具有此种胸怀恐怕不无关系。

由于《观察》周刊公开向自由的中间派学人征股,并且后来还经常赠送股份给有贡献的作者,其股东众多,而相关资料又散佚,故不能一一细述。据相关文献资料,《观察》创刊时的股金来源有以下几个。

(1) 1946年3月中旬,储安平由渝飞沪,带去小部分股金,数目不到1000万元。这小部分股金,包括即将创刊的《观察》社工作人员和一些读者入股之股金。①

(2) 雷柏龄卖祖田入股之资金。②

(3) 最大股东是笪移今,一人即认48股,其余有林元26股、徐盈19股,马寅初、梁实秋、钱锺书、杨绛等都是2股,储安平本人1股。③

据《观察》创刊档案,实际上,"《观察》创办时共有款项240股,每股5万元,共1200万元。其中储安平20股,沈昌焕20股,伍启元、吴世昌、笪移今、钱清廉、顾翊群、端木恺、陈铭德、陈维稷各10股,共计600万元。剩余600万元是零散的小股。据相关资料表明,创刊时其他投资入股者还有:秦德芳、吴中一、陆菊森、冯覃燕、雷柏龄、陆静孙、曾宪立、戴文赛、陈澄之、储百福、罗吟圃、潘光旦、卢顺慰、王冠保、刘新志、徐少绪等人。由此可见,《观察》最大的股东是储安平本人和沈昌焕,各认购20股,每人100万元。笪移今仅认购了10股,50万元"④。

每股5万元,相当于2斗大米的价钱。由于抗战结束后,法币通货

---

① 储安平:《艰难·风险·沉着》,《观察》1947年第1卷第24期。
② 林元:《从〈观察〉到新观察》,《碎布集》,第401页。
③ 戴晴:《梁漱溟、王实味、储安平》,江苏文艺出版社1989年版,第165页。
④ 陈正卿、庄志岭选编整理:《观察社史料一组》,《档案与史学》1997年第6期。

膨胀和物价飞涨，许多知识分子的平均月薪只能买 2—4 石大米。也就是说，仅一股就占用了他们月薪的全部或一半。这既可见当时储安平集股之难，也显见入股者对《观察》的鼎力支持。

经过一番筹备后，1946 年 9 月 1 日《观察》周刊在上海创刊。

## 第三节　栏目与作者

一　《观察》栏目和发文概况

1946 年 9 月 1 日（1 卷 1 期）创刊至 1948 年 12 月 24 日（5 卷 18 期）停刊，《观察》每周出版一期，共计出版 114 期。《观察》周刊为 16 开本，每期约 6 万字，每周六发行，24 期为一卷。栏目包括"专论""特稿连载""科学丛谈""生活与文化""周末辟栏""观察通信""读者投书"等部分。

篇头"专论"是《观察》周刊的主要栏目，以发表政治时评与文史哲以及经济方面的学术论文为主。该栏目主要由封面上列举的 78 名（加上储安平，实为 79 名）特约撰稿人撰写[①]，同时也接受其他来稿。

严格说，"特稿连载"属于"专论"的一部分，不过由于文章的篇幅过长，而作连载发表。它的作者，大都是当时学术思想界之风流人物，如张东荪、胡先骕等。自 2 卷 1 期起（除 5 卷 1—3 期外），该栏目基本上停刊。

"科学丛谈"是一个科普性质的栏目，由自然、人文科学方面的有关专家就公众关注的一些科学问题予以阐述。

"观察通信"分为国内和国际两部分，报道国内外形势和新闻。

自 2 卷 2 期起，增添"观察漫画"一页，作者为孙方成。

自 2 卷 1 期起，增添"读者投书"，刊登读者对时事的短小议论及对《观察》的反馈意见。

---

① 宾夕法尼亚州立大学中国史教授孙任以认为，出现在《观察》扉页上的"投稿人"共 68 人［参见费正清主编《剑桥中华民国史》（下卷），第 447 页注］，此实为纰误。

自 2 卷 1 期起，增添"周末辟栏"和"观察文摘"两栏。区别于"专论"部分的专题讨论，"周末辟栏"刊载随笔一类的文章。至于"观察文摘"，则转载近期发表于各报刊的文章。

以上栏目，自开辟以后基本上每期俱全。不定期出现的栏目有："生活与文化""外论摘译""文艺""书评"等。此外，主编储安平撰写的《观察报告书》，基本上每卷第 24 期都有刊载①，不妨亦视作一个栏目。兹将《观察》发表的文章，按卷次、栏目统计如表 1-1 所示。

表 1-1　　　　　《观察》各卷各栏目发表文章数量分布　　　　（单位：篇）

| 栏目＼卷次 | 第 1 卷 | 第 2 卷 | 第 3 卷 | 第 4 卷 | 第 5 卷 | 合计 |
|---|---|---|---|---|---|---|
| 政治·内政 | 54（62） | 55 | 58 | 43 | 25（29） | 235（247）|
| 文化·教育 | 10 | 23 | 26 | 24 | 9 | 92 |
| 科学 | 9 | 4 | 7 | 3 | 1 | 24 |
| 经济·财政 | 11 | 17 | 14 | 9 | 17 | 68 |
| 国际·外交 | 16 | 40 | 14 | 44 | 29 | 143 |
| 专辑 | 6 | — | — | — | — | 6 |
| 思想·学术 | 13 | 2 | 6 | 5 | 6 | 32 |
| 周末辟栏 | — | — | 15 | 7 | 5 | 27 |
| 文艺 | 20 | 15 | 21 | 18 | 12 | 86 |
| 书评 | 2 | 14 | — | 6 | 4 | 26 |
| 人物 | — | 3 | 1 | 4 | 2 | 10 |
| 观察通信 | 57 | 81 | 64 | 76 | 56 | 334 |
| 报告书 | 1 | 1 | 1 | 1 | — | 4 |
| 合计 | 199（207）| 255 | 227 | 240 | 166（170）| 1087（1099）|

说明：①本表依据广州市暨南大学图书馆古籍部所存合订本辑录。
②第 1—4 卷均编有该卷"目录索引"。第 5 卷无索引，故第 5 卷的数据为笔者重新编排后统计。
③每期辟有"页尾"专栏、刊载一些简短小品、诗词、启事、编者、读者信函等，每卷总目未列，因此本表在统计时也未列入。另外，第 1—4 卷"目录索引"均列有"编者言"，内容包括"观察报告书"和编辑后记等，仅计算"观察报告书"。
④各栏数字均指发表文章的篇数；括号内的数字指发表文章的篇次。例如：张东荪的《中国之过去与将来》连载 5 期，仍以 1 篇计，倘若写入表中，为 1（5）。

---

① 由于《观察》出版至第 5 卷 18 期时被迫停刊，故仅第 1—4 卷刊载有"《观察》报告书"。

## 第一章　从创办到停刊

从表1-1可以看出，发表文章的数量比较多的栏目是"政治·内政"和"观察通信"，分别约占总数的21.6%、30.7%；其次，有"文化·教育""经济·财政""国际·外交""思想·学术""文艺"。这些栏目，可谓《观察》周刊的主要栏目。

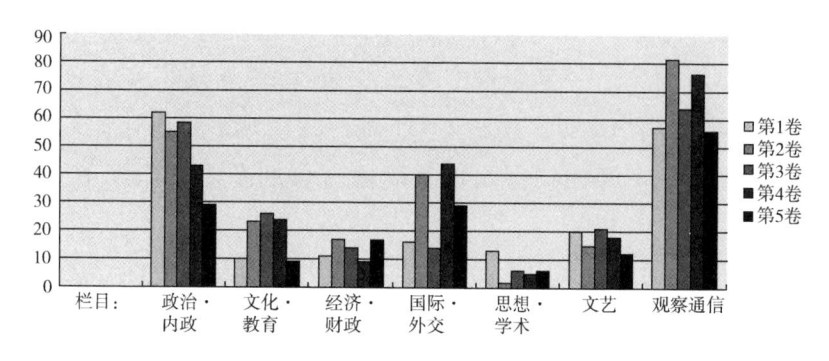

**图1-1　《观察》主要栏目文章数量对比**

一是"政治·内政"和"观察通信"这两个栏目发文数量比较多，二者的总和，约占《观察》发文总数的52.3%。但是，发文数量最多的，不是"政治·内政"栏目，而是"观察通信"，因此，学界一般认为，《观察》以政论为主，是政论杂志，这一认识应该稍作调整，实际上，《观察》是一份以政论和新闻报道为主的杂志。

二是除"政治·内政"和"观察通信"以外，"文化·教育""文艺""经济·财政"，也是《观察》的关注点。"经济·财政"方面的内容受到关注，与抗战后国统区经济出现全面崩溃因而物价上涨、国民政府不断出台相应经济措施等有密切关系。

三是《观察》用不少的篇幅来登载"文化·教育"和"文艺"方面的文章，既与《观察》主编储安平的个人兴趣偏好有关，同时也是为了增加刊物的可读性。

四是值得注意的是，"国际·外交"部分的文章篇数仅次于"政治·内政"和"观察通信"，约占总数的13.2%。这说明，作为一个主要由自由主义知识分子编办的杂志，《观察》比较注意介绍和评论国外时事动态。

## 二 几个主要栏目简述

### 1."专论"

"专论"是《观察》周刊最重要的栏目，储安平曾明确地说："本刊是一个政论刊物，重心应当在专论部分。"① 这从每期《观察》周刊的编排可以看出来。一是每期"专论"发文 2—4 篇，多数时候有 3 篇，截至第 5 卷第 18 期，共发文 331 篇，占《观察》周刊发文总数的 30%。二是编排在其他栏目之前，篇幅占每期杂志总版面的 30%—50%。

"专论"栏的内容集中于国计民生、重大政治经济事件、文化教育等方面，多数属于重大政治经济时事评论。例如，1948 年全面解放战争爆发后，"专论"栏发表了 62 篇呼吁停止内战的文章；学潮期间，"专论"栏刊载了 15 篇封面目录字体加粗的重点推荐文章。

据统计，"专论"栏的撰稿人共有 133 人，其中 39 人为《观察》周刊封面罗列的"固定撰稿人"，他们在"专论"栏发文篇数约占总数一半。这说明，"专论"在选稿方面，确实如《观察》周刊同人所言："本刊虽有基本撰稿人 70 余位，但本刊仍为全国作者读者之共同刊物。园地公开，绝无私见，稿件取舍以稿件本身为标准。撰稿人来稿也有退回者。"②

"专论"栏的议题集中在政治、经济和文化方面，在总数 331 篇"专论"中，政治类共有 206 篇、占总比重的 62.2%，经济类文章共有 53 篇、占总比重的 16%。文化类文章 72 篇、占总比重的 21.8%。具体见图 1-2。

由图 1-2 可见，"专论"栏主要是一个政论性质的栏目，这在一定程度上决定了《观察》周刊作为政论性杂志的性质。

### 2."观察通信"

"观察通信"栏共发文 334 篇，占《观察》周刊发文总数的三分之

---

① 储安平：《吃重·苦斗·尽心》，《观察》1948 年第 4 卷第 23、24 期。
② 《〈观察〉周刊社第一次股东会议记录》，《档案与史学》1997 年第 6 期。

## 第一章 从创办到停刊

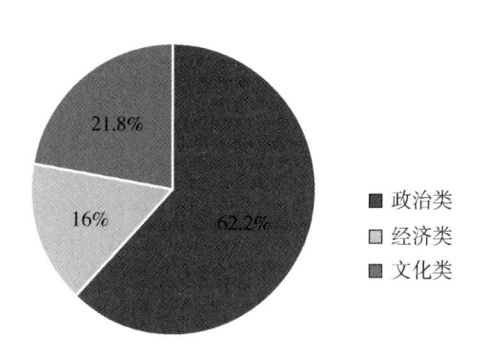

图1-2 《观察》周刊"专论"栏文章议题分类

一,该栏目以提供国内外时事信息为主要内容,由此可见,其重要性仅次于"专论"栏。所谓"通信",其实类似新闻的深度报道。在题材上,"观察通信"往往和"专论"混淆难辨,比如有时明明是相关领域专家学者就某一个问题发表看法的文章,却不属于"专论"栏,而是"南京通信""北平通信";1948年全面解放战争爆发后,不少"专论"栏刊载的文章,不论从标题还是内容来看,都是新闻报道性质,却没有排在"观察通信"栏。

"观察通信"栏的作者起先写为"本刊特约记者",后来改为"观察特约记者",还时常有"观察读者投寄"。这个"观察读者投寄"的文章,尽管也具备新闻性深度报道的特点,但从作者来看,并非《观察》社"特约",而是编者从《观察》读者来信中挑选出来的——这一点,和"读者投书"栏相同。这让人觉得两个栏目有些混淆、界限不明确。比如,第4卷第19期"观察通信"栏刊载的3篇文章,有2篇来自"观察读者投寄",紧接其后的"观察投书"栏也刊载了3篇文章。不过,若是从"观察读者投寄"和"观察投书"每篇文章的篇幅来看,二者却区别明显,即,前者的篇幅远超过后者,后者大都不超过500字。那么,大抵可见,"观察通信"所载"观察读者投寄"的文章和"读者投书"栏的文章,既各司其职也彼此取长补短。

3."科学丛谈"

从《新青年》宣扬"赛先生"开始,中国现代同人期刊就把科学主义作为一个重要的办刊内容。《观察》周刊"科学丛谈"栏目,秉承《新青年》以来的科学主义,不仅体现在设置此科学专栏,而且在该栏目编办方面坚持中立态度,即区别于"专论""特稿连载"等在政治、经济、文化上的明确的立场、对当局的批判,"科学丛谈"纯粹性地介绍自然科学知识。其作者主要是青年知识分子中科学界数一数二的学者,诸如天文学家戴文赛(9篇)、生物学家蔡壬侯(3篇)、心理学家张述祖(3篇)、心理学家高觉敷(3篇)、植物学家胡先骕(2篇)、物理学家刘朝阳(1篇)。该栏目刊载文章,主要集中在《观察》周刊第1、2卷,1947年之后尤其是1948年全面解放战争爆发,此类科学内容的文章减少,到第5、6卷,该栏目停办。

4. "文学·艺术·戏剧·音乐"

在报刊中设置文学副刊,是近代以来的一个办刊传统。储安平早年曾办过文学杂志,在创办《观察》周刊之前编办的《客观》周刊,设置了文学专栏,《观察》周刊自然不例外。"文学·艺术·戏剧·音乐"就是《观察》周刊的文学副刊。把文学、艺术、戏剧和音乐汇总为一个栏目,这体现了编者的"大文艺"观。不过,从这个栏目刊载的文章来看,以戏剧和文学类理论居多,极少涉及绘画、雕塑和音乐。其原因,一方面是《观察》周刊的编者的专业背景和志趣主要在文学和戏剧;另一方面,也是《观察》周刊的主要撰稿人极少是从事绘画、雕塑和音乐创作和研究的。

从创刊号开始,每一期《观察》周刊的"文学·艺术·戏剧·音乐"栏刊载1篇文章,主要是文学理论和戏剧理论文章,其中不乏有创见者。遗憾的是,据笔者所知,迄今为止,尚未有人对这一栏目做过专题研究。

5. "尾页"

对于"文学·艺术·戏剧·音乐"栏主要刊载的文艺理论文章,一般读者很少有兴趣阅读,为弥补此缺,在每一期末尾,用一个版面设置了一个专门刊登文学作品的栏目,它的栏目名称,就叫"尾页"。"尾页"栏主要刊登散文和小说,散文以轻松的游记为主,小说则是连载佚名的《负生偶记》，此外还选登篇幅短小的读者来信。从第2卷开始，为了给新开设的"读者投书"栏让出版面，"尾页"栏停刊。

### 三　主要撰稿人和其他作者

《观察》周刊的作者，若从来稿情况，可分为两类：一是投稿作者，即主动向杂志社投稿的作者，这一类也包括主编储安平和其他编务人员；二是摘录文章的作者，即该文已在别的报刊发表过，或在作者不知晓的情况下，《观察》周刊选登其作品。若从作者和《观察》社的关系来分，大致可分为三大类：第一类为《观察》封面所列举的78位特约撰稿人；第二类为特约记者或通讯员；第三类为其他作者，比如为"读者投书"栏目写稿的普通读者，又如"外论选译"或"外论摘译"的翻译者奇英，和译文原稿作者Howard·K. Smith等。尽管从狭义上讲，译文原稿作者不能称作《观察》作者，但既然刊登了他的文章，也就反映了《观察》周刊对何种文章感兴趣。基本上可以说，第一、二类作者反映了《观察》社人员的构成、该杂志社的作者群情况、影响范围和刊物的旨趣。

## 第四节　发行

表1-2为《观察》第1—4卷发行情况①：

表1-2　　　　　《观察》第1—4卷发行量统计　　　　（单位：万份）

| 卷次 | 初版发行量 | 重版发行量 | 小计 |
| --- | --- | --- | --- |
| 第1卷 | 20.85 | 4.31 | 25.16 |
| 第2卷 | 29.55 | 1.798 | 31.348 |
| 第3卷 | 55.4 | 0.425 | 55.825 |

---

① 如无说明，本书各种表格数据均取自《观察》；由于《观察》出版至第5卷第18期时被国民政府查封，故第5卷发行量无法统计。

## 下篇 《观察》周刊研究

续表

| 卷次 | 初版发行量 | 重版发行量 | 小计 |
|---|---|---|---|
| 第4卷 | 92.25 | 1.0 | 93.25 |
| 总计 | 198.05 | 7.533 | 205.583 |

说明:"初版发行量"指第一版发行量,"重版发行量"指第二版及第二版以上的发行量之总和。

据表 1-2 可绘制出图 1-3 如下:

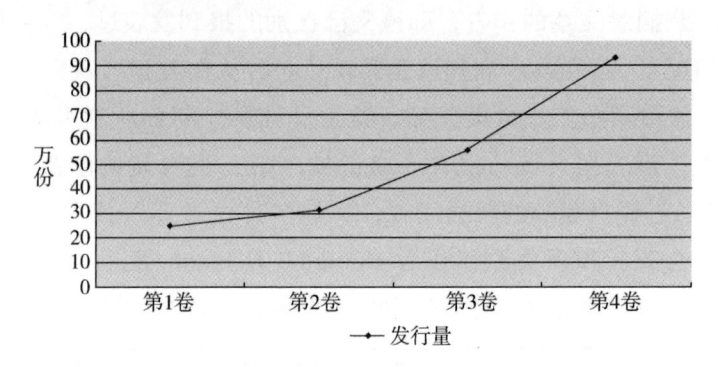

图 1-3 《观察》第 1—4 卷发行量变化趋势

从表 1-2 和图 1-3 可以得出如下结论:

其一,《观察》周刊是在其鼎盛时期之后被迫停刊。《观察》周刊的发行量,第 1 卷平均为 8000 份,第 2 卷为 1.6 万份,第 3 卷为 2.4 万份,第 4 卷为 4 万份。第 1—4 卷平均发行量的比例依次是 1∶2∶3∶5,按照这一个比例趋势,我们可以假定第 1—5 卷的比例依次是 1∶2∶3∶5∶7,这样的话,第 5 卷的平均发行量似乎可达 5.6 万份,这意味着《观察》周刊是在其鼎盛时期被查封的。事实是否如此呢?我们认为,这个 5.6 万份的平均发行量是不可能的。第一,由于当时"航空邮资的一涨再涨,以及售价的期期提高,我们相信第 5 卷的本刊(如不被查封的话),发行量是一定要下降的;我们希望回到 3 万份左右",这里引叙的是储安平在《观察》第 4 卷第 24 期"报告书"中的原话。第二,到 1948 年 9 月 1 日(《观察》第 5 卷第 9 期出版)时,白报纸的严重缺乏使《观察》社面临

## 第一章 从创办到停刊

着停刊或被迫减缩版面的艰难抉择。国民政府实行白报纸配给制，既无政治背景又没有雄厚资金购买高价纸的《观察》社，一筹莫展，甚至发动员工四处寻购低价纸。自第5卷第9期起，《观察》由以前的20面减为16面；自第5卷第12期起，再次减为12面。以储安平的为人，是宁愿减少发行量，也不会减少版面而失信于读者的。但事实是《观察》的版面一减再减。第三，大体自1947年7月起，《观察》的发行工作开始受到国民党地方政府的干扰甚至禁止。① 而读者中亦有人控诉自己失去了"阅读《观察》的自由"，甚或有读者因阅读《观察》而"牺牲"。凡此种种，也从一定程度上影响了第5卷的发行量。

据上可以推知，《观察》第5卷的发行量不是按照以往（如第4卷）的趋势继续上升，而是下降，并且下降的幅度应当不小。所以，第5卷的平均发行量不仅达不到5.6万份，反而是比第4卷的平均发行量要低。《观察》周刊的鼎盛时期应在第4卷期间，它是在鼎盛期之后的低谷时期停刊的。这一点，可澄清长期来学界认为该刊在鼎盛时期被查封的误会。

其二，《观察》周刊创造了当时中国报刊出版史上的奇迹，不但发行总量十分巨大，而且以最短的时间最快的速度，攀上了杂志发行量的高峰。仅《观察》第4卷的总发行量就已经达到93.25万份，单期最高发行量达5万份，虽然储安平并未公布第5卷发行量的详细数字，但是由第5卷第18期《观察》被查封时，其单期的"发行数字已达十万左右"②，可以估算出第5卷发行总量超过百万份。《观察》发行量的增长也十分迅速。表1－3直观地显示了《观察》第1—4卷发行量以十分惊人的速度增长。从创刊号首版发行5000份，到第4卷第24期首版发行5万份，再到第5卷第18期首版发行10万份，在短短的两年时间里《观察》周刊首版发行量增长了20倍！这些，是

---

① 储安平：《政府利刃指向〈观察〉》，《观察》1948年第4卷第20期。
② 《〈观察〉周刊社第二次股东会议记录》，《〈观察〉周刊社史料一组》，《档案与史学》1997年第6期。

其他民办或官办的杂志望其项背的，以致有学者把《观察》周刊存在的这段时期称为"储安平时代"①。

## 第五节 财务

《观察》周刊是一份民办杂志，靠集股创立，没有任何来自官方的定期拨款。只有经济上保持收支平衡，杂志社才能生存下去。因而对于杂志社的经营，储安平等人极为重视。在创刊后较长时期，从款项调度、账目核对、人事管理到购买纸张、兜揽广告、各种版面设计、校阅大样等事务，储安平都要亲自过问。这绝非他搞"大包揽"式的独裁，而是为了节省开支，杂志社没有聘请各方面的专职职员，只好事无巨细，都由自己亲自动手。

《观察》创刊以后，每出满 24 期，都由储安平写一篇详细的总结报告，为论述便利，以下称为"《观察》报告书"。这些"《观察》报告书"，固然是储安平遵照《观察》社"征股简约"规定而撰写，但他始终没有作一般应景式的总结，"而是极其客观、严肃认真地……报告刊物的经营状况、发行情况以及编者所遇到的一切苦衷和想法"②，并且把它们刊登在《观察》上，公之于读者。这些"报告书"的客观性是不容怀疑的，因为储安平明确表示他本人对"报告书"（特别是其中的数字）的真实性，"负人格上的责任"③。毫无疑问，这些"报告书"是研究《观察》周刊最有说服力的第一手资料。下面以这些"报告书"为主要资料，对《观察》周刊的财务情况作出估算后，列表如下：

---

① 汪荣祖撰文：《储安平与中国现代自由主义》，徐友渔译，刘军宁编《直接民主与间接民主》，生活·读书·新知三联书店 1998 年版，第 353 页。
② 谢泳：《〈观察〉报 1948 年 1 月 10 日报告书的意义》，《〈观察〉研究》（谢泳 1994 年自印本），第 86 页。
③ 储安平：《艰难·风险·沉着》，《观察》1947 年第 2 卷第 24 期。

# 第一章  从创办到停刊

**表 1-3**  《观察》周刊销售及广告收入　[单位：亿元（法币）；%]

| 卷次 | 销售实际收入 | 广告收入 | 总收入 | 销售实际收入占总收入百分比 | 广告收入占总收入百分比 |
|---|---|---|---|---|---|
| 第 1 卷 | 2.013 | 0.26 | 2.273 | 88.6 | 11.4 |
| 第 2 卷 | 5.136 | 0.384 | 5.52 | 93 | 7 |
| 第 3 卷 | 14.913 | 0.1 | 15.013 | 99 | 1 |
| 第 4 卷 | 47.796 | 3.06 | 50.856 | 94 | 6 |

说明：①由于所依据的数据（如《观察》零售价、广告收费价目等）在不同时期的浮动太大，本表取其平均值。

②《观察》周刊销售实际收入 =《观察》周刊零售价×80%，其中 80% 系指八折优惠。

③因为物价飞涨，《观察》售价两年内飙升 1800 倍，故每期、每卷销售收入只能作出大致的计算。据《观察》"编者报告"，各期售价大体如下：

| 期号 | 时间 | 售价（元） |
|---|---|---|
| 1946 年 9 月 1 日 | 第 1 卷第 1 期 | 500 |
| 1946 年 10 月 26 日 | 第 1 卷第 9 期 | 600 |
| 1946 年 12 月 28 日 | 第 1 卷第 18 期 | 800 |
| 1947 年 2 月 8 日 | 第 1 卷第 24 日 | 1000 |
| 1947 年 3 月 1 日 | 第 2 卷第 1 期 | 1500 |
| 1947 年 5 月 31 日 | 第 2 卷第 14 期 | 2000 |
| 1947 年 7 月 5 日 | 第 2 卷第 19 期 | 3000 |
| 1947 年 8 月 9 日 | 第 2 卷第 24 期 | 4000① |
| 1947 年 9 月 27 日 | 第 3 卷第 5 期 | 4000 |
| 1947 年 10 月 18 日 | 第 3 卷第 8 期 | 5000 |
| 1947 年 12 月 13 日 | 第 3 卷第 16 期 | 6000 |
| 1947 年 12 月 27 日 | 第 3 卷第 18 期 | 8000 |
| 1948 年 1 月 10 日 | 第 3 卷第 20 期 | 9000 |
| 1948 年 1 月 17 日 | 第 3 卷第 21 期 | 10000 |
| 1948 年 1 月 24 日 | 第 3 卷第 22 期 | 12000 |
| 1948 年 2 月 7 日 | 第 3 卷第 24 期 | 20000 |
| 1948 年 2 月 28 日 | 第 4 卷第 1 期 | 15000 |
| 1948 年 3 月 13 日 | 第 4 卷第 3 期 | 25000 |
| 1948 年 4 月 3 日 | 第 4 卷第 6 期 | 30000 |

① 因增加了页码，《观察》第 2 卷第 24 期的售价暂时调至 4000 元。

续表

| 期号 | 时间 | 售价（元） |
|---|---|---|
| 1948年5月8日 | 第4卷第11期 | 40000 |
| 1948年6月12日 | 第4卷第16期 | 50000 |
| 1948年6月26日 | 第4卷第18期 | 70000 |
| 1948年7月3日 | 第4卷第19期 | 80000 |
| 1948年7月17日 | 第4卷第20期 | 150000 |
| 1948年7月31日 | 第4卷第22期 | 200000 |
| 1948年8月7日 | 第4卷第23、24期 | 350000 |
| 1948年8月28日 | 第5卷第1期 | 一角五分（金元券） |
| 1948年11月6日 | 第5卷第11期 | 五角 |
| 1948年11月13日 | 第5卷第12期 | 二元五角 |
| 1948年12月11日 | 第5卷第16期 | 三元 |

表1-4　　　　　《观察》周刊不同时段稿酬　［单位：元（法币）/千字］

| 时段 | 稿酬 |
|---|---|
| 1946年1月—1946年9月15日 | 4000 |
| 1946年9月16日—11月底 | 4000—8000 |
| 1946年12月1日—1947年1月底 | 8000—10000 |
| 1947年2月1日—6月底 | 10000—15000 |
| 1947年7月—1948年12月底 | 20000—30000 |

说明：1947年6月至1948年12月的稿酬情况，由于这一时期上海市物价上涨变化无常，1948年货币改革后改为金元券，故无法准确估算。但1948年3月13日出版的《观察》第4卷第3期的稿酬是千字20000元，1948年8月28日出版的《观察》第5卷第1期宣布："本刊自九月一日起，每千字奉金元二至四元。"可据此推算。

分析上述表格，可以得出以下结论。

第一，从表1-3看，首先，《观察》销售收入占总收入的绝大部分，该项收入是《观察》社的主要收入来源。其次，第1—4卷销售收入占总收入的百分比大体稳定。最后，第1卷时期，广告收入占总收入百分比为11.4%，第3卷时下降到1%，这是因为：（1）自第2卷起，增添了"读者投书""周末辟栏""观察文摘"等栏目，因而少登甚至不登载广告；（2）纸价上涨，自第3卷起，版面数由24面减为20面，但每期总字数大致维持原状，故不登或少登广告。至于第4卷时，广告

# 第一章 从创办到停刊

**表1-5** 　　　　　《观察》周刊各项开支　　[单位：亿元（法币）]

| 卷次 | 纸张 | 广告 | 排印、装订 | 稿酬 | 员工薪金 | 总支出 |
|---|---|---|---|---|---|---|
| 第1卷 | 0.909 | 0.144 | 0.216 | 0.038 | 0.6 | 1.907 |
| 第2卷 | 0.94 | 0.187 | 0.646 | 0.048 | 1.8 | 3.621 |
| 第3卷 | 10.728 | 0.575 | 1.937 | 0.24 | 3.0 | 16.48 |
| 第4卷 | 36.96 | — | 0.6 | 0.72 | 21.0 | 59.28 |

说明：①纸张开支＝本卷纸张需求总量（令）×本卷每令纸的平均单价（元/令），而本卷纸张需求总量＝（本卷发行总量×本卷各期页数×24）／（500×18），其中24指每卷共出版24期，1令白报纸纸＝500张，1张白报纸＝18（页）×16（开），因为《观察》周刊为16开纸型。

②稿酬支出＝本卷总字数×单价（该时段每千字稿酬），其中，每时段每千字稿酬参见表1-5。

③由于物价飞涨，白报纸价格、稿酬、员工薪金不断随之上涨。以1947年白报纸价格变化为例。1947年3月，20万元/令；5月底，25万元/令；8月中旬，27万元/令；9月初，35万元/令；9月15日，54万元/令；10月5日，60万元/令；10月7日，68万元/令；10月9日，70万元/令；10月11日，80万元/令；10月13日，87万元/令；10月14日，90万元/令；10月16日，120万元/令。排印工价格，仅1947年3月1日至5月10日，就上涨了40%，稿费由每千字1万提高到1万5。故，《观察》的费用支出，只能依据不同时期的状况作出大概的计算。

**表1-6** 　　　　　《观察》周刊收支递增率比较　　[单位：亿元（法币）；%]

| 卷次 | 销售实际收入 | 收入递增比率 | 总支出 | 总支出递增比率 | 盈亏 |
|---|---|---|---|---|---|
| 第1卷 | 2.013 | — | 1.907 | — | 0.106 |
| 第2卷 | 5.136 | 155 | 3.621 | 83 | 1.515 |
| 第3卷 | 14.913 | 191 | 16.48 | 360 | -1.567 |
| 第4卷 | 47.796 | 214 | 59.28 | 260 | -11.484 |

**表1-7** 　　　　　《观察》周刊总收支平衡　　[单位：亿元（法币）]

| 卷次 | 总收入 | 总支出 | 结算余额 |
|---|---|---|---|
| 第1卷 | 2.237 | 1.907 | 0.33 |
| 第2卷 | 5.52 | 3.621 | 1.899 |
| 第3卷 | 15.013 | 16.48 | -1.467 |
| 第4卷 | 50.856 | 59.28 | -8.424 |
| 总计 | 73.626 | 81.288 | -7.662 |

收入略有回升，则是《观察》社开支日益增大，不得不多登广告以补充收入。

第二，从表1-5来看，虽然各项开支一直上升，但相比之下，第

2卷期间各项开支相对稳定,总支出递增率为83%;而第2卷以后,各卷总支出递增率依次是360%、260%。这反映了在第1、2卷出版期间,各项开支尚在《观察》社预算内,杂志社的日常工作自创刊后,步入有条不紊的正常轨道。自第3卷起,各项开支飙升,这显然与物价剧涨有关。由于各项开支越来越大,《观察》社在形势的急剧变化中显得捉襟见肘,穷于应付;先是一再提升《观察》周刊每期售价,然后再三提高稿酬,又由于纸价猛涨,不得不减少版面数,种种现存困难以及即将产生的困难,使《观察》社偏离了正常运作。

第三,表1-6反映的情况使我们吃惊。尽管《观察》周刊销售实际收入递增率保持在155%以上,但自第3卷起,总支出递增比率远远超出其近1倍,换言之,自第3卷起,一直处于亏损状态,仅第4卷的亏损额就高达11.484亿元。同时,当我们以《观察》周刊销售实际收入与总支出作比较,可发现,在第1、2卷尚有盈余(第1卷盈余0.106亿元,第2卷盈余1.515亿元),至第3、4卷时出现亏损(第3卷亏损1.567亿元,第4卷亏损11.484亿元)。一个刊物,在前两卷出版时还保持盈利,至下一卷却开始出现严重亏损,实在令人匪夷所思!

第四,从表1-7看,第1、2卷获利颇丰,第3、4卷亏损严重。从第3、4卷亏损的情况来看,《观察》社出版、发行《观察》周刊是"赔本生意",依照此趋势,《观察》周刊出版时间越长,发行量越大,"赔本"也越多。对于这种"入不抵出"的状况,储安平多次表示出了无可奈何与忧心忡忡,乃至自责说:"……编者的确常常为此惭愧,他觉得他已力竭智拙,有些对不住这个刊物。"①

储安平是否对此负有责任?

目前已经知道造成上述亏损的主要原因,第一是纸价狂涨。"编者"在1948年3月10日出版的《观察》中说:"我们近来越来越觉得经济困难,兜不过来……增加了这么许多定户,照例应该有一笔为数可观的收入,但是社里每天还是没有钱。钱到哪里去了呢?"回答是,

---

① 储安平:《吃重·苦闷·尽心》,《观察》1948年第4卷第23、24期。

## 第一章 从创办到停刊

"钱都拿去买纸了!"然后,编者将创刊时的纸价与当前的纸价作比较:"譬如我们在创刊时……卖掉五份刊物,就可以买回一令纸……现在要卖掉二百六十多份才能买回一令纸……"① 尽管刊物售价也在上涨,但其涨幅远远跟不上纸价上涨的幅度。关于此,我们从表1-5亦可以看出,购买纸张的开支在所有开支项目中是最大的。

第二,造成亏损的另一个原因(此原因往往容易被忽视),是大量款项延期收回或难以收回。《观察》社日常开支是现金支出,而一些同业(尤其上海市的同业)"都要三十天甚至四十天才给我们款子",这样就造成收支不能即时抵销,给资金周转带来困难。此外,由于物价波动大,法币贬值剧烈,三四十天后按原来数目给钱,此"钱"已不知贬值几何!故《观察》社损失很大。更甚者,还有若干同业(包括《观察》社的合作者)拖欠巨额款项,几至归还无期,华北航空版发行者新宾书店"从来没有按约付款,拖欠越来越多,到现在止,还欠我们八千万左右",又如台湾陈永熙拖欠广告费一千万余元。②

第三,就是订阅办法方面存在一些问题。自创刊后,定户付款即按照"按期计账法",后来读者认为此法甚不方便,改为"硬性规定法"。由于自第3卷开始物价猛涨,"硬性规定法"便出现了一个明显的漏洞。许多读者未待满期,就来续订。由于《观察》周刊的售价亦因物价上涨而相应增加,《观察》社按照调整前的售价给定户,致使《观察》社"未免太吃亏"。然而,"明明知道是亏本,我们却(还是)要送他三个月十二期"③。尽管这种现象自第4卷3期以后,因编者采取了一些相应措施而有所改变,但感于读者"盛意",不愿"辜负读者的好意","明明知道是亏本",仍照做不误。

第四,因珍惜版面而少登甚至不登广告,也减少了收入。

依据上述分析,造成《观察》社严重亏损的根本原因,是当时遍布全国的通货膨胀、纸价上涨。而作为《观察》社负责人,储安平"明明

---

① 《编者报告》,《观察》1948年第4卷第3期。
② 《编者报告》,《观察》1948年第4卷第18期。
③ 《编者报告》,《观察》1948年第4卷第3期。

知道是亏本",却因不愿"辜负读者的好意"而"要送他三个月十二期"的做法,多少有点过于"书生气"。由于《观察》社亏损严重,主要不是人为造成,而是当时特殊的国内经济环境使然,因此这种亏损的局面自第3卷起,愈来愈严峻。由于资料缺失,目前无法知道第5卷共18期的情况,但不难推测,在此期间,《观察》社的财务状况不会比第4卷好,否则自第5卷第9期以后的版面数不会减少到16面,第12期后再次减至12面。

第五,总体而言,《观察》周刊的经营仍然是成功的,其根据为:(1)尽管自第3卷以后出现越来越大的亏空,但若加上"《观察》丛书"的收入,杂志社即使未必能总收支平衡(可能仍有亏空),也尚能生存下去;(2)从收入递增率来看,成绩是明显的,特别是第1、2卷时期,由于物价上涨情况尚不严重,有较大的盈利;(3)在短期内,杂志社人员组织不断发展,销售量、定户数均以异常的幅度持续飙升,从而创造了现代中国出版史上的奇迹;(4)杂志社经营两年余,其停刊不是因为经济问题,而是由于"言论态度"被国民政府查封。

## 第六节 定户

以下是《观察》周刊直接定户情况统计。

表1-8　　　　　　　　《观察》周刊定户进度

| 卷次 | 订单号码 | 订单数目 | 实际定户 | 发行数 | 定户数在发行数中所占比例(%) |
| --- | --- | --- | --- | --- | --- |
| 第1卷 | 12709 | 2709 | 1600 | 8000 | 20 |
| 第2卷 | 2710—7682 | 4973 | 2500 | 16000 | 15.6 |
| 第3卷 | 7683—14414 | 6732 | 3300 | 24000 | 13.8 |
| 第4卷 | 14415—289445 | 16068 | 9000 | 50000 | 18 |

说明:①订单数目=终卷订单号码-起始卷订单号码,如第2卷订单数目=7682-2709=4973。

②由于每增加一名新定户即添一个订单号码,所得订单号码中就包括了初次或多次续订的定户,所以订单数目并不与实际定户数相符合。

③表中实际定户数均为约数,另外,第4卷实际定户数包括1554名半价定户。

## 第一章 从创办到停刊

从表1-8可以看出以下两点。

第一,第1卷至第3卷,不论订单号码、订单数目还是实际定户数目,均以不低于30%的增长率上升;而第4卷较之第3卷,竟增长了近2倍。这表明:(1)各项定户数据在第1—4卷,一直迅速增长;(2)在第4卷期间,各项定户数据增长幅度最为剧烈。

第二,订单数目增长率和定户数目在全部发行数中所占比率,平稳而有规律。第1—3卷定户数目在全部发行数中所占比率大致维持在15%;而第1—3卷订单数目的增长率大体依次为1∶2∶3。

依据上述情况,《观察》第1—3卷的各项数据增长平稳而有规律,处于刊物蓬勃而健康发展的阶段。第4卷的各项数据均给人"暴涨"的印象,比如第1—4卷定户数在全部发行数中所占比例依次为1∶2∶3∶8。第4卷各项数据的"暴涨"给人不和谐感,或者说,一种高处不胜寒的"恐惧"。对于这种因第4卷销路太盛、定户增长速度过快引起的不安,储安平不仅有觉察,且深表忧虑:

> 但是至少在编者自己,对于这种销数急剧增长的情形是没有什么好兴奋的;相反地,销路的急剧上升,只有增加我们的不安……我们愿意事业循序发展,不愿意一步跨得太快。[1]

应该说,储安平此言,不单是透露了他居安思危,更重要的是,他凭着丰富的办刊经验和作为一名出版家的职业敏感,意识到《观察》第4卷的销量和定户数量急剧增长,构成了对刊物的潜在威胁。因此,他曾一再要求书报批发商减少批发数。

令人遗憾的是,尽管储安平在第4卷圆满出版时(1948.8.7)就已经意识到了该卷发行量和定户数量增长过快构成了潜在威胁,并警告说,"爬得快的人跌得也快,膨胀得快的事业垮得也快"[2],事实却是

---

[1] 储安平:《吃重·苦闷·尽心》,《观察》1948年第4卷第23、24期。
[2] 储安平:《吃重·苦闷·尽心》,《观察》1948年第4卷第23、24期。

《观察》周刊的命运被他不幸言中了——167天后，《观察》周刊被迫停刊。

此外，从《观察》第1—4卷每卷第24期"报告书"中的"定户职业分类统计表"可以发现以下情况。

一是《观察》定户的地域分布按照比率大小排列大致是：华中、江浙、四川、西北、华北、上海、南京、华南、云贵、平津及东北和国外；而华中、四川、江浙的比率平均在10%以上；华南等地的比率呈上升趋势，与此相反，平津、西北、华北等地域的比率则呈下降趋势。

上述情况比较准确地反映了一些事实。（1）《观察》周刊的定户遍布全国各地，甚至偏远的云贵地区乃至国外都拥有一定数量的读者，但主要还是分布在华中（湘、鄂、皖、赣等省）、江浙、上海和四川一带。这些地域自清以降，一直是地区文化中心，湘鄂等省是戊戌变法、辛亥革命的重镇，思想活跃；江浙地区自南宋以来就是文人渊薮；上海既为《观察》社址所在地，也是当时全国经济、文化中心；四川的重要城市重庆曾为抗战时期中华民国"陪都"，而《观察》前身《客观》周刊亦创办于此。这几块地域都有其自身的区域文化传统和社会氛围，也有接受《观察》周刊的合理的读者基础，因此该刊在这些地区获得了较高的发行量，激起较大的社会反响。（2）华南的广东、福建和香港等地区，尤其香港和广东两地，自近代以来就与上海有着密切的经济与文化联系，水陆交通、航运均发达。故自第2卷开始，在其他地区（如平津、西北、华北）因战乱而邮递几乎停滞时，此三地之间依旧畅通，因此华南一带的《观察》定户数量以不寻常的比率增长。（3）于是，《观察》"最大的一个特色是分布普遍，关于这一点，今日中国恐怕没有一个刊物甚至一个报纸，可以和本刊比拟"[1]。平津出版的刊物，在当时，发行范围大都集中在华北、东北一带。在读者分布方面，能和《观察》周刊媲美的，可能只有上海、天津、重庆三地合一的《大公报》。粗略统计，以京、沪、杭为中心的东南一带，在《观察》的发行

---

[1] 储安平：《艰难·风险·沉着》，《观察》1947年第2卷第24期。

额与定户数目中，约占据1/3，其余2/3分布在华北、华中、华南及西南、西北各地。这一点，是《观察》周刊在40年代的中国出版界中较为特殊的一个情形。

二是从对定户职业分类的统计情况来看，《观察》的读者约可分为三大类：青年学生、公务员和工商界人士。除这三大类外，值得注意的是，军人订阅者越来越多，在定户职业分类中所占比例也越来越大，以至"多到几乎要在本刊原有的三大类主要读者以外，成为另外独立的一类了"①。笔者对此做出的解释是：解放战争全面爆发后，由于各种原因，《观察》的"观察通信"等栏目，逐渐成为军人阶层迅速获得战时消息的可靠来源。由此可见，《观察》周刊的读者或者说《观察》周刊的影响，在当时特殊的社会因素的刺激下，"向多方面的放射出去"②。

## 第七节 停刊

1948年12月24日，国民党内政部以"查《观察》周刊，言论态度，一贯反对政府……扰乱人心，实已违反动员戡乱政策"的理由下达了查封《观察》周刊的命令。

关于《观察》周刊停刊的具体情况，林元在回忆录《从〈观察〉到〈新观察〉》中、戴晴在《梁漱溟、王实味、储安平》一书中、谢泳在《储安平与〈观察〉》一书中，均有详尽阐述，此处不赘言。

需要指出的是，对于《观察》停刊的原因，学界尚未作出深究。笔者认为，对于《观察》停刊的原因，我们不应停留在"被国民政府查封而停刊"这一措辞的表面。国民政府的查封固然是《观察》停刊的直接而致命的原因，但倘若我们假设1948年12月24日国民政府没有查封《观察》，不难断定，《观察》的命运也大抵只有两种可能的

---

① 储安平：《吃重·苦闷·尽心》，《观察》1948年第4卷第23、24期。
② 储安平：《吃重·苦闷·尽心》，《观察》1948年第4卷第23、24期。

情况。

第一种情况是在1948年12月24日之后的某一天被国民党查封或勒令停刊。

1947年以后国统区新闻舆论环境的恶劣是稍谙这一段历史的人们所共知的。最突出的一件事是1947年5月24日，上海警备司令部下令查封《文汇》《新民》《联合》三报。三报被查封的罪名完全是政治性的："连续登载妨害军事之消息及意图颠覆政府破坏公共秩序之言论与新闻……"① 民国政府查封三报，无疑是向《大公报》《观察》等倡导言论自由的报刊示警。更有传闻说，民国政府下一个查封目标就是《观察》。面对这种形势，《观察》周刊没有退缩，而是更加尖锐地批评国民党及其政府。国民政府查封《观察》只是一个时间上的迟早问题。

第二种情况是《观察》自动停刊，或者放弃原来的办刊宗旨、改变刊物风格。

从前文关于《观察》周刊的财务状况统计可知，《观察》在第1、2卷时盈利，第3、4卷亏损越来越严重。虽然我们无法准确了解第5卷的情况，但依据第1—4卷的情况来看，第5卷的亏损比第4卷还要严重。换言之，《观察》出版至第5卷第18期时，财政困难已使其举步维艰。以当时的情况看，《观察》出版越多、增加定户越多，杂志社亏损越大。长此下去，杂志社因破产而停刊指日可待，除非有奇迹出现。

通过以上分析，我们可以得出结论：1948年以后，《观察》周刊逐渐失去了生存的依据。《观察》周刊逐渐失去其生存依据的过程，与解放战争爆发后激进主义和保守主义提供给自由主义的生存空间日愈狭窄的趋势是同步的。需要指出，1948年以后《观察》周刊逐渐失去了生存的依据，与该刊的发行量、定户数在此期间持续飙升，并不矛盾。因为，如前述，在1948年的国内环境下，《观察》周刊的发行量、定户数持续飙升，只会加速它的停刊。

---

① 转引自戴晴《梁漱溟、王实味、储安平》，第165页。

# 第二章 《观察》周刊与其他刊物

储安平办刊很注重独立不倚。为做到做好这点，他在《观察》周刊遭遇经济危机之时，先是拒绝接受有国民党背景的"馈赠"，后来连读者提出的给杂志社捐款也谢绝。但这也并非说《观察》周刊完全在一种自我封闭的环境中编辑出版。储安平之不愿与其他社会关系有过多的联系，是因为他觉得刊物应该保持独立的地位，少受外界的干扰。当然这并不意味着《观察》周刊没有受到其他刊物影响，也不妨碍与其他刊物交流和互动。

## 第一节 "观察文摘"对其他刊物文章的选载

作为一个办刊经验丰富的"老编辑"，储安平比较重视选载其他刊物文章。早在20世纪30年代编办《中央日报·副刊》时，"每日专论"栏目就经常选载《独立评论》《大公报》《清华周刊》《华年》周刊等报刊的文章。后来的《客观》周刊也时常可见选载文章。《观察》周刊创刊初期，受每期篇幅限制，选载的文章数量相对要少些。后来扩大了页码，于是从第2卷第1期开始，开辟了"观察文摘"栏目，选取当时比较有价值的文章在《观察》周刊上刊登，仅第2卷就刊登了15篇。此后"观察文摘"栏相隔一周中断一两期，以便腾出版面给"周末辟栏"。从第5卷第1期开始，"观察文摘"栏不再出现，应该是因为当时纸价猛涨，为了节省纸张，《观察》社砍掉了此栏目。

经检索,"观察文摘"选刊文章的情况如表 2-1 所示。

表 2-1    "观察文摘"选刊文章汇总

| 作者 | 题目 | 《观察》周刊卷期 | 选摘来源 |
| --- | --- | --- | --- |
| 傅孟真 | 这个样子的宋子文非走开不可 | 第 2 卷第 1 期 | 《世纪评论》第 7 期 |
| 傅孟真 | 宋子文的失败 | 第 2 卷第 1 期 | 《世纪评论》第 8 期 |
| 朱自清、俞平伯、钱端升等 | 保障人权 | 第 2 卷第 2 期 | |
| 马寅初 | 有黄金美钞的不要卖出来 | 第 2 卷第 2 期 | 上海《文汇报》1947 年 2 月 27 日 |
| 张奚若 | 时局答客问 | 第 2 卷第 3 期 | 《清华周刊》复刊第 1 号 |
| 霸 | 记清华一个集会 | 第 2 卷第 3 期 | 上海《文汇报》1947 年 3 月 3 日 |
| 李健吾 | 从剧评听声音 | 第 2 卷第 4 期 | 上海《文汇报》 |
| 适夷 | 从答辩听声音 | 第 2 卷第 4 期 | 上海《文汇报》 |
| 荒野 | 一团和气 | 第 2 卷第 4 期 | |
| 张东荪 | 和平何以会死了？ | 第 2 卷第 6 期 | 《时与文》第 3 期 |
| 张东荪 | 美国对华与中国自处 | 第 2 卷第 6 期 | 上海《文汇报》1947 年 3 月 30 日 |
| 毛一心、徐治平等 | 我们对于当前时局之建议 | 第 2 卷第 8 期 | 《大公报》1947 年 4 月 12 日 |
| 施复亮 | 中间派在政治上的地位和作用 | 第 2 卷第 9 期 | 《时与文》第 5 期 |
| 傅雷 | 我们对于美苏关系的态度 | 第 2 卷第 10 期 | 上海《文汇报》1947 年 4 月 24、25 日 |
| 王芸生 | 我看学潮 | 第 2 卷第 14 期 | 《大公报》1947 年 5 月 25 日 |
| 金克木等 | 我们对于学潮的意见 | 第 2 卷第 15 期 | |
| 费孝通 | 美国对华政策的一种看法 | 第 2 卷第 16 期 | 《知识与生活》第 4 期 |
| 吴世昌 | 中国文化与现代化 | 第 2 卷第 18 期 | 《学识》第 1 期 |
| 张东荪 | 为中国问题忠告美国 | 第 2 卷第 20 期 | 《时代批评》复刊第 1 期 |
| 马寅初 | 对日贸易开放与损害赔偿问题 | 第 3 卷第 2 期 | 《大学》第 6 卷第 3、4 期 |
| Frank L. Tsao, 文觉译 | 魏德迈告别声明的背景 | 第 3 卷第 5 期 | 《密勒氏评论报》1947 年 9 月 3 日 |

# 第二章 《观察》周刊与其他刊物

续表

| 作者 | 题目 | 《观察》周刊卷期 | 选摘来源 |
|---|---|---|---|
| 胡适 | 争取学术独立的十年计划 | 第3卷第7期 | 《独立评论》 |
| 严仁赓 | 建议大学里添设"时事研究"一科 | 第3卷第7期 | 《世纪评论》第2卷第12期 |
| 林同济 | 欧洲各国的局势 | 第3卷第8期 | 《大公报》1947年10月8日 |
| 蔡枢衡 | 对于北大孟宪功等是否犯罪及假定其已犯罪究审判权属于何机关之意见 | 第3卷第9期 | |
| 吴世昌 | 论存储反应 | 第3卷第11期 | 《文讯》月刊第7卷第4期 |
| 上海《益世报》社论 | 斥一种谬论 | 第3卷第14期 | 上海《益世报》1947年10月27日 |
| 天津《益世报》社论 | 政府的肚量 | 第3卷第14期 | 天津《益世报》1947年11月17日 |
| 朱光潜 | 自由分子与民主政治 | 第3卷第19期 | 《独立评论》 |
| 中大、北大、武大等同学会 | 我们对于争取学术独立的意见 | 第3卷第20期 | |
| 陆志韦 | 今年的起码希望 | 第3卷第22期 | 天津《大公报》1948年1月13日 |
| 梁实秋 | 沈阳观感 | 第4卷第2期 | 《世纪评论》第3卷第9期 |
| 钱邦楷 | 东北严重性怎样促成的? | 第4卷第5期 | 《青岛时报》1948年2月19日 |
| 浩然 | 论政治上的新病态 | 第4卷第7期 | 《世纪评论》第3卷第14期 |
| 浩然 | 从人事上论中国政治 | 第4卷第8期 | 《世纪评论》第3卷第15期 |
| 浩然 | 从政策上论中国政治 | 第4卷第11期 | 《世纪评论》第3卷第18期 |
| 清华、北大法学研究会 | 我们对于设立特种刑事法庭的对抗 | 第4卷第12期 | |
| 袁翰青 | 知识青年的道路 | 第4卷第13期 | 《北大半月刊》增刊 |
| 张东荪 | 告知识分子 | 第4卷第14期 | 《展望》第2卷第4期 |
| 浩然 | 论做官与用人 | 第4卷第16期 | 《世纪评论》第3卷第21期 |
| 余冠英 | 论大学入学考试"国文"题的合理化 | 第4卷第18期 | 《周论》第1卷第20期 |
| 郑华炽 | 关于数理化要注意的问题 | 第4卷第18期 | 《周论》第1卷第20期 |

续表

| 作者 | 题目 | 《观察》周刊卷期 | 选摘来源 |
|---|---|---|---|
| 雷海宗 | 史地公民 | 第4卷第18期 | 《周论》第1卷第20期 |
| 张东荪 | 增产与革命 | 第4卷第23、24期 | 《中建》第3卷第4期 |

说明：此表系笔者依据每一期《观察》周刊辑录。

从表2-1可见，"观察文摘"选载的文章主要来自《世纪评论》《文汇报》《大公报》《时与文》《清华周刊》《知识与生活》《学识》《时代批评》等，这些刊物有的是全国知名的大报，有的是和《观察》周刊一样的同人期刊，还有一些是并不知名的刊物。但选载最多的还是像《大公报》这样的知名刊物，这应该与《观察》编者对这些报刊的关注度有关。

从选载文章的内容看，基本上是时政类的。通过《观察》周刊选载的这些时政文章，可以大致看出编者对时政的关注和敏感。比如，傅斯年在《世纪评论》七、八两期发表批判宋子文的两篇文章《这个样子的宋子文非走开不可》和《宋子文的失败》不久，《观察》周刊就予以全文转载。有的选文经《观察》周刊转载后，才引起读者反响。如张东荪在《时与文》第3期上分析政协会议失败原因的文章《和平何以会死了？》，经《观察》周刊选载之后在读者中引起了巨大的反响。

## 第二节 《观察》周刊与其他刊物的合作和论争

1946年年底，因解放战争全面爆发，曾以调停国共两党为使命的民主党派不得不重新思考其路线。民主党派内部遂分化成两派：一派主张走中间路线，另一派反对之。一场关于中间路线的论争由此展开。

从地域来看，论争集中在国统区；从论争的主要阵地来看，主张继续走中间路线的一派为储安平主编的《观察》周刊、周鲸文主编的《时代批评》杂志，以及《民主》周刊、《知识与生活》《时与文》等刊物；反对方的文章，则比较常见发表在《群众》《文汇报》（上海版）、

## 第二章 《观察》周刊与其他刊物

《中建》（综合版）、《国讯》《自由丛刊》等报刊。

1946年6月22日，张东荪在《再生》杂志上发表《一个中间性的政治路线》一文。文章对中间路线的含义作了阐释。身为民建常务理事的施复亮在同年12月24日发表《中立、调和与中间派》一文，回应同月22日上海《文汇报》的社评《没有中立，只有是非》，指出，中间派应坚持立场、拥护政协决议。① 接着，他在1947年3月发表《中间派的政治路线》，进一步指出，中国共产党虽得人心，但其成功"至少在十年或数十年内还是不可能的"，为免解放战争延长、减少人民的痛苦，还是应该回到"中间性的政治路线"，而要实现这种可能，"必须全国的中间阶层在政治上形成一个强大的中间的政治力量"②。张、施关于中间路线的文章引起《观察》编者注意。为了与施复亮相呼应，《观察》周刊转载张东荪的《和平何以会死了？》，认为"今天还没有人能革国民党的命"，要它"改行向善"，"唯有联合政府方能实现"③。差不多同时，《观察》周刊发表钱端升的《唯和平始得统一论》一文指出，"经过长期内战，全国糜烂之后，谁都没有把握统一中国。唯和平才能统一。要和平统一，只有两条路，一个是政治协商，二是国共之间达成互不侵犯的合作"④。紧接着，张东荪在《观察》周刊上撰文支持施复亮的观点。他认为"施先生此作是目下最能代表大多数人心理的一篇文字"⑤。对于钱、张二人的回应，施复亮在《时与文》第1卷第5期再作《中间派在政治上的地位和作用》一文，全面总结其建立中间派的主张以及达成这一主张的方法。

施、张的论争，引起各民主党派和无党派爱国人士的较大反响。它提出了一个各民主党派的定位和价值取向问题，即认为各民主党派是国共之外的第三方面力量，所走的路应该有别于当时的国共两党。许多党

---

① 施复亮：《中立、调和与中间派》，《文萃》1947年第23期。
② 施复亮：《中间派的政治路线》，《时与文》1947年3月14日创刊号。
③ 张东荪：《和平何以会死了？》，《时与文》第1卷第3期；《观察》第2卷第6期转载了该文。
④ 钱端升：《唯和平始得统一论》，《观察》1947年第2卷第4期。
⑤ 张东荪：《追述我们努力建立"联合政府"的用意》，《观察》1947年第2卷第6期。

派领导人及无党派人士纷纷就此发表意见。马叙伦、苏平等撰文表示反对。① 于是，一场关于中间路线的论争揭开帷幕。这场论争直到1948年12月《观察》周刊停刊仍未结束。

在这场论争中，《观察》周刊积极地与《时与文》等赞同中间路线的报刊开展合作，一方面互相呼应，另一方面连续刊发文章论证中间路线的必要性、阐述其可能性，由此加强舆论声势，营造舆论氛围。《时与文》周刊，1947年3月14日在上海创刊，发行人程博洪，主要撰稿人有周谷城、施复亮、张东荪等。该刊辟有政论、时评、学术论文、人物评介、通讯、杂感、漫画等栏目，在当时与《观察》周刊一样，是民主人士的同人期刊，主要致力于宣传和平民主、反对内战独裁、抨击国民党政府镇压民主运动的行径。1948年9月24日被迫停刊。

吊诡的是，《观察》周刊在和《时与文》周刊同一战线、互相呼应的同时，也有论争。1947年7月19日，《观察》周刊发表了杨光时等人的《我们对于大局的看法与对策——正告美国》一文，该文指出，美国唯有通过"民主国际"的方式，大量援助全世界自由主义分子及其政党，始足以真正解除共产主义的威胁。② 在该期的编辑后记中，储安平评价该文观点："无论在国内国外，都没有人提过。我们希望这篇文章能引起各方面广泛的注意。"该文发表之后，立即引来了各方面的"注意"。首先是吴世昌在《观察》周刊发表文章，基本上同意杨文时的建议。③《时与文》对此反应强烈，连续三期发表多篇文章进行批判。尹其文认为这种建议"是一个危险而荒谬的观念"，所谓"民主国际"就是由美国组织全世界"自由主义分子"反苏反共，结果必导向更大规模的战争、分裂和倒退。他忧愤指出："如果勾结受外国人的津贴，替外国人'火中取栗'，那是自由主义者的末路"。④ 尹文发表以后，

---

① 表示反对的文章有：马叙伦：《论第三方面与民主阵线》，《群众》1946年第13期；苏平：《关于"中间派政治路线"以外的话》，《文萃丛刊》1947年5月；文心：《中国民主党派何去何从》，上海《文汇报》1947年4月13日；等等。
② 杨光时等：《我们对于大局的看法与对策——正告美国》，《观察》1947年第2卷第21期。
③ 吴世昌：《论"民主国际"》，《观察》1947年第2卷第22期。
④ 尹其文：《异哉所谓"民主国际"》，《时与文》第1卷第21期。

## 第二章 《观察》周刊与其他刊物

《时与文》第 22 期发表欧阳长虹的文章,用谩骂的语气点名批评储安平及其《观察》周刊:"这篇文章卑鄙无耻到了这样的程度……是有损于储先生个人和观察周刊的地位和名誉的"[1]。郑伯奇也把杨、储等斥为"伪君子""伪自由主义者",对他们的主张与态度表示"鄙弃与厌贱"[2]。

这场论争在其他刊物和广大读者中也引起了反响,基本上是清一色的批评,有些也像欧阳长虹那样用谩骂的语气,对储安平和《观察》周刊做人身攻击。从这场争论,我们一方面看到,当时的中国自由主义者并非铁板一块,其内部的分歧、裂缝已经比较明显。另一方面,我们看到《时与文》等刊物在讨论问题时的态度和《观察》周刊一贯主张的理想宽容有很大的差别。储安平说:"在政治上,各有各的立场,各有各的看法,我们可以冠冕堂皇地反对他人,批评他人,但我们仍然尊重他人。"[3] 他这样说,也是这样做的,即使他本人和《观察》周刊遭到其他刊物的谩骂。与其他刊物论战,是吸引读者注意、提升刊物知名度的捷径。当年《新青年》杂志揭橥白话文学革命的旗帜时,便由钱玄同和刘半农共同导演了一出双簧戏,20 世纪 20 年代创造社期刊创刊之初更以在当时期刊界"杀出一条血路"、故意找期刊论战来树立自己标新立异的形象。作为一个经验丰富的报人,储安平不可能不知晓个中道理,可《观察》周刊自由独立的办刊宗旨,决定了它不可能采用论战方式来打击其他刊物、抬升自己。

---

[1] 欧阳长虹:《从所谓"民主国际"说起》,《时与文》第 1 卷第 22 期。
[2] 郑伯奇:《伪自由主义者的真面目》,《时与文》第 1 卷第 22 期。
[3] 储安平:《论张君劢》,《观察》1947 年第 1 卷第 19 期。

# 第三章 《观察》知识群体

同人期刊秉持独立自由的办刊宗旨，成为培育中国自由主义知识分子群体的温床。《观察》周刊作为中国现代同人期刊的代表，凝聚了一批中国自由主义知识分子，由此形成"《观察》知识群体"。这个群体中的成员与《观察》周刊的关系或疏或密，构成"《观察》知识群体"的三个层次，即内核是《观察》主编储安平和编辑人员，中层是《观察》主要撰稿人，外围是《观察》读者。通过对"《观察》知识群体"及其三个构成部件的考察分析，可以进一步深入《观察》周刊，了解其编辑、作者和读者以及它们之间的互动关系。

## 第一节 关于"《观察》知识群体"

"《观察》知识群体"是指出现在 20 世纪 40 年代后期以《观察》周刊为中心的一个自由主义的政治文化派别。它不是一个单纯的文化团体，而是涉及政治、经济、科学、文艺等方面，以抨击时政、参与社会而见长的松散的自由主义知识分子群体。《观察》周刊能够保持自己独立的理性声音，对 40 年代后期中国政治文化环境起到了影响、发挥、渗透的功能。

聚集于《观察》周刊的这一批自由主义知识分子，主要指《观察》周刊社编辑人员（如主编储安平、编辑林元）和该刊主要撰稿人（《观察》周刊封面上列出了 78 名撰稿人名单）。但事实上，所谓"《观察》

## 第三章 《观察》知识群体

知识群体",并不仅限于这些人,从《观察》"读者投书"及"读者调查"来看,多数读者是倾向于支持、同情自由主义的,而明显与《观察》周刊站在同一立场的读者也不少于半数。① 以第 4 卷第 24 期发行 5 万份计算,即使每一份只有 10 名读者阅读,与《观察》周刊同一立场的读者也大约有 25 万名。毋庸置疑,"《观察》知识群体"已在当时形成一股不容忽视的意识形态力量。本章所要讨论的就是构成这种意识形态力量的知识群体。为研究方便起见,本章认为,"《观察》知识群体"由三部分构成:第一,主编储安平及其领导下的编辑是"《观察》知识群体"的灵魂;第二,《观察》主要撰稿人是构成"《观察》知识群体"的核心成员;第三,广大读者构成"《观察》知识群体"的外围。

### 一 "议政而不参政"

主要撰稿人构成"《观察》知识群体"的核心。从留学背景看,《观察》主要撰稿人除个别人是留日的以外(有 3 人),其余是留学欧美的。因为有这种相同或相似的教育背景,回国以后,他们一般在北平、上海两地的高校任教,有些甚至在同一学校任职,除少数从事自然科学外,多数从事社会科学研究。他们有着共同的政治文化理想——企图借西方的自由民主思想来重振中国的社会和文化。尽管专攻方向不一,几乎遍布自然和人文科学的各个领域,但他们相信理性、主张启蒙的思想是一致的。他们希望通过健全法律、改善和提高教育来改变不良的社会和环境,使人们生活在一个良好的社会文化秩序中。因此,一般具有两种社会身份,一是大学教授,二是某种或几种刊物的主编或者主要撰稿人。对于前一种身份,固然是他们谋生的主要方式,但也不排除出于"教育兴国"的动机。② 即便如此,后一种身份对他们来说,也许

---

① 据《观察》第 2 卷第 12 期刊登的《323 位读者意见的分析与解释》,读者的政治态度,中间的 243 人,偏右的 46 人,偏左的 32 人。中间的占大多数。此外,对《观察》的内容及主要栏目大体满意的也占半数以上。

② 《观察》第 2 卷第 12 期发表了傅统先的题为《以教育救中国》的文章。作者认为,"政治救不了中国,中国应该用教育来救",并指出,只有从新式教育中培植出来的知识分子,才可担当此责任。

更重要。因为,办刊物、写文章评议国是被视为自身参与社会政治变革的可能而适宜的方式。由此凸显出《观察》主要撰稿人与其他欧美派学人对待参政的不同旨趣。

欧美派学人的参政模式不外乎三种类型:(1)"参政"型,如王世杰、翁文灏、蒋廷黻等以个人身份加入政府,成为知识官僚;(2)"既议政亦参政"型,如罗隆基、马叙伦等意识到要在政治舞台上发挥影响,必须联合组党,形成独立于国共之外的第三种力量,他们的政治态度在一定程度上表现为与进步党派(如中国共产党)同路;(3)"议政而不参政"型,例如多数《观察》主要撰稿人,继续以下层和弱势群体代言人的身份留在民间,与政治系统保持一定的距离,通过大众媒体工具批评时政。这种"议政而不参政"也就是胡适提倡的对政治保持"不感兴趣的兴趣"(disinterested interest)的立场。傅斯年的说法比较具体:"我们自己要有办法,一入政府既全无办法。与其入政府,不如组党;与其组党,不如办报"①。这其实是主张用舆论干预政治。在如此主张下,创办《观察》或成为该刊的主要撰稿人,自然成为储安平等欧美派学人保持"议政而不参政"的身份、"实现其参与社会政治变革愿望的可能而适宜的一种方式"。他们以《观察》周刊为阵地,通过保持自己独立不倚的原则,在创刊之初就把许多作者和读者吸引到刊物周围,从而形成了以自身为核心的"《观察》知识群体"。

## 二 身份认同

关于现代知识分子的身份认同,有一个值得注意的现象,那就是在他们的意识中存在"我们"还是"他们"的区别。只有被认为属于"我们"的人,才能够成为"我们"的一员。大致而言,这种"我们"意识发端于"五四"时期。胡适对于这种"我们"意识有着强烈的认识,并且因为他个人在现代中国知识界的威望而影响了几代知识分子。

---

① 《傅斯年致胡适信》,《胡适来往书信选》(下册),中华书局1980年版,第170页。

## 第三章 《观察》知识群体

因此,透过这种"我们"意识,可以管窥现代中国知识分子对自我身份认同的大体情况。但紧接而来的一个问题是,他们区分"我们"还是"他们"的理由有哪些?或者说,现代知识分子对"我们"的身份认同的依据是什么?

第一,毫无疑问,聚集于同一刊物周围的知识分子,形成了一个"我们"的群体。《新青年》杂志闹分裂的时候,胡适写信给陈独秀,责怪陈独秀没有区分"我们"与"他们":"你难道不知他们办共学社是在《世界丛书》之后,他们《改造》是有意思的?他们拉出他们的领袖来'讲学'——讲中国哲学史——是针对我们的?"[①] 显然,在胡适看来,《新青年》和《改造》杂志是区分"我们"与"他们"的标识。关于这一点,在《新月》《独立评论》及《观察》等刊物也是相同的。

第二,教育背景。中国现代知识分子大都有留学欧美的教育背景,因而形成了欧美派学人群体这一奇特的文化景观。不过,作为一个确定"我们"的身份认同的依据而言,教育背景并不单指留学经历,也包括知识分子早年的求学经历(这里主要指接受高等教育的国内背景)。20世纪初出生的知识分子,早年大都毕业于北京、上海两地的高校,这就使得他们通过师生关系、同学关系、校友关系或学术活动等方式建立起密切交往和互相认同的第一层管道,也为留学时进一步加强关系及回国后共同创业奠定了基础。如储安平在光华大学就读时,认识了张东荪、潘光旦等名教授,这些人后来大都成为《观察》周刊的撰稿人。

第三,任教学校。欧美派学人归国后大都成为从事教育工作的学术精英,其基本身份定位于北大、清华、燕京、复旦等北平、上海两地高校。他们因为同事关系而认识熟稔,在交往过程中互相认同。

第四,团体组织。这又可以分作三种情况:一是学术机构,如傅斯

---

[①] 胡适:《致陈独秀》,约1921年初,《胡适书信集》(上),北京大学出版社1996年版,第262页。

年执掌中央研究院历史语言研究所时，最初吸纳的全是欧美派学人中的学者，包括出身哈佛大学的赵元任和李济，巴黎大学毕业的刘复；二是学术基金会，官方与民间的各种学术组织及学术基金会，也是现代知识分子又一交会的场所，如中国科学社和中基会；三是党派团体，40年代中后期，知识分子参政热情空前高涨，既有从学术圈分离出的政治人物，如参政型知识分子翁文灏、蒋廷黻等，也有留守学术"象牙塔"内对政治表示"不感兴趣的兴趣"的议政而不参政型知识分子（如傅斯年、钱锺书、储安平等），而更多的人则热衷于组建或加入一个区别于国共的政党，如中国民主同盟吸纳了张东荪、施复亮等众多知识分子，成为"第三种势力"或"中间派"的代表。

第五，知识分子籍贯和个人主要活动区域。在古代社会，读书人常因籍贯而得名，如张南皮（张之洞，籍贯河北南皮）、袁项城（袁世凯，籍贯河南项城），乃至因籍贯而结社也是常见的，如中国文学史上有"江西诗派"。进入现代社会之后，由于人际流动很大，籍贯对读书人的影响削弱，但此种影响犹存。例如，《观察》周刊的78位主要撰稿人的籍贯，虽分布在辽宁、天津、河北、北京、山东、河南、江苏、浙江、安徽、湖北、江西、湖南、四川、福建、广东、台湾等17个省市，但江浙两省最多，有29位，大约占《观察》主要撰稿人总数的37.7%。①

具体的、历史的个人，在其一生中的活动区域是有限的。这种活动区域的限制，直接或间接地影响到个人的性格、文化品质等方方面面。尽管现代中国的知识分子在认同自我身份时，不大可能有意识地把个人活动的区域作为一个依据，但他们内心深处仍是有这样的潜意识存在的。以储安平为例，《观察》创刊以前，他的主要活动区域，在国外是英国，在国内是江浙一带与湘西重庆，所以他和他的朋友最初相识于这些地域，而《观察》主要撰稿人，也主要来自这些地域。

---

① 经统计，《观察》主要撰稿人的籍贯分布为：辽宁1人、天津4人、北京2人、河北4人、山东5人、河南2人、江苏18人、上海5人、安徽4人、湖北3人、浙江11人、江西4人、湖南5人、四川2人、福建2人、广东4人、台湾1人。

## 第三章 《观察》知识群体

正是上述自我身份认同的种种依据，构成了"《观察》知识群体"核心成员在自发或自觉地聚成群体时的错综复杂的关系网络。透过这样一张关系网络，从单线来说，可窥见对"《观察》知识群体"核心成员影响重大的几个方面：教育背景—任教学校—团体组织—创办刊物—活动区域。在此过程中，各个方面、各种人物交汇，由此成就了不断放大的知识网络。不但《观察》周刊既是这样一张错综复杂的知识网络中的一个环节，而且聚集于《观察》周刊的编辑人员和主要撰稿人，也正是通过这样一张关系网络，构成了《观察》知识群体的核心。

这样一张交织而成的"知识网络"很大程度上不是潜在的，《观察》周刊的编辑人员和主要撰稿人在进行身份认同时，往往依赖于它。然而，构成"知识网络"的各种依据，在社会流动性愈来愈大的现代中国，并不具有稳固性，相反地，易变性、浮动性倒是它们的共同处。比如"任教学校"在构成"知识网络"过程中的作用不容忽视，但正如一位研究者所指出，自抗战以后，大学教授的流动是自由的，也是经常的[①]。因此，《观察》周刊的编辑人员和主要撰稿人致力于扩张的"知识网络"，具有很大的不稳定性。表面来看，"《观察》知识群体"紧密围绕在《观察》周刊周围，构成了属于《观察》的"知识网络"，就其内部看，却依旧是一盘散沙。

### 三 分化

从上述构成《观察》上层知识群体的诸多因素（刊物传统、欧美派学人群体、"身份认同"），我们容易看出，由于现代中国知识分子形成的"知识网络"的不稳定性、分散性，或者说，由于在参政方式上明显表现出了三种倾向，即"参政""既议政亦参政"和"议政而不参政"，在实践上，他们就不可能是一个不可分割的整体，而只是一个松散的集合。如此，因其对参政的见解不一而相应分流为这样的三派。多

---

① 谢泳：《西南联大知识分子群的兴衰》，《二十一世纪》（香港中文大学）1998年6月号（总第14期）。

数情况下,三个派别各行其是,不仅不统一,甚至还互相攻讦。

在多数人加速分化的纷乱时刻,仍然有少数知识分子顽强地坚守自由主义的最后堡垒。梁漱溟退出了政治上的激进与保守之争,回到文化建国的立场。他退出意识形态的整体话语,通过检讨以往政治的失败,试图重构文化个体话语。与梁氏类似的是,《观察》周刊在风雨飘摇之际,仍固守自由主义阵营,继续发出独立、理性的声音。

1947年以后,在两极分化的浪潮中,储安平、杨人楩等坚持以自己的良知和理性评判一切。因此,《观察》周刊成为自由主义的一面旗帜,成为当时为数不多的自由主义者或为数甚众的支持、同情自由主义的人们心目中的一片"净土"。此时的《观察》周刊,就像一块磁石,把成千上万的人吸引到了自己身边。由此而来的是,《观察》知识群体的力量不仅没有削弱,反而大幅度地增长。《观察》周刊的实际定户,在第3卷时仅3300余名,第4卷时竟然高9000多名,增长近3倍!①

然而,在两极分化的趋势中,夹在激进与保守之间的自由主义的声音毕竟已经微弱。② 作为一种弱势声音,尽管也有它存在的一些理由,但毕竟自由主义运动的"黄金时代"已在全面解放战争的炮火中烟飞云散,因而等待它的,也就"已经不是灿烂的满天朝霞,而是凄惨的落日余晖了"③。

对于《观察》上层知识群体来说,他们当中的多数人是具有社会良知和社会关怀的自由主义知识分子,往往既是理想主义者,又是精英主义者,这就决定了他们只能处在政治事务的边缘,既不能同国民党当政者进行种种耐心的周旋从而取得一些起码的政治权威,也不能同民众建立起密切的联系。尽管他们得到了许多读者的支持、同情和信任,但终究"只是一种潜在的力量,而非表面的力量,只是一种道德权威的

---

① 参见《观察》第3卷第24期、第4卷第24期"报告书"。

② 1947年杨人楩发出了"自由主义者往何处去"的疑问(《自由主义者往何处去》,《观察》第2卷第10期)。次年,他又感叹说:"一年以来,自由主义遭受了左右夹攻,颇有无以招架之势……"(《再论自由主义的途径》,《观察》1948年第5卷第8期。)

③ 许纪霖:《现代中国的自由主义传统》,《二十一世纪》(香港中文大学)1997年8月号。

# 第三章 《观察》知识群体

力量，而非政治权力的力量，只是一种限于思想影响和言论影响的力量，而非一种政治行动的力量"①。他们不可能成为一种凌驾于政治、军事之上的"超然力量"。因而当 1948 年 12 月国民政府下令查封《观察》、逮捕《观察》社一干人等时，貌似强大的《观察》上层知识群体也就随之土崩瓦解。在这一点上，我们不无遗憾地看到，即使强大如《观察》上层知识群体，也仍然难免重蹈以前的自由主义团体如平社、"现代评论派"那样的命运。

## 第二节 "《观察》知识群体"的灵魂：储安平

对于今天的人来说，储安平这个名字已经很陌生，因而在这里先简要介绍储安平并考述他生平若干事迹是有必要的。

储安平（1909—1966？），江苏宜兴人，著名新闻出版家。1932 年毕业于上海光华大学英文系②，毕业前后曾出版了政论集《中国问题与名家论见》、短篇小说集《说谎集》等著作。1934—1936 年任《中央日报》文学副刊编辑、主笔。1936—1938 年留学于英国伦敦大学政治系。抗战爆发后，储提前回国，出任复旦大学教授以及中央政治大学研究员，后任湘西蓝田国立师范学院教授以及多家报纸主笔和编辑等职务。抗战胜利后，在重庆短暂地编过《客观》周刊，1946 年初离开《客观》周刊，于 9 月 1 日在上海创办并主编后来"风行一时"（费孝通语）的《观察》周刊。1948 年 12 月 24 日，已成为当时中国自由主义知识分子重镇的《观察》周刊，被国民政府查封。

---

① 储安平：《中国的政局》，《观察》1947 年第 2 卷第 2 期。
② 1928 年秋，储安平从光华大学附中毕业后进入光华大学。对于他在光华读的是什么专业，一直存在争议。戴晴说："他在光华读的是新闻系，从 1928 年到 1932 年。"陈子善认为"1928 年秋，储安平考入光华大学政治系。"而谢泳根据赵家璧在《和靳以在一起的日子》一文中说"储安平是我在光华附中、大学读书时代的同班同学，娶女同学端木新民为妻"，作出推断，认为赵家璧是光华大学英国文学系毕业的，以他和储安平是同班同学来看，储安平也应当是英国文学系的学生。

## 下篇 《观察》周刊研究

### 一 储安平与徐志摩之关系

可能由于储安平是20世纪40年代著名的自由主义知识分子之一，他的名声主要来自他主编的政论刊物《观察》，他本人又擅长政论，很少有人注意到他早期对文学的热情，也没有人提及过他曾是中国现代文学史上重要文学流派新月派的一员。我们可以从储安平与新月派核心成员徐志摩的关系，看出储与新月派的密切关系。

与那个时代绝大多数青年一样，储安平早在中学时期就已经开始了文学创作活动。但他这时对戏剧的热情，要大过文学创作。因而就有了他与徐志摩的第一次见面。

储安平在《悼念志摩先生》一文中回忆说：

> 我初次认识他是在五年前的一个春天。那时……在华龙路新月书店三楼谈话，在座有余上沅先生江小鹣先生吴瑞燕女士这一些人。①

余上沅在华龙路新月书店的时间只可能在1927年夏至1928年9月期间，因为1928年9月他已辞去新月书店经理离沪北上②，而新月书店于1927年夏才创办。于是，根据储安平说的"我初次认识他是在五年前的一个春天"，可以确定，他与徐志摩第一次见面的时间是1928年春天。

据储安平回忆，1928年春天，上海市龙华路新月书店三楼的一个房间坐满了人，这群人中有血气方刚的学生，也有二十八九岁的青年男女，大家围住一个肤色白皙、戴一副圆眼镜、身材修长的青年男子，热烈地讨论着。这个青年男子是徐志摩，二十八九岁的青年男女是余上沅、江小鹣和吴瑞燕——这三人中前两人是新月派热衷于戏剧的成员。

---

① 储安平：《悼念志摩先生》，《新月》1932年第4卷第1期。
② 《新月》第1卷第7期（1928年9月10日）刊登了"余上沅启事"，宣称辞去新月书店经理，落款的时间是"十七年九月七日"。

## 第三章 《观察》知识群体

那几个血气方刚的学生,是储安平和光华大学附中热爱文学的几个同学。他们聚在这里讨论如何排演话剧《茶花女》。这是储安平第一次见到徐志摩。当时为避战乱徐志摩携陆小曼刚由北平来到上海不久,储安平觉得"志摩先生就像一架火炉,大家围着他感到有劲"①。

虽然初次见面时储安平并没有从徐志摩那里受到直接的指导,但是徐志摩给储安平留下了良好的印象。这种良好的印象,为储安平在文学创作和思想倾向方面接受徐志摩的影响,成为新月派的一员奠定了基础。

1927年9月,徐志摩任教于光华大学英文系,次年储安平进入英文系学习,成为徐的学生,这意味着"一次更接近的通气是不消说的"②。此后,两人来往频繁,交情也就逾越了师生关系,成为朋友。

1930年春天,储安平编《今日》杂志,向徐志摩要稿子。当时在北平的志摩来信还惦记着江南的妩媚,储安平在西湖时,曾装了一袋桃花寄给他。

相似的精神气质,使储安平喜爱徐志摩的诗歌和散文,视他为文学导师。为了提高文学修养,储安平曾在北平守候徐,以便当面请教。徐志摩逝世后,储安平坦言自己写散文受到徐的影响:

> 我写散文多少是受着他的影响的。"在相识的一淘里,很少人写散文。不过",他说:"在写作时,我们第一不准偷懒……"对于他这份督促我永远不敢忘记。③

储安平说自己永远不敢忘记徐志摩的督促,他也是这样做的。1936年储安平叙说自己写作的态度:

> 我得承认,在每一次习作的时候,我的心情都是十分认真严穆

---

① 储安平:《悼念志摩先生》,《新月》1932年第4卷第1期。
② 储安平:《悼念志摩先生》,《新月》1932年第4卷第1期。
③ 储安平:《悼念志摩先生》,《新月》1932年第4卷第1期。

的……我每一篇小说写成了之后，要修改三四次甚至五六次……①

我们现在看储安平1930年的散文，很讲究辞藻，抒情的味道较重，隐约可见徐志摩的影子，《小病》《一条河流般的忧郁》《墙》等篇章与徐志摩的《自剖》等风格相似，《豁蒙楼暮色》与徐志摩的《翡冷翠的一夜》有着相同的情调。

由于储安平与徐志摩存在上述关系，他在光华时期所写的散文大多发表在《新月》上就不足为奇了。储安平发表在《新月》的散文共有5篇：《墙》（3卷7期）、《一条河流般的忧郁》（3卷12期）、《一段行军散记》（4卷7期）、《豁蒙楼暮色》（4卷7期）、《悼念志摩先生》（4卷1期）。由于深受徐志摩散文的影响，储安平的这些散文主要书写生命体验和人生思考，带有自传色彩，辞藻华丽，意境唯美，虽然数量不是很多，但后来几乎所有人评论《新月》散文创作或者编选《新月》散文作品时，他的散文都是不可少的。在散文的写作上，储安平可以说是新月派的后起之秀。1984年，梁实秋和叶公超在台湾主编《新月散文选》，选了储安平的三篇散文，徐志摩和梁实秋这两位公认的《新月》散文大家也不过每人选了四篇，可见对储安平散文的推重。② 由此也可以确定，储安平属于新月散文派。

二 储安平的《观察》言论及其独立发言精神

"《观察》时期"是储安平一生中事业的辉煌时期。《观察》周刊杂志由储安平创办和主编，储无疑是《观察》周刊的灵魂。通过考察他在《观察》周刊上发表的政论和杂论文章，可看出他对独立发言精神的恪守。

---

① 储安平：《〈说谎者〉自序》，张新颖编《储安平文集》（上），东方出版社1998年版，第123页。

② 谢泳：《储安平与〈观察〉》，中国社会出版社2005年版，第10页。

## 第三章 《观察》知识群体

**(一) 储安平在《观察》中的言论及其立场**

《观察》周刊创刊伊始,就以自由主义的姿态鹤立于当时纷纭的报纸杂志林中。但是,《观察》周刊的自由主义立场,并不意味着它的言论主张只是一些隔靴搔痒的讨论。事实上,它之所以能够在短短的 2 年多时间内,销量从 400 份上升到 100 500 份,主要靠的就是它敢说敢批、不偏不倚的政论风格。这种政论风格,从储安平在《观察》中的言论可以明显看出。

储安平在《观察》中的言论,充分体现了他坚持独立发言的精神:

1. 对国民党腐败政治的批评

《失败的统治》是储安平为《观察》周刊写的第一篇时评。在这篇文章中,储安平首先指出国民党 20 年的统治是一场"失败的统治",接着以欧美政党政治的正常运作来比较国民党的失败。他一针见血地指出国民党"只知以加强政治的控制来维护其既得的政权"。他大声疾呼:"20 年的时间不算短;20 年的历史说明单靠消极的政治控制维护不了既得的政权;这条路走不通,越走越近死路。"① 在这篇储安平为《观察》周刊写得最早的时评中,就已表现了储安平在政治上的明确态度和他极强的逻辑推理能力。他完全是以一个超然独立的姿态,毫无顾忌地批评现政权,言辞激烈、简洁,态度明确。

在此后发表于《观察》周刊的时评中,储安平的上述风格继续得到体现。1947 年 3 月发表的《中国的时局》一文,对国民党的腐败无能总结了一种广泛持有的观点:

> 现政权的支持层原是城市市民,包括公教人员、知识分子、工商界人士。现在这一批人,没有对南京政权有好感。国民党的霸道行为作风使自由思想分子深恶痛绝;抗战结束以来对公教人员刻薄待遇,使他们对现政权赤忱全失;政府官员沉溺于贪污作弊,他们

---

① 储安平:《失败的统治》,《观察》1946 年第 1 卷第 3 期。

进行种种刁难使工商界人士怨气冲天;因财政金融失策以及内战不停而造成的物价暴涨,使城市市民怨声载道。①

此论对国民政府的腐败无能和统治的衰落作了入木三分的揭露。储安平对社会洞察之明,在当时是不多见的。

2. 对学生运动的同情和支持

1947年5月,上海、北平、南京等城市学生举行罢课、游行、请愿,要求改革学制、改善生活,反对内战。国民政府对学生运动采取镇压政策。针对这种情况,储安平相继在《观察》周刊发表两篇评论学潮的文章。他在3月初学潮刚开始时,就极富远见地指出:"我们认为这些学潮的底层,都潜伏着一个严重的政治问题,即今日一般青年学生对于现状的普遍的不满。"并预言学潮将"从局部的变为全面的,从分散的变为团结的,从不公开提到政治问题而趋向公开提到政治问题"②。这年5月底,全国学生运动的发展证实了这一预言。

储安平之所以能够对学生运动的发展规律做出准确的判断,是与他对学生运动的同情和支持分不开的。他在《大局浮动·学潮如火》一文中,向国民党当局据理解释学潮的起因,批评国民党当局采取严厉处置方法的失当,警告说:"要知今日中国得人心学生已非严厉斥训或强力弹压所能骇退得了。"③ 接着,在《学生扯起义旗·历史正在创造》一文里,驳斥国民政府认为学生的行为已越出应有的范围、此次学潮完全受人利用的指责,指出:"我们认为这次全国的学潮完全是政府逼出来的。学生的意志绝对是自发的,而非被动的。"④ 两篇文章处处流露出储安平对学生运动的同情和理解。

但是他对学生运动予以同情和理解,并未因热情压倒理性的分析。他说:

---

① 储安平:《中国的政局》,《观察》1946年第1卷第2期。
② 储安平:《大局浮动·学潮如火》,《观察》1947年第2卷第13期。
③ 储安平:《大局浮动·学潮如火》,《观察》1947年第2卷第13期。
④ 储安平:《大局浮动·学潮如火》,《观察》1947年第2卷第13期。

## 第三章 《观察》知识群体

> 我们并不偏袒学生，认为学生每一句话都是对的，或每一件事都是对的。学生年轻，富于理想，他们所追求的目标有时不免失之过高，而且在群众的情绪下，感情亦不免容易冲动。但是从大体上说，学生常常是站在正义一方面的。①

由于储安平既同情和支持学生运动，又能进行理性的分析，他对学生运动的发展能够做出准确的预测也就不使我们吃惊了。

3. 对言论自由价值的维护

国民党政府的统治是为他所痛恨的。他指斥当权者："在台上的人们要知今日中国没有一个人不讨厌你们，仇视你们。"② 但在那样"腐败黑暗的国家"里，他还能独立办一份《观察》并以自由的心灵对国事发表独立的见解，这一点已是当时许多知识分子不敢想也不敢为的了。

由于第3卷第9期发表了储安平写的《评蒲立特偏私的、不健康的访华报告》，引起上海国民党领导的反感，国民党上海市党部和市政府要求停止《观察》周刊的发行。接着，找《观察》周刊发行人"谈话"，又有特务光顾储安平的寓所。南京、上海等地传闻《观察》周刊被查封的消息。然而，"在这样一个风浪时期，本社同人始终照旧工作"，《观察》周刊照旧出版，储安平写道："环境纵有波折，我们的心境始终宁静"，因为"在我们的心底里，我们有一种无可憾摇的信念"③。

如果说1947年12月6日发表于《观察》周刊的《评出版法修正草案（二）》对国民政府开放言论自由尚抱有一丝希望，仍诚恳地提出批评意见，那么，储安平在1948年7月17日出版的《观察》周刊发表的署名文章《政府利刃指向〈观察〉》，对国民党的言论管制虽据理力争，而更多的如文章结尾时所言："政府虽然怕我们批评，而事实上，我们现在则连批评政府的兴趣也没有了……因为大家都已十分消沉，还有什么可说？说了又有什么用处？"储安平对这个政府已经绝望，连批评它

---

① 储安平：《学生扯起义旗·历史正在创造》，《观察》1947年第2卷第14期。
② 储安平：《大局浮动·学潮如火》，《观察》1947年第2卷第13期。
③ 储安平：《风浪·熬炼·撑住》，《观察》1948年第3卷第24期。

的兴趣也没有了。但是,没有兴趣去批评它,决不意味着向国民党的言论管制屈服。即使《观察》周刊被查封,储安平仍满怀激情地说:"我们(也)应当挺起胸膛来,面对现实,面对迫害,奋不顾身。"①

4. 对美国及美国对华政策的评论

在储安平的《观察》政论中,有三篇以美国为对象的文章颇为引人注目,即《我们对于美国的感觉》《政府应对〈纽约下午报〉的攻击采取步骤表明态度》《评蒲立特偏私的、不健康的访华报告》。这三篇文章的重要性在于它们能帮助我们了解储安平及同时代许多自由主义知识分子对美国的态度。第一篇文章是针对美军驻华和美国参加调解而发的。储安平首先就美国在抗战期间对中国的援助及中国人民对美国的感情给予了很高的评价。就是在这样对美国的理性认识下,储安平不无遗憾地指出:"但是这种感情在过去短短的几个月中,已经起了很大的变化",因为"我们不满意目前美国种种对华做法"②。他所谓"目前美国种种对华做法",主要指美军驻华和美国参加调解。毋庸讳言,他对美国持有这种态度,一方面是由于对国民党20年腐败统治的强烈不满乃至憎恨,由此延伸到对美国支持国民政府表示不满;另一方面是因为他对外国干涉中国内政持根本反对态度。透过这几篇关于美国的评论,可以明显地感觉到,即使储安平这样坚定的自由主义分子身上,也有着十分强烈的民族主义倾向,这种倾向甚至影响了他在一些相关问题上的清醒程度。例如,他对腐败的国民政府本是深恶痛绝的,但是当《纽约时报》记者伦道尔撰文指责"蒋主席之姻亲使美国公司遭受损失而致富"时,他从民族主义立场出发,指出"假如(伦道尔所述)是虚造,我们认为伦道尔此文对于孔、宋两氏及蒋夫人,已构成严重的毁谤状态",建议"孔宋等氏对于伦道尔应立即提出法律控诉"。并敦促国民政府通过外交途径,向美国政府提出抗议,责令伦道尔及《纽约时报》正式向中国政府道歉,因为"伦道尔之文事涉国民政府主席的夫人,

---

① 储安平:《政府的利刃指向〈观察〉》,《观察》1948年第4卷第20期。
② 储安平:《我们对于美国的感觉》,《观察》1946年第1卷第11期。

## 第三章 《观察》知识群体

有辱国体"①。在《评蒲立特偏私的、不健康的访华报告》一文中，储安平认为："美国和苏联没有一个好东西，大家都想牺牲他人，替自己打算，使中国成为他们的卫星，成为他们的附庸。"② 无论从当时的历史情形看，还是以现代的眼光审视，储安平对蒲立特访华报告的批评都是有道理的。但他在文中流露出的民族主义已近偏激，这是引人深思的。有学者指出，自由主义来到中国后，从一开始就被作为一种社会变革的工具性价值加以引介阐释，其捍卫个人自由的终极价值悄然隐去，而凸显了其民主主义的工具价值。③ 如果他所谓"民主主义的工具价值"亦包含民族主义的层面，则储安平流露出的这种民族主义的倾向，应当是那个时代的自由主义知识分子身上共有的一种局限。

《观察》周刊办刊是成功的，这有经历过那个时代的人们的口碑为证。费孝通曾说："《观察》及时提供了论坛，一时风行全国。现在五六十岁的知识分子很少不曾是《观察》的读者。"冯英子说："《观察》已经在上海出版了，而且很快受到了读者的欢迎，特别是在知识分子中有较大的影响。应当说，从《观察》的出版到后来被迫停刊，这个刊物一直是办得比较成功的。"④ 事实上，不论在短短的两年内迅速崛起为国统区发行量最大的政论性刊物，还是作为中国自由主义的最后堡垒，周围聚集了一批重量级的自由主义知识分子，《观察》周刊确是一个奇迹。这个奇迹出现于风雨飘摇的20世纪40年代后期，与储安平的努力是分不开的。《观察》周刊的成功，反映了以储安平为代表的自由主义知识分子希望通过言论来参与国家政治生活的强烈愿望。

如果说恪尽职守的敬业精神只是他分内应有之事，那么，储安平在《观察》时期坚持独立发言精神，在当时复杂而动荡的环境中矢志坚守追求自由民主的理想阵地，则不能不使后来的《观察》读者肃然起敬。

---

① 储安平：《政府应对〈纽约下午报〉的攻击采取步骤表明态度》，《观察》1947年第2卷第22期。
② 储安平：《评蒲立特偏私的、不健康的访华报告》，《观察》1947年第3卷第9期。
③ 许纪霖：《中国自由主义知识分子的参政（1945—1949）》，二十一世纪出版社1991年版。
④ 谢泳：《储安平：一条河流般的忧郁》，中国青年出版社1999年版。

## 第三节 "《观察》知识群体"的核心:主要撰稿人

### 一 概况

《观察》周刊之所以能在当时产生极大影响,与其拥有强大的撰稿群体有很大关系。1946 年年初,储安平起草了一份《拟约撰稿人名单》并进行函洽,"所拟聘请的撰稿人多为当时国内名校教授,个别为著名报人及政府官员"。储安平对此事格外重视,亲力亲为,"除了刊物缘起,'遵约担任'或'不克担任'的复信等印件外,大都另外附有私人亲笔的长信,以最大的热忱,要求允诺"①。在储安平看来,"允诺为其撰稿人的,则意味着一是答应为《观察》写稿,二是在精神道义上支持《观察》"②。结果,至创刊之前,这个名单中只有一位回复"不克担任",八位没有复信,其他人均复信"遵约担任"③。被列于《观察》周刊每期封面下方的撰稿人,共 70 位左右。另经统计,在第 1 卷至第 5 卷刊物中,列名的撰稿人中有 60 位为《观察》撰过稿,比例为 80% 以上。

《观察》主要撰稿人大都是知识界的名流、新闻界著名人士,既有赫赫有名的高等学府教授,如北大经济学教授杨人楩等,也有科研机构的资深专家和国民政府中的开明分子,如傅斯年。就性质而言,是一个以《观察》周刊为园地的自由知识分子的松散集合,他们没有所谓的纲领或者路线,也没有共同的主张,更多的时候,仅仅是一种精神或道义上的联合。其中绝大部分撰稿人均赐稿几篇至十几篇,为《观察》周刊文章的主要来源。正是这样的撰稿人的构成使得《观察》周刊中的文章内容价值真实有料,深受读者欢迎。《观察》主要撰稿人的构成决定了该刊于 1945—1948 年自由主义运动的角色和地位。

---

① 储安平:《辛勤·忍耐·向前》,《观察》1947 年第 1 卷第 24 期。
② 储安平:《辛勤·忍耐·向前》,《观察》1947 年第 1 卷第 24 期。
③ 储安平:《辛勤·忍耐·向前》,《观察》1947 年第 1 卷第 24 期。

# 第三章 《观察》知识群体

## 二 构成《观察》主要撰稿人群体的三层空间关系

这里所说的"空间",其概念不同于哲学时空观中的空间范畴,它指的是一种文化社会关系。之所以引进"空间"这一概念,是由于任何时代的人都无法脱离具体的文化空间而生存,正如无法脱离具体的物质空间。具体来说,不论中国传统的士人,还是现代知识分子,都是生活于一定具体的空间关系之中。人们在所处的具体空间关系中实现自我认同。

然而,一个众所周知的事实是,传统文人的身份认同,是在诸如地缘、血缘关系为主要内容的历史脉络中得到实现,而现代作家是现代都市的产物,他们在都市中通过各种各样的私人和公共交往,以及自身有目的的实践活动,构建各种空间关系,并在这些空间关系中实现自我认同。关于这点,福柯(Michel Foucault)曾提出了一个令人信服的解释,他认为:在现代都市生活之中的人们,处于一个同时性(simultaneity)和并置性(juxtaposition)的时代,人们所经历和感觉的世界,是一个点与点之间互相联结、团与团之间互相缠绕的人工建构的网络空间,而不是传统社会中那种经过时间长期演化而自然形成的物质存在。① 在现代都市空间里,人们的交往已经丧失了传统社会的地缘与血缘纽带,而是在"一个点与点之间互相联结、团与团之间互相缠绕的人工建构的网络空间"进行。在这种新的空间关系里,现代作家的身份认同不是寻找共同的历史根源感,而是取决于多元复杂的公共空间。例如,中国现代作家来自五湖四海,当他们聚集于北京、上海这样的大都市里时,正是通过具体的都市公共空间实现相互的交往和自我认同。这些空间主要是指茶馆、咖啡馆、沙龙、书店、社团、同人刊物、公共媒体、出版社、大学等。正是这些现代都市空间中的形形色色的"点",编织成了现代作家公共交往的空间关系。

在现代都市网络空间里,作家身份认同取决于多元复杂的公共空

---

① [法]福柯:《不同空间的正文与上下文》,陈志梧译,包亚明主编《都市与文化》第1辑《后现代性与地理学的政治》,上海教育出版社2001年版,第18—28页。

间，也就是说，现代作家对某种身份的自我确认，取决于他归属于什么样的空间关系。这种对现代作家身份认同具有归属意义的空间关系，主要有以下三层。

第一层是以教育背景为基础形成的等级性身份关系。所谓教育背景，包括国内和国外受教育的背景。布迪厄的分析表明：现代的学校体制以知识中立的方式，不断生产着以名校毕业生为顶尖阶层的知识分子等级。① 为了获得更多的文化资本，青年学生要拼命挤进名校或出国留学，以获得显贵的教育出身。而名校或留学海外的毕业生，又形成了一个半封闭的交往共同体。这些概括，在中国现代作家身上得到较为明显验证。就《观察》主要撰稿人的教育背景来说，有三人就读于燕京大学、六人为清华大学出身，其他人也都毕业于国内著名高校，均接受了系统的知识训练。这些为后来他们加入《观察》知识群体提供互相认同的基础。

因为教育背景基本相同，《观察》主要撰稿人结束学院式教育后的任职状况也相同。他们回国后基本上有在大中学校任教的工作经历。他们任教的学校，又集中在北京、上海两地，甚至多数人同时任教于同一所大学，如多数任教于北京大学、清华大学。这种同事关系，不仅使他们认识、熟稔，乃至在交往过程中有限度地互相认同。颇具意味的是，他们当中不少人加入某一高校教育行列，绝大多数是通过熟人推荐，或通过已担任一定职务的其他知识分子"聘请"的方式。譬如，胡适在代理北京大学教务长期间，吸纳了赵元任、朱径农、颜任光、张奚若等到北大任教。

第二层是因政治文化倾向构成的意识形态空间关系。《观察》主要撰稿人绝大多数是知识分子而非传统的读书人，因为他们不再具有相对统一的意识形态，而是有不同的政治和文化观念，并且一般能自主地对面向大众发表对社会的看法，这样，在不同的撰稿人之间就形成了错综复杂的意识形态空间关系。他们以《观察》周刊为发表园地，面向社

---

① ［法］布迪厄、帕斯隆：《再生产：一种教育系统理论的要点》，邢克超译，商务印书馆2002年版。

## 第三章 《观察》知识群体

会发发表大致相同的意见。他们的研究领域虽相对广泛，涉及人文社科方面的经济、文学、法律、政治、哲学、历史、戏剧、社会学、心理学、新闻、教育学和理工方面的生物、物理、天文、地理、化学等，但是他们大多从所属专业或研究领域出发，或对国内某一领域某一问题，提出批判性的意见或建设性的建议，或介绍西方思维、制度、经验，尤其是经济、文学、政治、法律、新闻出身的一些知识分子对变动中的时局常常有着独到而敏锐的剖析。正是由于汇聚了当时中国思想最为深刻而活跃的一批学者，并通过储安平等苦心经营的这个平台，使得《观察》周刊成为自由主义运动的舆论风向标。

第三层是聚集在《观察》周刊周围，形成《观察》主要撰稿人群体。《观察》主要撰稿人聚集在《观察》周刊周围，形成了一个知识分子群体。而《观察》周刊，便是他们的黏合剂。

上述三层空间关系，构成了《观察》主要撰稿人群体错综复杂的关系网络。然而，必须指出，《观察》主要撰稿人群体是一个非常分散的群体，他们虽主要聚集在京沪两地，但仍有不少人遍布其他各地。他们依靠储安平和其他编辑与《观察》周刊发生联系，而这种联系显然不是一种组织上的联系，尤其是七十多名《观察》主要撰稿人之间的联系，仅仅是共同为《观察》周刊写稿，他们作为一个群体仅仅是建立在共同为《观察》写稿的基础之上，具体的观念和主张有所不同。此外，《观察》主要撰稿人群体对于社会的影响主要表现在舆论上，而不是现实的权力网络。上述三层空间关系，并未导致这个群体形成一定的权势网络，因为，他们的舆论必须通过《观察》编辑才能传播，通过读者才能实现社会影响，简言之，《观察》主要撰稿人的舆论是《观察》主要撰稿人、编者和读者共同努力的结果。这个结果，不是表现为一种权力或社会力量，而是一种精神力量，只有经过漫长的"思想影响"工作，才有可能转化为现实的力量。[1]

---

[1] 参见郑志峰《重建社会重心：战后自由知识分子群体研究（1945—1949）》，硕士学位论文，华东师范大学，2008 年。

## 第四节 "《观察》知识群体"的外围:读者

一 《观察》读者群体的特点

**(一) 数量巨大,增长迅速**

如第一章中"发行"所述,《观察》周刊创造了当时中国报刊出版史上的奇迹,不但发行总量十分巨大,而且以最短的时间最快的速度,攀上了杂志发行量的高峰。仅第 4 卷的总发行量,就达到 92.5 万份,而第 1—4 卷的总发行量达 200 多万份。这个发行量,可谓创造了中国新闻史上奇迹。巨大的发行量为《观察》周刊造就了庞大的读者群体。储安平估计,"每一本《观察》,平均有五六个人阅读"[①],如果据此计算,仅第 5 卷第 18 期《观察》的读者人数就有五六十万,而第 1—4 卷《观察》读者总人数超过 1 千万。如果根据"读者来信"中反映的"每期的读者总在十人左右"[②] 来计算,《观察》读者群体的人数能达到两三千万。

不但《观察》周刊发行量巨大,其发行量的增长也十分迅速,短短两年时间内增长了 20 倍。《观察》周刊发行量增长的趋势,反映了其读者群体迅速扩大的态势。而且,随着时局恶化,《观察》周刊发行量和读者群体增长的幅度扩大。比如,仅 1948 年下半年,《观察》周刊发行量就增长了 10 倍。《观察》读者群体的迅速增长,一方面说明《观察》周刊的影响力扩大,很受当时中国知识分子欢迎;另一方面也表明,面对动荡的时局,越来越多的知识分子对国家和民族前途以及其个人命运表现出热切的关注。

---

① 《观察周刊社启》,《观察》1946 年第 1 卷第 18 期。
② 《古传贤函》,《观察》1947 年第 3 卷第 14 期。

## 第三章 《观察》知识群体

### （二）由忠实读者和普通读者构成，前者为主体

任何报刊一旦出版发行，就会拥有两种读者：忠实读者（或称"热心读者"）和普通读者。前一种一般是报刊的直接定户、老读者，在思想、政治态度和文化心理等方面与报刊基本一致，因而对报刊的生存、发展负有道义责任，常表现出与报刊休戚相关的情感；后者不具备这些。"直接定户是一个刊物的基本读者，也是这个刊物最忠实并最关切这个刊物的读者。"① 由于直接定户相对稳定、数量较大，他们构成了《观察》读者群体的主体。

### （三）以中青年为主，青年最多

按照储安平最初的设想，《观察》读者群体的年龄应该"大部分是在三十岁，或者至少是二十五岁以上"②。但后来读者反馈的信息来看，"三十岁以下的读者占着很大的比率"③。在参与调查的323位读者中，"年龄最大的是六十四岁，年龄最小的是十七岁（在高中二年级读书）"④。这323位读者年龄分布状况为：20岁以下19人，约占总数的5.8%；20—29岁的有143人，约占总数的44.2%；30—39岁的有90人，约占总数的27.8%；40—49岁的有32人，约占总数的9.9%；50岁以上的有5人，约占总数的1.5%。可见，从年龄构成来看，《观察》读者群体以中青年为主，青年最多。

### （四）以受过高等教育者为主

创刊之初，储安平对《观察》读者群体的教育背景的设想是，以"高级知识分子"为主，中学生不在读者范围内。从接受调查的323位

---

① 储安平：《辛勤·忍耐·向前——本刊的诞生·半年来的本刊》，《观察》1947年第1卷第24期。
② 储安平：《辛勤·忍耐·向前——本刊的诞生·半年来的本刊》，《观察》1947年第1卷第24期。
③ 安平：《三百二十三位读者意见的分析与解释》，《观察》1947年第2卷第12期。
④ 安平：《三百二十三位读者意见的分析与解释》，《观察》1947年第2卷第12期。

读者的教育背景来看，《观察》读者群体主要以受过或正在接受高等教育者为主，其比例达到67.4%①，但是这个群体中包括部分中学生，许多中学生也"非常爱好"阅读《观察》周刊。②

**（五）读者遍布全国各省市，但以江浙一带为主**

我们可以根据《观察》周刊直接定户的籍贯分布情况，了解其读者群体的地域分布。《观察》第1—4卷直接定户的地域分布情况如表3-1所示。

表3-1　《观察》第1—4卷直接定户地域分布情况统计　（单位：%）

| 卷次 | 华中 | 华北 | 华南 | 平津 | 江浙 | 上海 | 南京 | 四川 | 云贵 | 西北 |
|---|---|---|---|---|---|---|---|---|---|---|
| 1 | 18 | 10.5 | 5.5 | 5 | 12 | 8.5 | 7.5 | 17 | 6 | 10 |
| 2 | 18 | 10 | 8 | 6 | 12 | 7.5 | 6 | 12.5 | 5 | 13 |
| 3 | 18.8 | 8.3 | 13.4 |  | 12.3 | 7.9 | 5.5 | 12 | 4.2 | 13.6 |
| 4 | 18 | 6 | 13 | 6 | 14 | 12 | 9 | 11 | 3 | 7 |
| 平均比率 | 18.2 | 8.7 | 10 | 4.2 | 12.6 | 9 | 7 | 13.1 | 4.6 | 10.9 |

说明：①以上数据来源于《观察》第1—4卷"报告书"中对直接定户的统计（一般为饼状图）；

②除了表中所述地域，"东北"和"国外"也有一些直接定户，因为数量少，《观察》报告书中没有列出；

③表中一些地区包括的省份，与今天已然不同，其中，"[华北]包括冀、鲁、晋、豫、绥、察、热等省。[西北]包括甘、陕、新、青、康、宁等省。[华中]包括湘、鄂、皖、赣四省。[华南]包括港、粤、闽、桂、台等地。"③

由表3-1可以看出，《观察》读者群体的地域遍布全国各省，连偏远的云贵地区和西北地区也有不少读者，因此《观察》周刊是一个全国性的刊物。这与储安平对《观察》周刊的定位有直接关系，他一直坚持"以全国的读者作为对象，而不偏重于某一地区的读者"④。这个办刊方针具体表现在两个方面：一是在稿件内容方面，

---

① 安平：《三百二十三位读者意见的分析与解释》，《观察》1947年第2卷第12期。
② 《冯明源函》，《观察》1947年第2卷第10期。
③ 储安平：《辛勤·忍耐·向前》，《观察》1947年第1卷第24期。
④ 储安平：《辛勤·忍耐·向前》，《观察》1947年第1卷第24期。

## 第三章 《观察》知识群体

要求写全国人民共同关注的事件，不写某地方的小事件，在稿件思想方面，要求客观、公正，不执一己之私；二是在刊物发行方面，酌情照顾那些交通不便、发行受阻的地区，比如为了扩大刊物的覆盖面，从第 3 卷开始增出"华北航空版"，从第 5 卷第 3 期开始增加"台湾航空版"。

从表 3-1 中各省市所占比率可以看出，华中、四川、江浙、西北所占比率最大，且依次呈递减趋势。如果把上海、南京也算在江浙地区，那么，江浙一带的读者构成了《观察》读者群体的主体。这与《观察》周刊的社址在上海有直接关系，也与江浙一带自宋代以来就是中国人文渊薮之地有关。至于西北地区的读者也占较大的比率，是因为《观察》周刊比较关注中国西北民族问题①，由此受到此地读者的欢迎。

### （六）以学界、政界、工商界知识分子为主

依据《观察》第 1—4 卷"报告书"中对直接定户职业状况的统计，可制表 3-2。

表 3-2　　《观察》的 1—4 卷直接定户职业状况统计　　（单位：%）

| 卷次比率 | 学界 | 政界 | 工商界 | 军界 | 其他 | 不详 |
|---|---|---|---|---|---|---|
| 1 | 23 | 22 | 22 | 6 | 4 | 23 |
| 2 | 19 | 21 | 25 | 3 | 3 | 29 |
| 3 | 23.4 | 16.9 | 22.3 | 4.6 | 0 | 32.8 |
| 4 | 26 | 13 | 17 | 4 | 0 | 40 |

说明：①以上数据来源于《观察》第 1—4 卷"报告书"中对直接定户的统计（一般为饼状图）；
②表中的"其他"包括"律师、医生、教师等"②。

---

① 例如，《观察》第 1 卷第 14 期为《新疆变乱记略专辑》，专门报道和讨论中国西北边疆的民族问题。
② 储安平：《辛勤·忍耐·向前》，《观察》1947 年第 1 卷第 24 期。

根据表3-2,《观察》读者群体主要是学界、政界和工商界的知识分子。教师和在校学生的教育界人士最多,约占《观察》读者群体总人数的20%强。从读者反馈的信息来看,这个比例还要高一些,达到30%。高等院校教师和学生是《观察》周刊的忠实读者,有些大学的学生宿舍内几乎"每期均人手一册"①。

政界和工商界也有不少《观察》周刊的忠实读者,这两方面的直接定户数量约占20%。上海银行董事长陈光甫认为《观察》周刊"富有阅读价值",派人订阅多份,"分寄该行上海总行及各地分行的高级干部阅读"。政界也有很多人长期阅读《观察》周刊,"南京的高级政界,大部阅读《观察》",立法院院长孙科便是《观察》周刊的长期直接定户。②

军人在《观察》读者群体中"多到几乎要在本刊原有的三大类主要读者之外,成为另外独立的一类了"③。这是值得注意的现象。一方面,这说明当时的军人普遍有一定的文化程度,能自主阅读《观察》这样的政论刊物;另一方面,当时正是解放战争期间,军人关注、阅读标榜自由主义、反内战的《观察》周刊,反映了他们反对内战、渴望和平的愿望。

## 二 《观察》读者群体的"共同发表意见的园地"——《观察》周刊"读者投书"栏

"读者投书"是《观察》周刊专设的通信栏,该栏目延续并发展了《新青年》以来报刊通信栏的形式,供普通读者指陈时事、与同道交流,成为读者和编辑共同探讨问题的一种特殊方式,产生了广泛的社会影响,具有独特研究价值。对于《观察》周刊"读者投书"栏,迄今为止,相关研究还极少,以下试作探讨。

---

① 安平:《三百二十三位读者意见的分析与解释》,《观察》1947年第2卷第12期。
② 安平:《三百二十三位读者意见的分析与解释》,《观察》1947年第2卷第12期。
③ 储安平:《吃重·苦斗·尽心》,《观察》1948年第4卷第23、24期。

## 第三章 《观察》知识群体

**（一）"读者投书"栏的创设与停办**

《观察》第 2 卷第 1 期正式增设"读者投书"栏，首期"读者投书"刊发题为《致读者》的开栏语：

> 从第二卷一期起，我们腾出这一页来刊载读者投书。但读者投书时，希望是一封"信"，而不是一篇"文章"；不要长篇大论，最好二三百字，甚至寥寥数行亦可。纸价太贵，我们希望尽量经济篇幅，俾能多登几封读者来信。①

在本期刊物最后一页的"编辑后记"中，编者又就"读者投书"栏的开设作了几句话说明：

> 自本卷起，我们将原来是广告地位的"封里"，不刊广告，改刊读者投书，但请勿长篇大论，每信不超过五百字最好。②

以上并未详陈开栏动机与理念，直到《观察》周刊第 2 卷第 24 期第 2 卷的"读者报告书"，储安平才道出其中原委：

> 关于编辑部分，第一卷结束时，我们打算至第二卷起，增加篇幅至三十二页。在我们的编辑计划上，自第二卷起，我们打算增开"读者投书""观察文摘"和"观察漫画"三栏，并扩充文艺栏的篇幅，在此计划下，原有的二十四页自然不够分配。但是就在第一期出完，休息的两个星期中，金潮泛滥，百物齐涨，其中纸价的上涨最可骇人。在这种情形下，扩充篇幅的计划只得收起。但原定增开的"投书、文摘、漫画"三栏，则决计使之实

---

① 《致读者》，《观察》1947 年第 2 卷第 1 期。
② 《编辑后记》，《观察》1947 年第 2 卷第 1 期。

现,文艺篇幅无法扩充,而刊载学术理论文章的"特稿连载"一栏,不得不暂时取消。"尾页"也随之取消。并腾出一页广告地位以容纳读者投书……

从这段话可知,"腾出一页广告地位以容纳读者投书",是因为纸价上涨。至于开设本栏目的理念和具体规定,则迟至第3卷第24期刊出的第3卷"读者报告书"中,才有较为明确的说明:

关于投稿的情形,我们也愿在此附带报告。一个言论刊物,本来应该是为全国作者读者所共有的,我们极其诚恳的希望,本刊能成为全国作者共同发表意见的园地……

读者投书一栏本来是供给一般读者发表意见的,但发表的意见应以与公共生活有关,或有公共的意义者为限,纯然属于个人生活的诉苦,不在录取之列。提出的问题太限于地方性质的,我们也不一定能发表,因为投书很多,其间不得不有大小轻重之别。对于任何个人的批评,应以政治性质的批评为限,不应涉及法律性质的个人攻讦,最不能使我们同情的一种投书,就是不负责任的攻击。①

开设"读者投书"栏,是为了"供给一般读者发表意见",以使"本刊能成为全国作者共同发表意见的园地"。对于"读者投书"栏的内容,储安平也作出了明确规定:一是公共性,二是涉及的地域要广,三是政治性批评。

自《观察》周刊第2卷第1期起,"读者投书"成为该刊一个常设性固定栏目,一直持续到第5卷第11期,共刊出78期。

---

① 储安平:《风浪·熬炼·撑住》,《观察》1948年第3卷第24期。

## 第三章 《观察》知识群体

**（二）"读者投书"栏的主要内容**

尽管储安平对"读者投书"栏的内容提出具体要求，作出限制，但仍难免内容出现驳杂。这自然归因于该栏目的作者来自全国各地各社会阶层，其关注点和诉求难以趋同。虽然如此，"读者投书"栏的内容还是总体上可归之为四类："第一类是时事评论及建议，第二类是新闻性信息，第三类是阅读《观察》文章所引发的感想，第四类是有关刊物编务的编者公告。"据统计，"读者投书"栏"共发表投书393篇，其中，'时事评论及建议'类来信142篇，占36.1%；'新闻性信息'类来信146篇，占37.2%；读后感87篇，占22.1%；编者公告18篇，占4.6%"①。从这个统计来看，广大读者最热衷于针对时事新闻发表意见，这反映了民间知识分子对时局不仅关注而且忧心忡忡，纷纷建言。

### 三 《观察》读者群体的功能

对于一个报刊而言，编者和主要作者固然重要，但若是没有聚集在报刊周围的知识群体的协助，即使有回天之力，也不可能取得比较好的成就。《观察》周刊能够在发行量、定户数等方面创造现代中国出版史上的奇迹，与聚集在周围的读者的支持和协助分不开。"《观察》知识群体"外围成员是《观察》周刊通向社会各阶层的桥梁，承担着三项功能：促进刊物的成长、沟通刊物和普通读者、连接杂志社和社会。

**（一）促进刊物的成长**

这一项包括向杂志社提出各种反馈意见，提供稿件。《观察》创刊以后，广大读者怀着保护和扶持这一个"能言""敢言"的刊物的热情，纷纷就杂志社组织和具体栏目等问题各抒己见。有的建议《观察》

---

① 田秋生：《战后普通知识群体的报刊论政——〈观察〉周刊"读者投书"栏考》，《现代传播》2018年第1期。

社允许读者入股；有的建议继《观察》周刊开辟华北航空版之后，再辟西南航空版、西北航空版、台湾航空版乃至华盛顿航空版等；还有的则鉴于1948年全国通货膨胀、《观察》社经济困难的情况，提议杂志社接受读者捐款。当然，这些意见，储安平和《观察》社不一定全部采纳，但读者的参与精神和普遍关怀的倾向，已使《观察》周刊不仅仅是自由主义知识分子实现其"议政而不参政"抱负的一个"论坛"，也在事实上变成了广大读者的一项共同事业。

读者的意见，主要集中在对栏目设置的建议和对各栏目所发表的文章的评论两个方面。比如，"一般读者都感觉到本刊有一个最大的缺点，即没有时事短评，因而使这个刊物大大降低了接触现实的程度"。对于这个缺点，编者表示"完全承认，并亦充分同感"。但由于杂志社"人力的限制"，"我们还无法增设时评的一栏"。① 为了弥补这一缺憾，自第2卷第1期起，增添"周末辟栏"和"观察文摘"两个栏目。又，为了建立一个编者和读者之直接"对话"的渠道，自第2卷第1期起，"腾出一页广告地位以容纳'读者投书'"。据读者反映，"读者投书"栏目"甚受欢迎"，甚至其中不少"投书"成为其他刊物发表的论文中引用的材料。② 对于各栏目所刊载的文章，读者的评论不一。譬如，"文艺"一栏刊载了李慕白的《海外忆》一文，由此"引起许多不同的意见"。有三位撰稿人及一名读者曾特别致函编者，批评选用此文。③

《观察》周刊是一个政论刊物。其政论文章大多系封面所列78位主要撰稿人撰写。由于这78位主要撰稿人分散居住在全国各地，故意见不能统一，而各人具体的论事态度、风格亦不同。鉴于此，傅斯年向储安平指出："《观察》语调，缺乏共同性"。储安平表示，日后将依据现实情况，"一步一步走"，努力克服这个"极大的弱点"。④

"各地热心的读者"通过直接或间接地向编者提出意见，与编者乃

---

① 储安平：《辛勤·忍耐·向前》，《观察》1947年第1卷第24期。
② 储安平：《艰难·风险·沉着》，《观察》1947年第2卷第24期。
③ 储安平：《三百二十三位读者意见的分析与解释》，《观察》1947年第2卷第12期。
④ 储安平：《艰难·风险·沉着》，《观察》1947年第2卷第24期。

## 第三章 《观察》知识群体

至主要撰稿人交流见解，互相磋商，在思想上逐渐达成不同程度的一致，从而使《观察》周刊由单一的欧美派学人群体的"论坛"起步，经过舆论整合，最终成为以自由主义者为主体，同时包含社会各阶层的弱势群体的代言人。

### （二）沟通刊物与普通读者

所谓"沟通刊物与普通读者"，主要指《观察》读者群体向基层的普通读者宣传《观察》周刊，进一步扩大《观察》周刊的读者圈子，增加定户数量。《观察》创刊之初，直接定户仅63份，至第1卷23期出版时，达2709份，至第2卷23期出版时达4793份，此后，更以成倍数的增长率飙升。这一成绩的功劳，固然在于《观察》社征求定户的工作做得好，但不容忽视的是，广大忠实读者自愿劝其亲友订阅该刊。为此，主编储安平在"《观察》报告书"中多次代表"本社同人"感谢读者的关爱。

许多赞赏《观察》周刊的忠实读者都以劝人订阅该刊为己任。如上海银行董事长陈光甫认为《观察》周刊"富有阅读价值"，遂派人订阅该刊若干份，分寄该行上海总行及各地分行的高级干部阅读；又有驻军河南的某师长，订阅两份《观察》周刊赠送友人。① 有的读者甚至表示，愿意义务替《观察》周刊做销售推广工作。②

正是通过这些分布在全国各地的忠实读者，《观察》周刊才没有局限于一地和某一固定读者群体，而是将自己的触角伸向全国各地，纵向波及从学生、教师、公务员、工商人士到政府高级官员，从青年到70岁老翁等各层次的读者。

### （三）连接杂志社和社会

不论储安平本人，还是70多位主要撰稿人，作为高级知识分子，

---

① 储安平：《三百二十三位读者意见的分析与解释》，《观察》1947年第2卷第12期。
② 《读者的盛意（二）》，《观察》1948年第4卷第3期。

他们与社会的联系是不紧密的。虽然是弱势群体的代言人,他们对社会下层民众的情况并不了解。这也是欧美派学人群体的一个通病。可以说,他们的受教育背景、他们的思想和态度,他们的职业(大都任教于高校),决定了他们不会躬问下层民众的疾苦,也一般不会主动和下层民众"对话"。这也就使今天的一些论者对他们作出"清高""脱离群众""缺乏一般群众基础"一类的评价。① 应该说,在《观察》创刊初期,这都是事实。不过,自从"读者投书"栏目开辟以后,情况发生了一些变化。

"读者投书"栏目,切合了解放战争全面爆发后,普通老百姓因备受经济、政治等方面的压力而痛苦、彷徨、困惑的心理,为他们长期被压抑的心灵找到了一个舒缓的决口。倘若我们考察一下这些积极"投书"的读者,可以发现,他们当中有许多是替那些不能或不便亲自撰写"投书"的下层民众"代言"。如第2卷第1期连续刊登了三则控告国民政府四处抓壮丁的读者投书;第5卷第5期"哥哥的不幸",则控诉币制改革使赴美留学的"哥哥"陷入"连回国的路费也没有"的困难境地;第5卷第9期署名"冀东皋家店胡××"的"两管区里的百姓",历数生活在国共两党"两管"地区的百姓尴尬的处境、悲惨的生活。

正是通过这些读者投书,《观察》社知悉了下层民众的困苦状况,从而引起他们内心对下层民众的同情乃至对其控诉的共鸣。由于这个缘故,即使在困难时期,《观察》社宁愿少登甚至不登广告,也要腾出版面来刊登"读者投书";甚至为了给那些经济困难的读者一点力所能及的帮助,《观察》社开展"半价定户"活动,为1500余名"清寒读者"提供了半价订阅的优惠服务。

"读者投书"所反映的信息和提出的建议,帮助《观察》社了解下层社会状况,使其能够及时地就事态做出较为客观的判断和反应,也加强了《观察》社和下层社会的联系。

---

① 如王中江在《从〈观察〉看中国自由主义认同及其困境》[《二十一世纪》(香港中文大学)2002年2月号(总第69期)]中认为,"而中国的自由主义者,清高式的对政治冷淡及其半推半就,恰恰使'最坏者'当政"。

## 第三章 《观察》知识群体

聚集在《观察》周刊周围的中下层知识群体，堪称杂志社的重要组成部分，也是杂志社进一步发展所不可或缺的资源。无疑，《观察》中下层知识群体不仅直接影响《观察》栏目的设置、文章内容等具体事务，而且在事实上成为连接《观察》社与社会的桥梁。他们的作为促使《观察》周刊在广义上成为一切要求民主、自由和进步的人士的共同事业。诚如一位《观察》读者所言："《观察》在名义上为先生（储安平——引者注）主编，但从远的方面看，它却是属于广大群众的。"[①]

---

[①]《读者的盛意（一）》，《观察》1948年第4卷第3期。

# 第四章 《观察》周刊对中国期刊编辑出版事业的贡献

《观察》周刊是成功的。这不仅体现在持续飙升的发行量和定户数,也体现在它广泛而深刻的影响。费孝通说:"《观察》及时提供了论坛,一时风行全国。现在五六十岁的知识分子很少不曾是《观察》的读者。"① 冯英子说:"《观察》已经在上海出版了,而且很快受到了读者的欢迎,特别是在知识分子中有较大的影响。"② 的确,《观察》周刊的影响,如储安平所言:"(是)向多方面放射出去的。"③ 正因为如此,很难确定其影响具体包括哪些方面。本章拟探讨《观察》周刊对中国期刊编辑出版事业的影响,以窥全豹。

## 第一节 富有个性的编辑思想

《观察》周刊的编辑思想主要表现在对期刊的社会职能、编辑的基本原则以及办刊精神的认识和主张上。

### 一 期刊的社会职能是以言论政,目的在于舆论监督

作为一种传播媒介,期刊在影响国家政治生活、设构文化建设方向

---

① 参见1985年出版的《新观察》35周年纪念册《我与〈新观察〉专栏》。
② 冯英子:《储安平的〈客观〉和〈观察〉》,《编辑记者一百人》,学林出版社1985年版,第40页。
③ 储安平:《吃重·苦闷·尽心》,《观察》1948年第4卷第23、24期。

## 第四章 《观察》周刊对中国期刊编辑出版事业的贡献

上应该发挥其重要作用。储安平创办《观察》周刊,正是基于对期刊社会功能的这种深切认识。他所选择的具体方式,就是以言论政、充分发挥期刊舆论监督功能。

储安平创办《观察》周刊并将刊物定位于时评政论,其目的并非要把《观察》办成一个政治斗争的刊物。在他的编辑思想中,编辑刊发对国事的公开陈述、批评或建议,都不过是本着自己的良心,出于对国家的至诚,是在自身范围内促进舆论的监督功能。对于国家民族的发展来说,"实行民主政治不能没有良好健全的舆论,我们既要有一个有风度的政治,我们还要有一个有风度的舆论"。[①]

《观察》刊行时期正是中国现代历史将要发生重大变革的时代。这一时代背景,为《观察》周刊履践自身的编辑思想提供了最充分的现实条件。《观察》周刊的编办者不仅自己撰写了大量政论文章,而且还不断约请社会各界著名人士针对现实广泛发言。一如前述,《观察》周刊的言论内容涵括了当时国家政治生活的基本焦点问题,如对国民党腐败政治的批评与指责,对中国共产党的信仰及力量的分析,对学生运动的同情与支持,对自由主义知识分子作用的肯定,对言论自由价值的维护,对发达国家对华政策的评价,等等,无不体现了《观察》周刊对期刊社会功能的自觉追求。

### 二 期刊编辑的基本原则是客观、公正、理性

以言论政要求刊物保持其客观性,起到独立舆论机关的作用。为此,《观察》周刊在发刊词中明确说明:"我们的态度是公正的、独立的、建设的、客观的","我们放言论事的基本纲领立场,亦即本刊同人共守的信约"就是民主、自由、进步、理性。储安平说:"思想的出发较之思想的归宿,远为重要,所以信从一种政治上的思想,必须基于理性而非出于感情;而于重视自己的思想自由时,亦须同时尊重他人的思想自由"。因此,"政治上的看法,见仁见智,容各不同,但我们的

---

[①] 储安平:《我们的志趣和态度》,《观察》1946 年第 1 卷第 1 期。

态度是诚实的、公平的，我们希望各方面都能在民主的原则和宽容的精神下，力求彼此的了解"①。基于此，《观察》周刊既对现实政治普遍关注，无论对政府、对执政党或反对党均有品评，又在具体编辑方针上，遵循客观、公正、理性的总体编辑思想。在此基础上，制定了相应的来稿编辑原则，并在各期刊物中标示出来：

一，只要无背于本刊发刊辞所陈民主、自由、进步、理性四个基本原则，本刊将容纳各种不同的意见。我们尊重各人独立发言、自负文责。在本刊发表的文字，其观点论见，并不表示即为编者所同意者。二，本刊在任何情况下，不刊载任何不署真姓名的任何论文。

这两条编辑原则，使《观察》周刊赢得了广大读者的信任。譬如，1948年解放战争进入全面反攻阶段后，国统区谣言纷起，《观察》周刊成为人们了解战局真相的主要信息来源。甚至半个世纪后，费正清在主编《剑桥中华民国史》时，仍对《观察》周刊的价值予以肯定，认为它是当时"少数可利用的资料来源之一"②。

### 三 编辑办刊应坚守独立自主的精神

《观察》周刊的刊徽上有明确的文字标识：Independent（独立）和 No-party（无党派）。这自然是该刊富有个性的编辑思想的一个具体反映。《观察》周刊说："Independent（独立）是我们的主要精神之一，而我们所以如此者，就因为我们认为：要维持完整的人格，必须保有独立的意见。这个原则是我们绝对不能放弃的。""我们绝对不愿因为外来干涉的意见而改变我们的编辑政策。我们的编辑政策是独立的、不受

---

① 储安平：《我们的志趣和态度》，《观察》1946年第1卷第1期。
② [美]费正清主编：《剑桥中华民国史》（下卷），第835页；亦可参见谢泳《〈观察〉五十年》，《学人今昔》，长春出版社1997年版。

## 第四章 《观察》周刊对中国期刊编辑出版事业的贡献

外来干涉。"① 储安平当初放弃《客观》而另办《观察》,也正是因为他主张独立自主的办刊精神。在他看来,"不仅刊物的立场、态度、水准等,能符合我们的理想,并且这个刊物的机构在办事上也能多少贯彻我们的精神"②,否则,至少在办刊的目的上是失败的。

《观察》周刊独立办刊的精神从两个方面得以体现。

第一,经济独立是摆脱外界干涉、思想独立的前提。

报刊是现代国民的精神食粮。如何办好报刊,首先要报刊经济独立。《观察》周刊是一份民办杂志,靠集股创立。在征集股金时,储安平等发起人特别注意不接受来自官方或政治团体的资金。即使在杂志社财政极其困难的时期,有读者建议该社接受读者捐款或向读者募捐,编办者仍以这种做法"不公道"而婉言谢绝。③

《观察》周刊如此强调"经济独立",同编办者对报刊的认识有关。储安平在创办《观察》周刊以前,曾先后编办过《文学时代》④《客观》等刊物。由于这些刊物"虽由他主编,但不是主办,很多事情有诸多牵制"⑤,所以终究不能够如他所愿,而这些刊物也由于不能吸引更多的读者,"瞬告关门"。储安平办《观察》周刊时吸取教训,深感要使《观察》周刊真正成为一个自由发言的"论坛",就必须经济独立,如果经济不独立,《观察》周刊势必会成为为某一政治势力效力的刊物。

第二,敢言是独立办刊精神的主要表现。

《观察》周刊的敢言在舆论表现方式上有两种情况。

一是敢说敢骂。例如,1948 年由于国民政府封锁新闻,国统区消息闭塞。《观察》特约通讯员张今铎问储安平敢不敢登报道前线军事形势的消息。储毫不犹豫地说:"只要你敢写,我就敢登!"林元也证实

---

① 储安平:《我们的志趣和态度》,《观察》1946 年第 1 卷第 1 期。
② 储安平:《辛勤·忍耐·向前》,《观察》1947 年第 1 卷第 24 期。
③ 储安平:《风浪·熬炼·撑住》,《观察》1948 年第 3 卷第 24 期。
④ 姜德明:《储安平编〈文学时代〉》,《新文学史料》1989 年第 3 期。
⑤ 林元:《从〈观察〉到〈新观察〉》,文化艺术出版社 1991 年版,第 395 页。

说："在紧要关头，《观察》是敢于站出来说话的。"因为，"在储安平的办刊思想中有这样一种观点：一个刊物要获得读者，必须在紧要关头敢于站出来说话"①。

二是敢揭露，敢监督。像这一类的文章，在《观察》周刊上几乎随处可见。时刻关注国内外时局，对之发表意见，制造舆论声势，是该刊的特色之一。因此，林元说："《观察》对国民党蒋政权的独裁、贪污、腐败的揭露和抨击，确是淋漓尽致的。"② 谢泳在评论储安平的《观察》政论时也指出："他是完全以一个超然独立的姿态，毫无顾忌地对现政权发表议论的。"③

然而，标榜独立自主的办刊精神，且博得敢言名声的，并非只有《观察》一家，仅在抗战结束后民间兴办报刊的高潮中，就有《大公报》《民萃》《民主》《中建》等。但真正坚守这一办刊精神的，大约只有《观察》。比如，《大公报》素来以"四不方针"鹤立于新闻界，然则自从胡政之主编后，该报大抵是对国民党"小骂大帮忙"，客观、独立的色彩已大为减弱。

需要指出，作为政论刊物，《观察》周刊同样因为切近现实而遭遇各种困难和压力。但没有因此改变其独立自主办刊的思想，也没有因为种种压力而稍减其言论的力度。储安平说："在这混乱的大时代，中国需要的就是无畏的言论，就是有决心的肯为言论牺牲生命的人物！假如我们只能说些含糊没有斤两的话，那老实说，今日中国言论界，担当这一部分工作的人已经很多，用不着我们再来献身言论，从事于争取中国自由、民主、和平的言论工作。"④《观察》周刊的实践证明，其言论是"无畏的"，该刊的编办者"就是有决心的肯为言论牺牲生命的人物"。例如，由于第3卷第9期发表了储安平写的《评蒲立特偏私的、不健康的访华报告》，引起上海国民党人的反感，国民党上海市党部和市政府

---

① 林元：《从〈观察〉到〈新观察〉》，第398页。
② 林元：《从〈观察〉到〈新观察〉》，第398页。
③ 谢泳：《储安平的〈观察〉政论》，《〈观察〉研究》（谢泳自印本），第81页。
④ 储安平：《风浪·熬炼·撑住》，《观察》1948年第3卷第24期。

## 第四章 《观察》周刊对中国期刊编辑出版事业的贡献

要求停止《观察》周刊的发行,接着,找《观察》发行人"谈话"。南京、上海等地流传《观察》将被查封的消息。然而,"在这样一个风浪时期,本社同人始终照旧工作",《观察》周刊照旧出版,"环境纵有波折,我们的心境始终宁静",因为"在我们的心底里,我们有一种无可憾摇的信念"①。又如,在《观察》周刊面临被查封的时候,储安平对北平周炳琳等48位教授寄来的有关民盟事件的评论仍然照发不误,他表示,"尽管本刊已遭遇政治危机,但我们既不因此而增加我们在感情上对政府的不满,也不因此而减少了我们在理智上对政府的批评。假如有人想扇我们,我们不会被人扇得冲前一步,假如有人想吓我们,我们也不会被人吓得后退一步。我们有我们的立场,我们有我们的尺度"②。

## 第二节 生动活泼的出版发行工作

《观察》周刊的出版发行工作也比较有特色,可从其发行措施和争取定户的活动两个方面看出来。

### 一 发行措施:行之有效

一个刊物的存亡,很大程度上取决于读者的反响,亦即刊物发行量。如本书第二章所述,《观察》周刊自创刊以来,发行量持续飘升。刊物如此畅销,与内容有关,但也离不开杂志社的各项发行措施。由于必须保持 No-party(无党派)和 Independent(独立)的地位,就不能从政府或政治党派团体处获得资助,因而《观察》周刊的发行对象,一般不包括政府官员或政治党派团体;它的发行对象,主要是政治色彩不浓的普通读者。总体说来,《观察》周刊的发行措施有二。

一是提高刊物自身质量,尽量满足读者的要求。他们坚信,努力提

---

① 储安平:《风浪·熬炼·撑住》,《观察》1948年第3卷第24期。
② 储安平:《风浪·熬炼·撑住》,《观察》1948年第3卷第24期。

高"本刊质量",是编者的责任,也是扩大销售量直接有效的方法。至于"尽量满足读者的要求",由于每个读者的具体要求不同,难以一一满足,但他们尽量做到满足大多数读者的愿望。如"读者投书"和"周末文摘"栏目,就是应多数读者的要求而设置。《观察》社的此番苦心,得到了读者的回报,那就是销售量上升和读者对该刊各栏目的满意程度平均在70%以上。①

二是在基层广大读者中间做踏实的推销工作。关于这又有四种具体的方法。

其一,鼓动杂志社成员及其亲友动员他人订阅该刊。其二,设立代理发行点,如北平新宾书店。其三,出版多种"《观察》版本"。由于解放战争爆发后,交通受阻,许多偏远地区的读者读不到或未能及时读到《观察》,自第3卷起,该社先后出版了"华北航空版""西南航空版""台湾航空版"等。此外,该社还根据每期杂志出版后读者的需求量,相应地"再版""第三版""第四版""第五版",又有"《观察》合订本"多种出版。如此做法,既方便了读者,也提高了发行量。其四,重视刊物自身的宣传。具体有两点:一是每期出版,都在上海《大公报》封面地位刊载广告一次,内容为本期刊登的文章的标题和作者姓名,即使在杂志社财政困难时期或上海《大公报》广告费猛涨之后,仍照刊不误;二是在《观察》周刊中穿插"征求直接订户"之类的广告,据笔者粗略统计,此类广告计23条之多。

既从刊物本身着手把好质量关,以最大的努力满足读者需要,又广设代理发行点、出版多种《观察》版本,并且重视刊物自身的宣传。行之有效的发行措施,使《观察》社的发行工作,获得了巨大的成功!

二 争取定户的活动:别开生面

正如我们所知,《观察》的读者分为零售读者和直接定户两种。后

---

① 储安平:《三百二十三位读者意见的分析与解释》,《观察》1947年第2卷第12期。

## 第四章 《观察》周刊对中国期刊编辑出版事业的贡献

者"是一个刊物的基本读者,也是这个刊物最忠实并最关切这个刊物的读者",因而《观察》社比较重视争取直接定户的工作。但储安平本人多次强调,争取定户的工作,"必须有通盘的计划,中途零零碎碎的,无甚补益"①。可见,他是把"推动定户"的工作,作为整个编办工作中的一个重要环节来做的,换言之,在他看来,争取定户,必须从整体上、从长远上来规划。因此,至第1卷第24期出满时,"除在创刊前分散过一次宣传品以外",《观察》社没有"在此方面(吸引定户——引者注)有所努力"。直到第2卷出版时,杂志社各项工作业已走上正轨,才开始在"推动定户"方面做出努力。具体如下:

其一,通过《观察》撰稿人的帮助,在各高校征求学生新定户(中学生不在该社拟定的读者对象内)。1947年2月,《观察》社以此方式主动"出击",却因当时学生贫困,"拿不出2万块钱(约合抗战前法币1元——引者注)",而"几乎可以说全面惨败"②。这一次行动,尽管没有在增加定户方面达到目的,却扩大了《观察》周刊在青年学生中的影响。

其二,呼吁原有的定户,介绍其亲友成为《观察》新定户。这一行动,"出乎意外地获得了可观的成就"。在这一点上,我们惊异地发现,虽然储安平没有学过商业心理学,却善于分析和利用读者的购买心理。比如,他明确指出:"旧的一卷业已结束,新的一卷即将开始,在心理上这个时期最适合征求定户。"③ 此言具有指导意义。

其三,为直接定户提供各种优惠服务。《观察》社为直接定户提供的优惠服务包括:

(1)八折优惠。如"第2卷第1册起售1千元1册,定户八折,实收8百元"④,此外,定户还可以享受"《观察》丛书"八折优惠。(2)计费优惠待遇,如订阅12期,通常是照10期的售价收款(此项优惠,

---

① 储安平:《辛勤·忍耐·向前》,《观察》1947年第1卷第24期。
② 储安平:《艰难·风险·沉着》,《观察》1947年第2卷第24期。
③ 储安平:《艰难·风险·沉着》,《观察》1947年第2卷第24期。
④ 储安平:《风浪·熬炼·撑住》,《观察》1948年第3卷第24期。

因物价波动太大，自第 4 卷第 18 期后取消）。(3) 自第 3 卷第 5 期开始，将"按期计账法"改为"硬性规定法"。以前是预收若干订费，一期一期的扣除，款尽通知续定，但定户都不容易知道自己的订费什么时候完，以致续订时常脱节，读者对此不满，要求改为硬性规定若干订费可订多少期。《观察》社认为读者这个要求合理，遂改之。事实上，"硬性规定法"可使读者不受《观察》加价的影响，故此项改动可以看作杂志社为直接定户提供的优惠服务。(4) 举办"半价定户"活动。《观察》周刊编办到第 4 卷时，因发行量一直以较大幅度增长，该社已有一定盈利；又考虑到许多挣扎在贫困线上的读者苦于无力订阅《观察》，故自第 4 卷第 13 期起，该社举办"半价定户"活动。原拟 1000 名，由于申请"半价定户"者太多，实际有 1500 名读者享受此项以半价订阅《观察》周刊的优惠。"半价定户"活动，固然是《观察》社回报社会、回报读者的一次慈善活动，但客观上未尝不为该刊赢得了较好的广告效益。

## 本篇结语

在 20 世纪 40 年代后期的参政高潮中，组党成为知识分子参与政治的普遍方式。然而，无论是流产的政党，还是业已组建的政党，民众基础的缺失使他们在根本上缺乏将民主理想转化为现实的实际力量，因而他们的民主行动事实上只能止于一种理论的假想。

在一部分知识分子积极组党、建党的同时，另一部分知识分子仍然没有放弃"五四"以来现代知识分子所热衷的办报议政的传统。同时，参与建党的一些知识分子也仍然把报刊作为鼓吹自己民主理想的一块重要阵地。选择办报议政形式的大都是自由主义知识分子。他们一方面想坚守知识分子的学术岗位，另一方面又想以思想独立的方式影响、推动民主运动，表达自己的政治理想。《观察》周刊正是在这一背景下由一批自由主义知识分子创办，并成为 40 年代后期"中国知识界最流行的杂志"。

《观察》周刊"民主""自由""进步""理性"的办刊宗旨，表明了这批自由知识分子的基本立场。学者云集，而价值观却绝不芜杂，说明它已代表知识分子的一种意向，以及对民主理想的一种理解。储安平等人批评时政，表述自己的思想，也正是从"民主""自由""进步""理性"的基本理念与立场出发的。但 1948 年后《观察》周刊的生存环境日益恶化，以及是年 12 月 24 日该刊被国民政府查封这一事实，表明知识分子以办报议政的方式参与政治，在当时条件下仍然缺乏现实的基础，因而等待他们的只有失败。对于这种命运，储安平本人事前有清醒的认识。他说："（自由主义知识分子的力量）只是一种潜在的力量，而非表面的力量，只是一种道德权威的力量，而非政治权力的力量，只

## 下篇 《观察》周刊研究

是一种限于思想影响和言论影响的力量，而非一种政治行动的力量。"① 因此，他认识到，在缺乏现代法理与言论自由的国民党政府那里，自由主义知识分子的努力最终只是一种失败。一位美国学者对这种失败的命运作了如下精彩的评析：

> 他们没有足够的时间为中国设计一套自由民主的方案，即便有方案，人们也会怀疑这些知识分子有没有能力去有效地参与其中……无论有多么尖锐的批评和多么有力的道德劝诫都是不够的。真正需要的是切实可行的方案，以及可以推行这些方案的人……对于另外一些与战争、与农村生活更接近的人来说，他们在知识分子们高谈阔论的问题上更有决定权。确切地说，也许知识分子最大的悲剧是思想上而非政治上的：他们没能认识到他们自身脱离现实。②

无论是建党、办报，还是其他，知识分子在不具备现代法理基础的独裁政权下，凭借自身力量与方式掀起的民主运动，事实上只能成为一场悲剧性的努力。然而，客观地说，在以武装革命取得胜利的新生政权面前，他们的努力不是也不应该是反民主、阻碍社会进步的因素（事实也许相反）③，他们只不过是"失败的英雄"。正如鲁迅所说，明知不可为而为之的精神，在中国知识分子中是最少见的。

在以上讨论的基础上，我们来看《观察》周刊，则该刊的历史意义已经超出其本身。特别当人们摆脱了激进主义与保守主义的惯性思维以后，它在理论及实践上的意义是不容低估的。

---

① 储安平：《中国的政局》，《观察》1947年第2卷第2期。
② [美]胡素珊：《中国的内战：1945—1949年的政治斗争》，王海良等译，中国青年出版社1997年版，第218—219页。
③ 1987年，长期负责《观察》编辑工作的林元在临终前以充满感情但不失客观的语气评价《观察》周刊："但也应该说，虽然《观察》创办的宗旨，是个中间立场的刊物，但由于它的作者绝大多数是进步的，其中包括民主人士、共产党；由于它发表的大多数文章，痛击了反动政权，反映了现实，揭露了黑暗，报道了解放战争的真实情况；由于它拥有百十万以上的广大读者，因而在客观的实践上，有助于摧毁蒋家王朝，对人民是作出了贡献的。"（林元：《从〈观察〉到〈新观察〉》，第405页。）

# 附　　录

## 附录一　20世纪40年代中国知识分子构成示意图

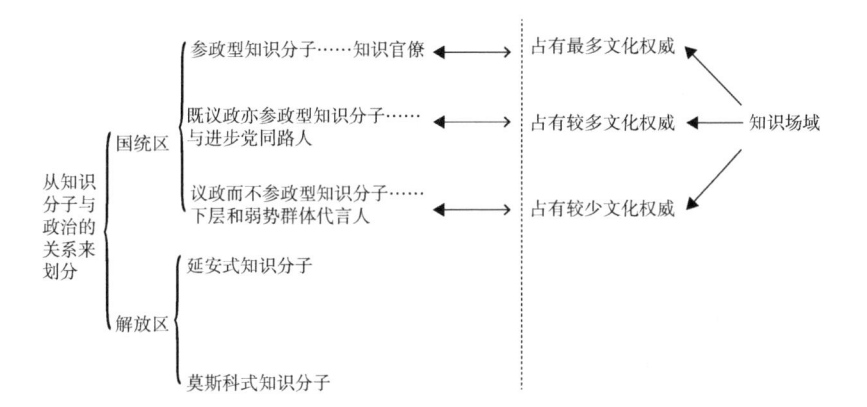

```
                    ┌ 参政型知识分子……知识官僚 ←→ 占有最多文化权威
                    │
              ┌ 国统区 ┤ 既议政亦参政型知识分子…… ←→ 占有较多文化权威 ← 知识场域
              │     │ 与进步党同路人
从知识         │     │
分子与         │     └ 议政而不参政型知识分子…… ←→ 占有较少文化权威
政治的         │       下层和弱势群体代言人
关系来         │
划分          │     ┌ 延安式知识分子
              └ 解放区 ┤
                    └ 莫斯科式知识分子
```

# 附录

# 附录二 《观察》周刊主要撰稿人简况

说明：

一 本表依据《观察》周刊封面公布的"撰稿人"，但并未完全按照其排名次序。

二 有些经常为《观察》周刊撰稿的作者如梁漱溟、李慕白等，由于他们没有列入《观察》封面的"撰稿人"名单，故本表不予录入，但本书中的"《观察》主要撰稿人群体"包括这些经常为《观察》撰稿却没有列入"撰稿人"名单的作者。

三 作为《观察》主编的储安平，没有出现在"撰稿人"名单中，但他是在《观察》发文数量最多的作者，因此本表把他列入其中，这样，本表中的《观察》主要撰稿人为79人（《观察》封面"撰稿人"名单中有78人）。

四 本表中撰稿人的籍贯、生年、教育背景等信息，根据以下文献整理：谢泳《储安平与〈观察〉》（中国社会出版社2005年版）；许纪霖等著《近代中国知识分子的公共交往（1895—1949）》（上海人民出版社2008年版）；徐友春主编《民国人物大辞典（增订版）》（上下）（河北人民出版社2007年版）；秦孝仪主编《中华民国名人传》[（台北）近代中国出版社1984年版]。

| 姓名 | 籍贯 | 生年 | 国内教育 | 留学国家 | 专业 | 任职单位 |
|---|---|---|---|---|---|---|
| 储安平 | 江苏宜兴 | 1909 | 光华大学 | 英国 | 政治学 | 复旦大学政治系 |
| 卞之琳 | 江苏海门 | 1910 | 北京大学 | 英国 | 中文 | 南开大学 |
| 王迅中 |  |  |  |  |  | 清华大学 |
| 伍启元 | 广东台山 | 1912 | 沪江大学 | 英国 | 经济学 | 英国某大学 |
| 陈维稷 | 安徽青阳 | 1902 | 复旦大学 | 英国 | 纺织学 | 交通大学纺织系主任 |
| 吴世昌 | 浙江海宁 | 1908 | 燕京大学 | 英国 | 文学 | 中央大学中文系 |

# 附 录

续表

| 姓名 | 籍贯 | 生年 | 国内教育 | 留学国家 | 专业 | 任职单位 |
|---|---|---|---|---|---|---|
| 笪移今 | 江苏句容 | 1909 | | | 经济学 | 上海立信会计专科学校上海银行经济研究专员 |
| 杨人楩 | 湖南醴陵 | 1903 | 北京师大 | 英国 | 历史学 | 北大历史系 |
| 吴恩裕 | 辽宁沈阳 | 1909 | 清华大学 | 英国 | 政治思想史 | 北大政治系 |
| 楼邦彦 | 浙江鄞县 | 1912 | 清华大学 | 英国 | 法学 | 北大政治系 |
| 费孝通 | 江苏吴江 | 1910 | 清华大学 | 英国 | 社会学 | 清华大学社会学系 |
| 钱清廉 | | | | 英国 | 法学 | 中央干部学校 |
| 钱歌川 | 湖南湘潭 | 1903 | 东京高师 | 英国 | 文学 | 台湾大学 |
| 鲍觉民 | 安徽巢县 | 1909 | 中央大学 | 英国 | 经济地理 | 南开大学 |
| 戴文赛 | 福建漳州 | 1911 | 福州协和大学 | 英国 | 天文学 | 燕京大学 |
| 戴镏龄 | 江苏镇江 | 1913 | | 英国 | 外国文学 | 武汉大学 |
| 萧乾 | 北京 | 1910 | 燕京大学 | 英国 | 文学 | 复旦大学新闻系 |
| 钱锺书 | 江苏无锡 | 1910 | 清华大学 | 英国 | 文学 | 国立编译馆、暨南大学 |
| 杨绛 | 江苏无锡 | 1911 | 清华大学 | 英国 | 文学 | 震旦女子文理学院 |
| 黄正铭 | 浙江海宁 | 1903 | 中央大学 | 英国 | 法学 | 中央大学政治学系 |
| 张印堂 | 山东泰安 | 1902 | 燕京大学 | 英国 | 地理学 | 清华大学地理系主任 |
| 夏炎德 | 上海 | 1911 | 暨南大学 | 英国 | 经济学 | 复旦大学经济学系 |
| 李浩培 | 上海 | 1906 | 东吴大学 | 英国 | 国际法 | 武汉大学法律系 |
| 韩德培 | 江苏如皋 | 1911 | 中央大学 | 美、加 | 法学 | 武汉大学法律系主任 |
| 陈衡哲 | 湖南衡山 | 1893 | 清华学校 | 美国 | 历史学 | |
| 任鸿隽 | 浙江吴兴 | 1886 | 中国公学 | 日、美 | 化学 | |
| 戴世光 | 天津 | 1908 | 清华学校 | 美国 | 统计学 | 清华大学经济学系 |
| 潘光旦 | 江苏宝山 | 1899 | 清华学校 | 美国 | 社会学 | 清华大学社会学系主任 |
| 雷海宗 | 河北永靖 | 1902 | 清华学校 | 美国 | 历史学 | 清华大学历史系主任 |
| 吴泽霖 | 江苏常熟 | 1898 | 清华学校 | 美国 | 社会学 | 清华大学人类学系主任 |
| 冯友兰 | 河南唐河 | 1895 | 北京大学 | 美国 | 哲学 | 北大文学院院长 |
| 李广田 | 山东邹平 | 1906 | 北京大学 | | 文学 | 清华大学中文系 |
| 钱端升 | 上海 | 1900 | 清华学校 | 美国 | 政治学 | 北大政治学系 |
| 曾昭抡 | 湖南湘乡 | 1899 | 清华学校 | 美国 | 化学 | 北大化学系主任 |
| 许德珩 | 江西九江 | 1890 | 北京大学 | 法国 | 政治学 | 北大政治学系 |

## 附 录

续表

| 姓名 | 籍贯 | 生年 | 国内教育 | 留学国家 | 专业 | 任职单位 |
|---|---|---|---|---|---|---|
| 季羡林 | 山东临清 | 1900 | 清华大学 | 德国 | 语言学 | 北大东语系主任 |
| 陈友松 | 湖北京山 | 1899 | | 美国 | 教育学 | 北大教育系 |
| 冯至 | 河北涿州 | 1905 | 北京大学 | 德国 | 文学 | 北大西语系 |
| 杨西孟 | 四川江津 | 1900 | 北京大学 | 美国 | 经济学 | 北大经济学系 |
| 胡适 | 安徽绩溪 | 1891 | 中国公学 | 美国 | 哲学 | 北大校长 |
| 高觉敷 | 浙江温州 | 1896 | 香港大学 | | 心理学 | 国立编译馆、金陵大学 |
| 章靳以 | 天津 | 1909 | 复旦大学 | | 文学 | 复旦大学 |
| 曹禺 | 天津 | 1910 | 清华大学 | | 文学 | 戏剧学院 |
| 傅雷 | 上海 | 1908 | 持志大学 | 法国 | 文学 | |
| 刘大杰 | 湖南岳阳 | 1904 | 武昌高师 | 日本 | 文学 | 暨南大学 |
| 马寅初 | 浙江绍兴 | 1882 | 北洋大学 | 美国 | 经济学 | 中华工商专科学校 |
| 赵家璧 | 江苏松山 | 1908 | 光华大学 | | 新闻学 | 晨光出版公司总经理 |
| 赵超构 | 浙江瑞安 | 1901 | 中国公学 | | 新闻学 | 上海《新民报》总编辑 |
| 杨刚 | 湖北沔阳 | 1905 | 燕京大学 | 美国 | 新闻学 | 《大公报》驻美特派员 |
| 王芸生 | 天津 | 1901 | | | 新闻学 | 《大公报》总主笔 |
| 许君远 | 河北安国 | 1905 | 北京大学 | | 新闻学 | 《大公报》编辑部主任 |
| 徐盈 | 山东德州 | 1912 | 金陵大学 | | 新闻学 | 《大公报》平津特派员 |
| 李纯青 | 台湾台北 | 1908 | 中央政校 | 日本 | 新闻学 | 《大公报》社论委员 |
| 吕复 | 河北涿鹿 | 1887 | | 日本 | 社会学 | 中央大学 |
| 沈有乾 | 江苏吴县 | 1899 | 清华学校 | 美国 | 哲学 | |
| 沙学浚 | 江苏泰州 | 1907 | 中央大学 | 德国 | 地理学 | 中央大学 |
| 周子亚 | 浙江杭州 | 1911 | 中央大学 | 德国 | 政治学 | 浙江大学法学院 |
| 周东郊 | 浙江绍兴 | 1907 | 东北大学 | | 历史学 | |
| 宗白华 | 江苏常熟 | 1897 | 同济大学 | 德国 | 美学 | 中央大学 |
| 柳无忌 | 江苏吴江 | 1907 | 清华学校 | 美国 | 外国文学 | 中央大学外文系主任 |
| 陈瘦竹 | 江苏无锡 | 1909 | 武汉大学 | | 文学 | 国立戏剧专科学校 |
| 萧公权 | 江苏泰和 | 1897 | 清华学校 | 美国 | 政治学 | 国立政治大学 |
| 傅斯年 | 山东聊城 | 1896 | 北京大学 | 英、德 | 历史学 | 中央研究院历史语言研究所所长 |
| 梁实秋 | 北京 | 1902 | 清华学校 | 美国 | 文学 | 燕京大学 |

续表

| 姓名 | 籍贯 | 生年 | 国内教育 | 留学国家 | 专业 | 任职单位 |
|------|------|------|----------|----------|------|----------|
| 胡先骕 | 江西新建 | 1894 | 京师大学堂 | 美国 | 植物学 | 静生生物研究所所长 |
| 张东荪 | 浙江杭州 | 1886 | | 日本 | 哲学 | 燕京大学 |
| 王赣愚 | 福建福州 | 1906 | 清华学校 | 美国 | 政治学 | 南京大学政治学系 |
| 何永佶 | 广东广州 | 1902 | 清华学校 | 美国 | 政治学 | 中央政治学校 |
| 蔡维藩 | 江苏南京 | 1898 | 金陵大学 | 美国 | 世界史 | 昆明师范学院 |
| 张远长 | 上海 | 1905 | 复旦大学 | 美国 | 文学 | 前美国北卡罗纳大学教授 |
| 孙克宽 | | | | | | 国民政府内部参政 |
| 张忠绂 | 湖北武昌 | 1901 | 清华学校 | 美国 | 政治学 | 前北大教授 |
| 叶公超 | 广东广州 | 1904 | 南开大学 | 英、美 | 外国文学 | 国民政府外交部参事 |
| 钱能欣 | 浙江湖州 | 1917 | 北京大学 | 法国 | 国际关系 | 中国驻法大使馆秘书 |
| 陈之迈 | 广东广州 | 1908 | 清华学校 | 美国 | 政治学 | 中国驻美大使馆参事 |
| 顾翊群 | 江苏淮安 | 1900 | 北京大学 | 美国 | 经济学 | 国际基金银行执行理事 |
| 郭有守 | 四川资中 | 1900 | 北京大学 | 法国 | 教育学 | 联合国教科文委员会委员 |
| 程希孟 | 江西南城 | 1900 | 北京高师 | 美、英 | | 中国驻联合国代表团顾问 |
| 张德昌 | 河南林县 | 1907 | 清华大学 | 英国 | 经济学 | 国民政府某部门 |

# 附 录

## 附录三 《观察》第1—6卷目录索引

说明：

一　此目录索引系据中山大学古籍部（广州市中山大学南校区）所藏之《观察》合订本辑录。

二　《观察》合订本共分6卷，每卷24期，其中第5卷出至第18期停刊，而第6卷为半月刊，出至第14期后改为《新观察》（不予辑录）。

三　《观察》第1—4卷均编有该卷总目及作者索引，本索引参考此总目；第5卷有总目但无作者索引，第6卷亦无作者索引，本索引据第5、6卷每期目录辑录。

四　《观察》每期辟有"尾页"专栏，刊载剪短小品文、诗词、启事、编者信函、读者来信等，每卷总目未列，而本索引予以辑录。

五　"《观察》通信"专栏，每卷总目未列，而本索引予以辑录。

### 《观察》第1卷目录索引

| 作者 | 题目 | 期数 |
| --- | --- | --- |
| 王芸生 | 《中国时局前途的三个去向》 | 1 |
| 伍启元 | 《论当前中国经济情势》 | 1 |
| | 《从经济观点论内战问题》 | 2 |
| | 《新时代与新时代的人文科学》 | 4 |
| | 《公教人员的待遇怎样才能得到合理解决》 | 8 |
| | 《现代财政动向与中国财政政策》 | 24 |
| 陈之迈 | 粮食的国际分配 | 1 |
| 天行 | 人与文 | 24 |
| 卞之琳 | 山水·人物·艺术 | 1 |
| | 山野行记 | 7 |

# 附 录

续表

| 作者 | 题目 | 期数 |
| --- | --- | --- |
| 本刊特约记者 | 《党组传说中胡适的态度（南京通信）》 | 1 |
| | 《李闻之死（昆明通信）》 | 1 |
| | 《沉默中的潘光旦（南京通信）》 | 1 |
| | 《山云多幻变柳暗花不明（南京通信）》 | 2 |
| | 《赫契生、穆懿尔、邓秉文、沈宗瀚的中国农业观（北平通信）》 | 2 |
| | 《钱昌照的担负（北平通信）》 | 2 |
| | 《宋子文的政策·政绩·作风·资本（南京通信）》 | 3 |
| | 《一个非洲森林中黯夜的乌鸦寻觅者（北平通信）》 | 3 |
| | 《从个人到世界·矛盾引导着前进（北平通信）》 | 4 |
| | 《重归英帝国怀抱后的香港（香港通信）》 | 4 |
| | 《张治中独镇西陲（兰州通信）》 | 5 |
| | 《清查团在平津（天津通信）》 | 5 |
| | 《历史转入新页，联大化整为零（昆明通信）》 | 6 |
| | 《学府权威，炙手可热——"中大"解聘教授别记（南京通信）》 | 6 |
| | 《痛定思痛，为谁而战杀了又杀·此结怎解（北平通信）》 | 7 |
| | 《动荡中的四川政局（成都通信）》 | 7 |
| | 《南京的外交圈（南京通信）》 | 7 |
| | 《从中国乡村看中国政治（皖中通信）》 | 8 |
| | 《兰州秋色（兰州通信）》 | 8 |
| | 《谷仓边缘的饥馑（湖南通信）》 | 9 |
| | 《浙江政情（杭州通信）》 | 9 |
| | 《张垣之战（张垣通信）》 | 10 |
| | 《从朱绍良到谷正伦（兰州通信）》 | 10 |
| | 《今日之沈阳（沈阳通信）》 | 11 |
| | 《北平之征兵戏（北平通信）》 | 11 |
| | 《亦是边区》 | 11 |
| | 《浙江的征丁征税（杭州通信）》 | 12 |
| | 《善后救济在汉口（汉口通信）》 | 12 |
| | 《新疆的国大代表（新疆通信）》 | 12 |
| | 《鲍埃斯谈中国远景（北平通信）》 | 13 |

## 附 录

续表

| 作者 | 题目 | 期数 |
|---|---|---|
| | 《张含英谈黄河河政（兰州通信）》 | 13 |
| | 《梁华盛在吉林的作风（长春通信）》 | 15 |
| | 《海南岛的台湾人（海南岛通信）》 | 16 |
| | 《青海的马步芳（西宁通信）》 | 16 |
| 读者投寄 | 《台湾鳞爪（台湾通信）》 | 9 |
| | 《青海之恋》 | 15 |
| 思粤 | 《中大回到了南京》 | 2 |
| | 《沉静中的中大》 | 4 |
| 青水 | 《庐山缆车》 | 2 |
| 光 | 《陶行知遗事》 | 2 |
| | 《漫画与标题》 | 5 |
| 一波 | 《沈阳小事（日侨的生活、电流的分配）》 | 3 |
| 杭人 | 《梅光迪之五万元》 | 3 |
| 行 | 《人心》 | 3 |
| 泉 | 《病社会》 | 3 |
| 炎 | 《青城游》 | 5 |
| | 《三峡行》 | 8 |
| 多鲁 | 《复旦的秋天》 | 6 |
| 一行 | 《洋顾问》 | 6 |
| 张鸣春 | 《鸟的浩劫》 | 7 |
| 云野 | 《越北见闻回忆录》 | 9 |
| 任鸿隽 | 《西江月·太平洋舟中贺莎菲生辰》 | 9·10 |
| 青云 | 《愤世之作》 | 10 |
| 旁听 | 《黩武的心理》 | 10 |
| 南京通信 | 《南京胡马谈片》 | 10 |
| 编者 | 《尾页征稿》 | 10 |
| 烛西 | 《湘西社会》 | 11 |
| 浩 | 《三轮车与人力车》 | 11 |
| 万守义 | 《西山游》 | 12 |
| 张东前 | 《九月沈阳》 | 12 |

## 附 录

续表

| 作者 | 题目 | 期数 |
|---|---|---|
| 谷道 | 《北行记》 | 15 |
| 静 | 《劳莱·哈台》 | 7 |
| | 《引退的风度》 | 8 |
| 佚名 | 《负生偶记（一）》 | 4 |
| | 《负生偶记（二）》 | 5 |
| | 《负生偶记（三）》 | 6 |
| | 《负生偶记（四）》 | 7 |
| | 《负生偶记（五）》 | 8 |
| | 《负生偶记（六）》 | 9 |
| | 《负生偶记（七）》 | 10 |
| | 《负生偶记（八）》 | 11 |
| | 《负生偶记（九）》 | 12 |
| | 《负生偶记（十）》 | 15 |
| 顾翊群 | 《致储安平信》 | 3 |
| 潘光旦 | 《致储安平信》 | 2 |
| 陈之迈 | 《致储安平信》 | 2 |
| 钱锺书 | 《致储安平信》 | 4 |
| 编者 | 《说明》 | 5 |
| 景伊 | 《致储安平信》 | 8 |
| 任鸿隽 | 《致储安平信》 | 9 |
| 陈衡哲 | 《致储安平信》 | 9 |
| 编者 | 《编者前记》 | 13 |
| | 《本刊在兰州》 | 15 |
| 汪留照 | 《台湾与祖国》 | 13 |
| 于鹤年 | 《我们需要再来一次五四运动》 | 13 |
| 田壮 | 《纽约来鸿》 | 13 |
| 左垲 | 《以科学服务人类》 | 16 |
| 王次通 | 《科学·和平》 | 16 |
| 效先 | 《关于新疆》 | 16 |
| 张君劢 | 《答复观察周刊记者对我评语》 | 3 |

# 附 录

续表

| 作者 | 题目 | 期数 |
|---|---|---|
| 王庆源 | 《战争与和平》 | 23 |
| 朱东润 | 《我从泰兴来》 | 6 |
| 全慰天 | 《求生与求胜》 | 18 |
| 吴世昌 | 《谁能替人民说话》 | 4 |
| 吴世昌 | 《政治民主与经济民主》 | 5 |
| 吴世昌 | 《中国需要重建权威》 | 8 |
| 吴世昌 | 《关于"军与民的社会地位"》 | 16 |
| 吴世昌 | 《论国体问题》 | 18 |
| 吴世昌 | 《论美军事件》 | 21 |
| 吴世昌 | 《和谈一年》 | 24 |
| 吴恩裕 | 《家庭关系·政治关系·民主政治》 | 4 |
| 李侠文 | 《动荡当中的世界政治潮流》 | 5 |
| 李纯青 | 《战从义·政从仁》 | 8 |
| 李浩培 | 《英国司法制度》 | 5 |
| 李浩培 | 《何德奎案》 | 15 |
| 阮春芳 | 《成见的根源》 | 18 |
| 李广田 | 《文学的价值》 | 3 |
| 李广田 | 《文学运动与文学创作》 | 12 |
| 李慕白 | 《莎翁戏剧的历史背景》 | 22 |
| 李澈庐 | 《以民主缔造统一》 | 12 |
| 李澈庐 | 《服从社会和意志社会》 | 19 |
| 沙学浚 | 《是否移都北平?》 | 17 |
| 味橄 | 《战败后之日本》 | 3 |
| 宗白华 | 《文艺的空灵和充实》 | |
| 宗白华 | 《悲剧世界之变迁》 | |
| 子亚 | 《从国际法立场论美军暴行之性质》 | 5 |
| 子亚 | 《及外国军队之刑事管辖权问题》 | 23 |
| 周东郊 | 《新疆变乱记略》 | 14 |
| 编者 | 《编者前记》 | 14 |

· 286 ·

## 附 录

续表

| 作者 | 题目 | 期数 |
| --- | --- | --- |
| 周绶章 | 《提得起·放得下》 | 7 |
| | 《论神话政治》 | 21 |
| 周钟岐 | 《论革命》 | 22 |
| 季羡林 | 《论翻译》 | 21 |
| 胡先骕 | 《"未知之人类"译序》 | 3 |
| | 《中美英苏之关系与世界和平》 | 5 |
| | 《思想之改造（上）》 | 7 |
| | 《思想之改造（中）》 | 8 |
| | 《思想之改造（下）》 | 9 |
| | 《经济之改造》 | 20—23 |
| 马寅初 | 《土地税》 | 18 |
| 高名凯 | 《中国语言之结构及其表达思想之方式》 | 11 |
| | 《语言的宗教》 | 16 |
| 孙克宽 | 《逆流与歧途》 | 13 |
| | 《人心·国是·现状》 | 20 |
| 夏炎德 | 《论中美经济关系的前途》 | 19 |
| 高觉敷 | 《从对比到统一》 | 2 |
| | 《社会性的统一》 | 5 |
| 陈力 | 《果园文化》 | 20 |
| 陈友松 | 《时代的分析》 | 3 |
| | 《新时代的教育宗旨》 | 10 |
| 陈衡哲 | 《客座记言》 | 11 |
| | 《"你是不是基督教徒？"》 | |
| | 《西方人"回到宗教去"的意义》 | 13 |
| 陈瘦竹 | 《论排场戏》 | 2 |
| | 《静的戏剧与动的戏剧》 | 4 |
| | 《戏剧与观众》 | 10 |
| 陈志让 | 《资本主义经济与社会主义经济》 | 22 |
| 陈柏心 | 《论省自治》 | 15 |
| 郭有守 | 《进展中的联合国文教局》 | 17 |

## 附 录

续表

| 作者 | 题目 | 期数 |
|---|---|---|
| 许君远 | 《留学生制度·留学生》 | 5 |
| 张锐 | 《论行政的无能》 | 17 |
| 张印堂 | 《英美未来可能的战略联防线》 | 2 |
| | 《定都问题》 | 17 |
| 张东荪 | 《中国之过去与将来》 | 1—6 |
| | 《士的使命与理学》 | 3 |
| 张义昌 | 《从美国看中国（太平洋通讯）》 | 22 |
| 张道真 | 《西洋诗之音乐性》 | 11 |
| | 《谈玄诗》 | 23 |
| 陶孟和 | 《大战后的美国》 | 12 |
| 笪移今 | 《中国经济危机的出路》 | 9 |
| | 《论商业银行的前途》 | 20 |
| 庄智焕 | 《如何走上民主建设之路》 | 6 |
| | 《中国政治上的四种矛盾》 | 11 |
| 梁实秋 | 《斗争中的莎士比亚（一）》（译） | 15 |
| | 《斗争中的莎士比亚（二）》（译） | 16 |
| 梁瓯第 | 《美国教师的贫困》 | 13 |
| 冯至 | 《沙龙》 | 12 |
| 冯友兰 | 《论知行》 | 1 |
| | 《再论知行》 | 6 |
| 傅斯年 | 《内蒙自治问题》 | 22 |
| 杨刚 | 《烦恼的美国人的烦恼》 | 4 |
| | 《晦明初冬》 | 21 |
| 杨西孟 | 《九年来昆明大学教授的薪金及薪金实值》 | 3 |
| 邹文海 | 《民主政治与自由》 | 13 |
| 雷海宗 | 《和平与太平》 | 9 |
| 廖世承 | 《个己的产生》 | 8 |
| 潘光旦 | 《人的控制与物的控制》 | 2 |
| | 《军与民的社会地位》 | 9 |
| | 《派与汇（一）》 | 15 |

续表

| 作者 | 题目 | 期数 |
|---|---|---|
| | 《派与汇（二）》 | 16 |
| | 《荀子与斯宾塞尔论解蔽》 | 21 |
| 楼邦彦 | 《"自由·平等·博爱"的再生》 | 20 |
| | 《论官吏的民权》 | 23 |
| 刘朝阳 | 《物理战争》 | 24 |
| 钱蘋 | 《性格及职业兴趣的遗传问题》 | 15 |
| 钱能欣 | 《巴黎会议成就了什么？》 | 15 |
| 蔡壬侯 | 《林溪和地球》 | 7 |
| | 《美国人和癌症的抗争》 | 16 |
| | 《古城夕照》 | 6 |
| | 《湖上秋游》 | 15 |
| 蔡维藩 | 《二十一国和会》 | 1 |
| 戴文赛 | 《原子能研究的发展经过》 | 4 |
| | 《牛郎织女》 | 6 |
| | 《孟德逊——最幸运的作曲家》 | 9 |
| | 《玄武湖上的秋月》 | 10 |
| | 《工作与娱乐》 | 19 |
| 戴世光 | 《中国经济往何处去？》 | 10 |
| 戴镏龄 | 《莎士比亚十四行诗》 | 5 |
| | 《福哉玛利亚》 | 13 |
| | 《柏拉图放逐诗人辩》 | 20 |
| 储安平 | 《我们的志趣和态度》 | 1 |
| | 《失败的统治》 | 3 |
| | 《我们对于美国的感觉》 | 11 |
| | 《论上海民乱》 | 16 |
| | 《论张君劢》 | 19 |
| | 《辛勤·忍耐·向前》 | 24 |
| 谢扶雅 | 《敬告社会贤达》 | 24 |
| 简贯三 | 《企业家与企业精神》 | 7 |

# 附 录

续表

| 作者 | 题目 | 期数 |
| --- | --- | --- |
| 韩德培 | 《我们所需要的"法治"》 | 10 |
| | 《评中美商约中的移民规定》 | 24 |
| 萧乾 | 《给英国老约翰》 | 9 |
| 萧公权 | 《说民主》 | 7 |
| | 《圣教与异端（上）》 | 10 |
| | 《圣教与异端（中）》 | 11 |
| | 《圣教与异端（下）》 | 12 |
| 罗忠恕 | 《学术自由与文化进展》 | 12 |

## 《观察》第 2 卷目录索引

| 作者 | 题目 | 期数 |
| --- | --- | --- |
| 丁芸新 | 《新疆观感录》 | 22—23 |
| 王芸生 | 《五四重新使我感到不安》 | 10 |
| 王遵明 | 《生铁焦煤·不可运日》 | 15 |
| | 《钢铁在苏联》 | 23 |
| 王洁非等 | 《我们对于当前时局之建议（文摘）》 | 8 |
| 北大政治系学生 | 《对于钱端升先生所拟"联立之路"的意见》 | 8 |
| 北平十只教授 | 《保障人权（文摘）》 | 2 |
| 史立常 | 《人类的世界观念》 | 6 |
| 伍启元 | 《从世界潮流论中国出路》 | 7 |
| 全慰天 | 《记陈达教授》 | 8 |
| 吴元黎 | 《联合国经济社会理事会》 | 3 |
| | 《现代经济思潮的趋势》 | 9 |
| 何永佶 | 《从天下国家到地缘国家》 | 19 |
| | 《从印度分治说到中国前途》 | 20 |
| | 《好汉不吃眼前亏的捷克》 | 22 |
| 吴世昌 | 《论党的职业化》 | 2 |
| | 《论台湾的动乱》 | 4 |
| | 《从美苏说到国内》 | 6 |
| | 《论政府的改组》 | 9 |

## 附 录

续表

| 作者 | 题目 | 期数 |
|---|---|---|
| 吴世昌 | 《写在五四的前夕》 | 2 |
| | 《论和平问题》 | 1 |
| | 《中国文化与现代化问题（文摘）》 | 18 |
| | 《从北塔山事件说起》 | 19 |
| | 《言论自由的自律》 | 21 |
| | 《论"民主国际"》 | 22 |
| | 《试论美国的"中韩调查团"及我国的反应》 | 24 |
| 浩培 | 《法治实行问题》 | 12 |
| 李纯青 | 《台湾民变真像钩沉》 | 4 |
| 李广田 | 《滇谣小记》 | 9 |
| 李慕白 | 《圣诞夜》 | 2 |
| | 《约会》 | 3 |
| | 《冬天里的夏天》 | 4 |
| | 《海滨》 | 6 |
| | 《误会》 | 7 |
| | 《一曲难忘》 | 8 |
| | 《樊龙》 | 11 |
| | 《墓》 | 12 |
| | 《复活》 | 17 |
| | 《归来》 | 18 |
| | 《爱与死》 | 19 |
| 沙学浚 | 《与梁漱溟先生论"国土太大"及其利弊》 | 13 |
| 任鸿隽 | 《留美学界的几个问题》 | 11 |
| | 《追念顾临先生》 | 14 |
| | 《为本届大学毕业生进一言》 | 20 |
| 金隄 | 《一个冬天的黄昏》 | 4 |
| 金克木等 | 《我们对于学潮的意见（文摘）》 | 15 |
| 周东郊 | 《北塔山事件·新蒙边界·新疆问题》 | 19 |
| 季羡林 | 《西化问题的侧面观》 | 1 |
| | 《怜人》 | 5 |

# 附 录

续表

| 作者 | 题目 | 期数 |
|---|---|---|
| 周缦章 | 《谈"孔家店"》 | 10 |
| | 《疯狂了的中国》 | 1 |
| 阿尔敏沙林 | 《四月天·沉醉的大地》 | 11 |
| 胡先骕 | 《在美国西部之世界斧与万县之水杉》 | 13 |
| 施若霖 | 《论中国的土地改革》 | 21 |
| 施复亮 | 《中间派在政治上的地位和作用》 | 9 |
| 马寅初 | 《有黄金美钞的不要卖出来（文摘）》 | 2 |
| 倪正和 | 《与潘光旦先生论文化书》 | 16 |
| 袁昌英 | 《谈谣言》 | 13 |
| 夏炎德 | 《论亚洲与远东的经济重建》 | 18 |
| 张锐 | 《论中国的"官僚制度"》 | 7 |
| 张述祖 | 《习尚与价值判断的标准自由的心理》 | 12 |
| 张东荪 | 《追述我们努力建立"联合政府"的用意》 | 6 |
| | 《和平何以会死了（文摘）》 | 6 |
| | 《美国对华与中国自处（文摘）》 | 6 |
| | 《狱中生活简记》 | 13—17 |
| | 《为中国问题忠告美国》 | 20 |
| 张奚若 | 《时局答客问（文摘）》 | 3 |
| 张啸虎 | 《我对大公报的看法》 | 5 |
| | 《论风度》 | 20 |
| 陈彦 | 《国共问题何以不能和平解决的探索》 | 24 |
| 陈友松 | 《世界各国教育普及之比较观》 | 17 |
| 陈旭麓 | 《中国向哪一条路走》 | 21 |
| 陈孝禅 | 《养士教育的穷途》 | 24 |
| 陈衡哲 | 《"主敬"是迂拙吗？》 | 3 |
| | 《民主园中的嘉木与恶草》 | 5 |
| | 《平衡生活的一个方案》 | 10 |
| | 《关于自由思想分子（通讯）》 | 12 |
| 陈瘦竹 | 《论悲剧的人生观》 | 20 |
| 冯大麟 | 《期待东方的"文艺复兴"》 | 21 |

# 附 录

续表

| 作者 | 题目 | 期数 |
|---|---|---|
| 笪移今 | 《物价往哪里去?》 | 5 |
|  | 《评方显庭先生的经济观点》 | 10 |
|  | 《关于"中国的政局"(通讯)》 | 4 |
|  | 《中国文化特征之研究》 | 5—7 |
|  | 《从中国的家庭说起》 | 11—12 |
|  | 《中共临末为何拒绝和谈》 | 15 |
| 庄智焕 | 《从黄金风潮论经济对策》 | 1 |
| 梁漱溟 | 《树立信用·力求合作》 | 1 |
| 高觉敷 | 《从心理学观点解释中国悲惨的现状》 | 18 |
| 傅雷 | 《我们对于美苏关系的态度(文摘)》 | 10 |
|  | 《所谓亲帝反苏》 | 24 |
| 傅孟真 | 《论豪门资本之必须铲除》 | 1 |
|  | 《这个样子的宋子文非走开不可(文摘)》 | 1 |
|  | 《宋子文的失败(文摘)》 | 1 |
| 傅统先 | 《以教育救中国》 | 12 |
| 费孝通 | 《没有安排好的道路》 | 10 |
|  | 《美国在旅程的尽头》 | 11 |
|  | 《在记录与起码之间流动着》 | 13 |
|  | 《有条件的父母之爱》 | 15 |
|  | 《不令人服输的成功》 | 16 |
|  | 《美国对华政策的一种看法(文摘)》 | 16 |
|  | 《猜不透上帝的意志》 | 17 |
|  | 《蛮一点,孩子!》 | 20 |
|  | 《道德上有个毒刺》 | 21 |
|  | 《负了气的出门》 | 22 |
| 贺昌群 | 《中国历史的悲剧》 | 22·24 |
| 黄炳坤 | 《社会运动的口号问题》 | 15 |
| 万光 | 《琉球归还中国》 | 24 |
| 雷海宗 | 《妇女·女权》 | 2 |

## 附 录

续表

| 作者 | 题目 | 期数 |
| --- | --- | --- |
| 杨刚 | 《动荡的国际现状与美国最近的外交倾向（纽约通讯）》 | 6 |
| | 《从杜鲁门主义到马歇尔方案（纽约通讯）》 | 22 |
| 杨绛 | 《随铁大少回家》 | 10 |
| 杨人楩 | 《国民党往何处去?》 | 3 |
| | 《自由主义者往何处去?》 | 11 |
| 杨光时等 | 《我们对于大局的看法和对策》 | 21 |
| 杨西孟 | 《中国当前的经济祸患应由既得利益阶级负责》 | 17 |
| 虞愚 | 《哲学精神的价值》 | 7 |
| 葛思恩 | 《新闻自由的低潮》 | 16 |
| 樊弘 | 《教育莫忘群育·读书莫忘救国》 | 20 |
| 蔡壬侯 | 《英文的中国化》 | 4 |
| | 《灰尘吸入症》 | 11 |
| | 《我们为什么像人》 | 18 |
| 蔡维藩 | 《美苏间的恐惧》 | 8 |
| 潘光旦 | 《人文科学必须东山再起》 | 8—9 |
| 刘英臣 | 《试论猜不透上帝的意志就教于费孝通先生》 | 23 |
| 刘迺诚 | 《现代中国政治改革的几种原则》 | 5 |
| | 《论政府改革》 | 8 |
| 郑林庄 | 《经济正义于社会安全》 | 3 |
| | 《从经济立场看美苏关系》 | 14 |
| 邓嗣禹 | 《谁说中国人没有自由?》 | 19 |
| | 《从粤汉路惨案看中国的公共事业》 | 24 |
| 楼邦彦 | 《论公务员的罢工问题》 | 13 |
| | 《张群院长的曲解》 | 15 |
| 钱能欣 | 《德国问题与欧洲和平（巴黎通讯）》 | 1 |
| 钱端升 | 《教师与进步》 | 1 |
| | 《世界大势于中国地位》 | 3 |
| | 《惟和平始得统一论》 | 4 |
| 钱锺书 | 《说（回家）》 | 1 |

# 附 录

续表

| 作者 | 题目 | 期数 |
| --- | --- | --- |
| 戴文赛 | 《鸡蛋直立的故事》 | 2 |
| | 《我们的太阳》 | 3 |
| | 《光度常常变化的星》 | 15 |
| | 《陨星与流星》 | 19 |
| 戴镏龄 | 《论伍光建先生的翻译》 | 21 |
| 储安平 | 《中国的政局》 | 2 |
| | 《施用闷汗药前后的心理与感觉》 | 9 |
| | 《三百二十二位读者意见的分析与解释》 | 12 |
| | 《大局浮动·学潮如火》 | 13 |
| | 《学生扯起义旗·历史正在创造》 | 14 |
| | 《论文汇·新民·联合三报被封及〈大公报〉在这次学潮中所表现的态度》 | 14 |
| | 《读孙科谈话》 | 18 |
| | 《政府应对纽约下午报的攻击采取步骤表明态度》 | 22 |
| | 《艰难·风险·沉着》 | 24 |
| 钟伯平 | 《学潮平息以后的认识》 | 17 |
| 简贯三 | 《从政治·经济,法理分析金潮之因果与处理》 | 1 |
| 萧公权 | 《论教育政策》 | 2 |
| 魏登临 | 《关于法兰西第四共和国的新宪典》 | 10 |
| 严仁赓 | 《我们对于时局的几点认识》 | 23 |
| LEO RISSIN | 《魏德迈来华使命》 | 23 |
| NE·FFER | 《细看中国》 | 18 |
| THE WORLD REPORT | 《英国工党政府对于民营事业的管理办法》 | 9 |
| W. B. YEATS 等 | 《译诗五首》 | 23 |

## 《观察》第 3 卷目录索引

| 作者 | 题目 | 期数 |
| --- | --- | --- |
| 王铁崖 | 《论科学研究的动机》 | 9 |
| 王琦 | 《杜蒲及其漫画》 | 9 |
| 王铁崖 | 《论立法院与条约权》 | 2 |

# 附 录

续表

| 作者 | 题目 | 期数 |
| --- | --- | --- |
| 王绳祖 | 《法国革命史》 | 1 |
| | 《如何约束日本的金属工业》 | 8 |
| | 《我们对于改善公教人员待遇的意见》 | 8 |
| 王泽 | 《写在"为中国农业试探一条出路"的后面》 | 6 |
| 方显廷 | 《远东经济委员会与中国》 | 20 |
| 田汝康 | 《千言万语只为煤》 | 4 |
| | 《钢铁国营议案与工党内部困难》 | 9 |
| | 《做"要人"得像个"要人"的样子》 | 15 |
| | 《干部之累》 | 23 |
| 史超礼 | 《黑白分明》 | 5 |
| | 《美国的机器》 | 5 |
| | 《柴那门的机会》 | 18 |
| | 《雏形中国》 | 21 |
| 朱自清 | 《论朗诵诗》 | 1 |
| | 《论雅俗共赏》 | 11 |
| | 《论不满现状》 | 8 |
| 朱本源 | 《论尊孔与民主的矛盾》 | 10 |
| 余才友 | 《梅月涵与清华大学》 | 13 |
| | 《潘光旦的人文思想》 | 17 |
| | 《陆志韦及其研究工作》 | 19 |
| 吴晗 | 《一多遗集》 | 12 |
| 吴之椿 | 《大选与时局》 | 4 |
| 吴世昌 | 《论当前的政局与美国对华政策》 | 5 |
| | 《从中国的历史看民主政治》 | 18 |
| 吴恩裕 | 《论人性与私产》 | 4 |
| | 《国家与道德》 | 7 |
| | 《自由乎？平等乎？》 | 12 |
| | 《法律·道德·与大家利益》 | 15 |
| | 《一个历史的教训》 | 17 |
| | 《马开维里代表思想选集》 | 22 |

## 附录

续表

| 作者 | 题目 | 期数 |
| --- | --- | --- |
| 吴景超 | 《工业化过程中的资本与人口》 | 3 |
| 李克佐等 | 《为中国的农业试探一条出路》 | 3 |
| 李孝友 | 《读"关于中共往何处去"兼论自由主义者的道路》 | 1 |
| 李恭宇 | 《地方财政往何处去？》 | 6 |
| 李纯青 | 《对日和约政治问题》 | 6 |
| | 《论琉球归属问题》 | 12 |
| 李理黄 | 《马克思的政治思想》 | 13 |
| 李烛尘 | 《论中纺让给民营的方法》 | 1 |
| 何达 | 《令人醉的诗和令人醒的诗》 | 7 |
| 谷春帆 | 《从民主到帝国》 | 10 |
| 丙沐 | 《行宪前夕的一个违宪之法》 | 22 |
| 宗白华 | 《略论文艺与象征》 | 2 |
| 金克木 | 《创造的统一》 | 8 |
| | 《留学问题·第一流大学问题》 | 12 |
| 季羡林 | 《论现行的留学政策》 | 7 |
| 周子亚 | 《国际公法成案研究》 | 8 |
| 周炳琳等 | 《我们对于政府压迫民盟的看法》 | 11 |
| 周东郊 | 《第二转型期的新疆》 | 6 |
| 周叔厚 | 《论竞选费用应有限制》 | 14 |
| | 《论立法院内应设置"立法顾问委员会"》 | 21 |
| 胡慎明 | 《一个参加竞选的人的自白》 | 4 |
| 胡先骕 | 《生物学战争》 | 5 |
| 胡庆钧 | 《论保长》 | 17 |
| 施复亮 | 《论自由主义者的道路》 | 22 |
| 徐中玉 | 《论勇敢的表现》 | 15 |
| | 《精工与草率》 | 23 |
| 徐述纶 | 《我对大学一年级国文的意见》 | 2 |
| | 《"闻一多的道路"》 | 3 |
| 袁方 | 《论商贾》 | 9 |
| | 《生育制度》 | 24 |

续表

| 作者 | 题目 | 期数 |
|---|---|---|
| 袁国弼 | 《一个农业工作者的自白与意见》 | 24 |
| 凌卓 | 《莫泊桑给一位美女的三封信》 | 10 |
| 凌卓 | 《瑞士三咏》 | 21 |
| 孙克宽 | 《改进中国政治的几个问题》 | 13 |
| 陈达 | 《人口普查与技术人才》 | 21 |
| 陈之迈 | 《中国行政改革的新方向》 | 13 |
| 陈序经 | 《论发展学述的计划》 | 13 |
| 陈振汉 | 《论经济与政治》 | 2 |
| 陈振汉 | 《当前几种经济急救方案效果的估计》 | 2 |
| 陈衡哲 | 《写在"为中国的农业试探一条出路"的前面》 | 3 |
| 陈梦家 | 《论习文史》 | 23 |
| 张述祖 | 《论赏罚》 | 12 |
| 张东荪 | 《我亦追论宪政及文化诊断》 | 7 |
| 张东荪 | 《敬答樊弘先生》 | 16 |
| 张东荪 | 《关于中国出路的看法再答樊弘先生》 | 23 |
| 梁漱溟 | 《预告选灾追论宪政》 | 4—5 |
| 梁漱溟 | 《略论中国政治问题》 | 14 |
| 许德珩 | 《魏德迈回国后美国将如何的对中国?》 | 1 |
| 费青 | 《皮尔逊强奸案截案事问答》 | 1 |
| 费孝通 | 《论绅士》 | 1 |
| 费孝通 | 《欧洲仲夏夜之梦》 | 2 |
| 费孝通 | 《如是他见》 | 3 |
| 费孝通 | 《论知识阶级》 | 8 |
| 费孝通 | 《小康经济》 | 11 |
| 费孝通 | 《美国之内》 | 12 |
| 费孝通 | 《从冷仗说起》 | 16 |
| 费孝通 | 《论师儒》 | 18 |
| 费孝通 | 《莱茵河底的魏玛阴影》 | 1 |
| 费孝通 | 《"只要这不是个选举年"》 | 20 |
| 费孝通 | 《华莱士竞选的道德意味》 | 1 |

附 录

续表

| 作者 | 题目 | 期数 |
| --- | --- | --- |
| | 《西欧靴底烦恼处》 | 22 |
| | 《圣雄甘地》 | 23 |
| 杨刚 | 《美国与德国》 | 1 |
| | 《共和国援华运动》 | 16 |
| 杨人楩 | 《关于"中共往何处去"?》 | 10 |
| 杨庆堃 | 《新大陆的余音》 | 14 |
| | 《美国和平中的火药味》 | 23 |
| 董时进 | 《我对于政府取缔民盟的感想》 | 11 |
| 端木正 | 《中国能永远中立化么?》 | 16 |
| 楼邦彦 | 《动员·戡乱·行宪》 | 1 |
| | 《副主席的谜》 | 5 |
| | 《论这次的大选》 | 17 |
| | 《美国政制的改造》 | 14 |
| 潘光旦 | 《工业文明的政治问题》 | 2 |
| 蔡壬侯 | 《中风与芸香精》 | 22 |
| 蔡维藩 | 《美苏斗争的影响》 | 22 |
| | 《美苏能否相互了解》 | 24 |
| 樊弘 | 《与梁漱溟张东荪两先生论中国的文化与政治》 | 14 |
| | 《我对于中国政治问题的根本看法》 | 12 |
| 刘子健 | 《日本复兴会不会威胁中国？中国应该怎样对付复兴的日本?》 | 24 |
| 刘绪贻 | 《知识生活的偏向》 | 19 |
| | 《风雅里的悲剧》 | 24 |
| 刘逎诚 | 《改革地方政治当议》 | 8 |
| | 《国家改革之内在因素》 | 20 |
| 刘建绪 | 《福建农业建设的轮廓》 | 18 |
| 郑慎山 | 《希特勒之末日》 | 21 |
| 钱能欣 | 《西欧记行（一）英国》 | 11 |
| | 《西欧记行（二）法国》 | 12 |
| | 《西欧记行（三）意大利》 | 13 |

## 附 录

续表

| 作者 | 题目 | 期数 |
| --- | --- | --- |
| 钱锺书 | 《补评英文新字词典》 | 5 |
| | 《游历者的眼睛》 | 16 |
| 萧公权 | 《教育的矛盾与急救的治标》 | 13 |
| 韩德培 | 《论征用豪门富室在外国的资产及征用的技术问题》 | 3 |
| | 《人身自由的保障问题》 | 11 |
| | 《评出版法修正草案（一）》 | 15 |
| 谢南阳 | 《日本政局》 | 22 |
| 储安平 | 《"为中国农业试探一条出路"刊出后的响应》 | 5 |
| | 《评蒲立特的偏私的不健康的访华报告》 | 9 |
| | 《白报纸》 | 9 |
| | 《评出版法修正草案（二）》 | 15 |
| | 《论全国的专科以上学校开除学生全国专科以上学校不得准其入学之不妥》 | 16 |
| | 《我们建议政府调查并公布白报纸供给情形》 | 19 |
| | 《风浪·熬炼·撑住》 | 24 |
| | 《论程孟明案并论社会有心人能否合拢来做一点事情》 | 24 |
| 戴文赛 | 《两种日历·两种文化》 | 24 |
| 戴馏龄 | 《评英文新字词典》 | 4 |
| | 《谈诗歌的晦涩》 | 17 |
| 严仁赓 | 《释"左"与"右"》 | 7 |
| | 《论反对政府》 | 20 |
| 严绍端 | 《印度的道路》 | 19 |
| 罗忠恕 | 《与爱因斯坦的谈话》 | 20 |

### 《观察》第4卷目录索引

| 作者 | 题目 | 期数 |
| --- | --- | --- |
| 丁骕 | 《苏联即将东顾》 | 19 |
| 方秋苇 | 《评南京中央日报对王芸生的攻击》 | 22 |
| 王铁崖 | 《此中土之远患而非目前之近忧》 | 11 |
| 史靖 | 《绅权的继替》 | 17 |

## 附 录

续表

| 作者 | 题目 | 期数 |
| --- | --- | --- |
| 田心源 | 《华莱士晤见记》 | 12 |
| 田汝康 | 《美援与英国外交》 | 7 |
|  | 《一个英国乡村时事讨论会旁听记》 | 15 |
|  | 《英国人看中国》 | 19 |
| 江沙 | 《在菏泽解放区所见（上）》 | 2 |
|  | 《在菏泽解放区所见（下）》 | 3 |
| 全慰天 | 《孩子·乳头·工作》 | 8 |
| 沙平 | 《退伍》 | 21 |
| 汪铭 | 《殇》 | 21 |
| 吴晗 | 《论皇权》 | 6 |
|  | 《论所谓中国式的代议制度》 | 14 |
| 吴世昌 | 《悼许季弗先生》 | 6 |
| 吴伯渊 | 《谈家庭津贴制度》 | 13 |
| 吴恩裕 | 《社会契约论》 | 12 |
|  | 《读胡适之先生校足本密尔自传书后》 | 19 |
| 吴国钧 | 《向全国的父母亲们哭诉》 | 12 |
| 吴谧赓 | 《英方在康藏边区筑路》 | 20 |
| 余才友 | 《谈今天的学生》 | 9 |
|  | 《马约翰的体育》 | 15 |
| 何永佶 | 《世界之两极》 | 1 |
|  | 《钱面前的平等》 | 10 |
|  | 《论中国式的代议制度》 | 11 |
|  | 《马克思的私生子》 | 12 |
|  | 《生意经与外交》 | 16 |
| 何孝达 | 《学生是怎样吃饭的》 | 1 |
|  | 《在我们的"大海船"上》 | 14 |
|  | 《我们眼中的工友变了》 | 15 |
| 李纯青 | 《论反扶日》 | 16 |
| 李浩培 | 《联合国的安全理事会与国际和平》 | 7 |
| 林志纯 | 《科举选举与中国式的民主》 | 13 |

续表

| 作者 | 题目 | 期数 |
|---|---|---|
| 周东郊 | 《论"以平等待我之民族"——兼论我们的道路》 | 13 |
| 周炳林 | 《虽然对立,不见得就有战争》 | 1 |
| 季羡林 | 《论聘外国教授》 | 3 |
| 季羡林 | 《忠告社民党和青年党》 | 13 |
| 金轮海 | 《文字改革的实验》 | 14 |
| 夏炎德 | 《改革币制有办法吗?》 | 19 |
| 胡为柏 | 《内战给予工矿事业的摧残》 | 5 |
| 胡庆均 | 《恋爱·婚姻·家庭》 | 18 |
| 胡庆均 | 《费孝通及其研究工作》 | 24 |
| 段连城 | 《战云弥漫下的美国》 | 8 |
| 段连城 | 《美国大选点将录》 | 10 |
| 施复亮 | 《废除剥削与增加生产》 | 4 |
| 施复亮 | 《新中国的政治与经济》 | 21 |
| 凌卓 | 《包华丽夫人逝世一百年》 | 6 |
| 凌卓 | 《甘地与罗曼·罗兰会谈详记》 | 10 |
| 凌卓 | 《甘地与罗曼·罗兰会谈详记》 | 11 |
| 徐中玉 | 《契诃夫断想》 | 5 |
| 徐中玉 | 《诗家妙处》 | 14 |
| 陆志韦 | 《目前所需要的文字改革》 | 9 |
| 陆君平 | 《时局问答》 | 21 |
| 孙克宽 | 《重演历史?创造历史?》 | 8 |
| 孙克宽 | 《小康之局如何实现》 | 24 |
| 袁昌英 | 《一颗微妙的心》 | 7 |
| 袁翰青 | 《原子能与世界和平》 | 15 |
| 袁翰青 | 《三十年来中国科学的检讨》 | 12 |
| 陈振汉 | 《国民所得》 | 1 |
| 陈梦家 | 《敬悼甘地先生》 | 3 |
| 张西曼 | 《历史回忆片断》 | 22 |
| 张东荪 | 《政抬上的自由主义与文化上的自由主义》 | 1 |
| 张东荪 | 《经济平等与废除剥削》 | 2 |

## 附 录

续表

| 作者 | 题目 | 期数 |
|---|---|---|
| 张述祖 | 《论神秘的思想——神秘的逻辑》 | 6 |
| | 《无病之病》 | 12 |
| 张培刚 | 《从"新经济学"谈到凯恩斯和马克思》 | 15 |
| 莫如俭 | 《中国留美学生政治意见测验统计》 | 20 |
| 郭叔千 | 《宪政和中国文化》 | 3 |
| 笪移今 | 《论当前的土地问题》 | 6 |
| | 《箭在弦上的币制改革》 | 18 |
| | 《物价涨风的新阶段》 | 20 |
| | 《七个月来的中国经济情势》 | 24 |
| 许德珩 | 《"五四"二十九周年》 | 11 |
| 曹觉民 | 《论神境》 | 3 |
| | 《新中国的政治与经济》 | 21 |
| 费孝通 | 《关于"旧本复兴会不会威胁中国"》 | 1 |
| | 《巴力门·电影业·中国出路》 | 2 |
| | 《关于"乡土工业"和"绅权"》 | 4 |
| | 《拆炉话北美》 | 5 |
| | 《郑兆良和积铁》 | 7 |
| | 《再论美国大选》 | 9 |
| | 《读赫尔回忆录》 | 12 |
| | 《和平之谜》 | 14 |
| | 《杜威入选与对华政策》 | 19 |
| | 《两分二裂的民主党》 | 22 |
| 杨刚 | 《总统的灾难》 | 4 |
| 杨绛 | 《听话的艺术》 | 8 |
| 杨人楩 | 《内战论》 | 4 |
| 杨庆堃 | 《俨然又是第三个暴风雨的前夕》 | 6 |
| 叶君健 | 《东欧·西欧与新的战争》 | 14 |
| | 《南欧与北欧》 | 21 |

· 303 ·

续表

| 作者 | 题目 | 期数 |
|---|---|---|
| 楼邦彦 | 《如何能粉饰得了太平》 | 5 |
| | 《两个共和之间的法兰西》 | 9 |
| | 《论动员戡乱时期临时条款》 | 10 |
| | 《论教育部两个代电》 | 15 |
| | 《论"公然反对政府"》 | 22 |
| 樊弘 | 《只有两条路》 | 7 |
| | 《关于以平等待我之民族》 | 18 |
| 齐星 | 《辩论》 | 20 |
| 刘子健 | 《大圈子里小圈子的日本政局》 | 2 |
| | 《辩"日本复兴问题"》 | 9 |
| | 《"美国与中国"》 | 17 |
| 刘绪贻 | 《狭路相逢》 | 5 |
| | 《两种克服自然的知识活动及其冲突》 | 10 |
| | 《人性的抑郁与了解》 | 13 |
| | 《成事不足·败事有余》 | 16 |
| | 《退无以守·进必以战》 | 19 |
| | 《锦上添花的代价》 | 24 |
| 刘涤源 | 《物价狂涨！物价狂涨！》 | 18 |
| 刘郝稼 | 《吴有训在中央大学》 | 24 |
| 刘学濬 | 《汉字的改革》 | 16 |
| 潘光旦 | 《读"自由主义宣言"》 | 3 |
| | 《梦厦的觉醒?》 | 7 |
| | 《悼柏蒂也夫教授》 | 20 |
| 郑慎山 | 《释"Liberal Liberalism"》 | 6 |
| 钱克新 | 《评对国际现势的一种论调》 | 2 |
| 钱歌川 | 《大战时期的美国文学》 | 13 |
| 钱锺书 | 《杂言》 | 2 |
| 戴馏龄 | 《故国风光》 | 4 |

续表

| 作者 | 题目 | 期数 |
|---|---|---|
| 戴文赛 | 《原子时代第三年》 | 8 |
| 戴文赛 | 《许勇三的音乐》 | 9 |
| 戴文赛 | 《三月九日观测日月食》 | 11 |
| 严仁赓 | 《社会主义乎？新资本主义乎？》 | 17 |
| 严仁赓 | 《再谈"新资本主义"》 | 24 |
| 严绍端 | 《甘地与新印度》 | 1 |
| 严绍端 | 《甘地之死》 | 1 |
| 龙正大 | 《一个大学毕业生对于大学教育的意见》 | 17 |
| 储安平 | 《国大评论》 | 9 |
| 储安平 | 《第二个"闻一多事件"万万制造不得》 | 10 |
| 储安平 | 《评翁文灏内阁》 | 15 |
| 储安平 | 《政府利刃·指向"观察"》 | 20 |
| 储安平 | 《吃重·苦斗·尽心》 | 24 |
| 简贯三 | 《再为征用国外资产呼吁》 | 16 |
| 蓝浦珍 | 《玛瑙戒指》 | 15 |
| 谭崇台 | 《论日本赔偿问题》 | 17 |
| 萧乾 | 《拟 J. 马萨里克遗书》 | 7 |
| 罗坚白 | 《平抑物价乎管制收益乎》 | 24 |

## 《观察》第 5 卷目录索引

| 作者 | 题目 | 期数 |
|---|---|---|
| 王璧岑 | 《从战前标准看公教人员》 | 8 |
| 王渡之 | 《孙内阁的五大彷徨》 | 18 |
| 王了一 | 《漫谈方言文学》 | 11 |
| 叶君健 | 《波兰之行（上）》 | 6 |
| 叶君健 | 《波兰之行（下）》 | 7 |
| 刘大中 | 《改革币制已届成败关头》 | 4 |
| 刘涤源 | 《论物价的局部管制》 | 6 |
| 刘涤源 | 《百孔千疮的物价管制》 | 10 |
| 刘涤源 | 《论金币制造与修正》 | 14 |

# 附 录

续表

| 作者 | 题目 | 期数 |
|---|---|---|
| 刘大杰 | 《教育与政治》 | 8 |
| | 《汉代末年的学生运动》 | 15 |
| 刘绪贻 | 《狂澜》 | 17 |
| | 《知识·生活·宇宙》 | 3 |
| | 《道德的眼镜》 | 7 |
| | 《工业化的利弊》 | 10 |
| | 《长指甲里藏着什么》 | 16 |
| 方秋苇 | 《张群访日之行》 | 4 |
| 何永佶 | 《中国在联合国中》 | 10 |
| | 《杜鲁门的胜利就是华莱士的胜利》 | 14 |
| 李翰如 | 《以"积点剩"及"服务记录"解决用人》 | 11 |
| 李有义 | 《西藏商务考察团之谜》 | 16 |
| 李中严 | 《社会出路与人类前途》 | 4 |
| 李广田 | 《最完整的人格》 | 2 |
| 李长之 | 《评李广田的〈引力〉》 | 5 |
| 李超 | 《从妇女运动看妇女问题》 | 8 |
| 张志让 | 《评全国学生被捕事》 | 4 |
| 张申府 | 《呼吁和平》 | 9 |
| 张东荪 | 《知识分子与文化的自由》 | 11 |
| | 《民主主义与社会主义补义》 | 1 |
| | 《民主主义与社会主义补义》 | 2 |
| | 《民主主义与社会主义补义》 | 3 |
| 张振鹍 | 《联合国大会怎样工作》 | 5 |
| 汪铭 | 《逃亡》 | 6 |
| 严仁赓 | 《政治力量安能稳定物价》 | 6 |
| | 《1848—1948 历史的两个转披点》 | 18 |
| 严绍端 | 《海德拉巴·印度的问题·土邦》 | 8 |
| 严中平 | 《资本主义发展史的研究》 | 7 |

# 附 录

续表

| 作者 | 题目 | 期数 |
|---|---|---|
| 杨人楩 | 《科学精神与民主态度》 | 6 |
| | 《再论自由主义的途径》 | 8 |
| | 《再论内战》 | 9 |
| 杨庆堃 | 《杜鲁门胜利的分析》 | 12 |
| 林海 | 《〈围城〉与 Tom Jones》 | 14 |
| 吕玉文 | 《韦伯夫人的〈我俩的伴侣生活〉》 | 8 |
| 吴晗 | 《悼朱佩玄先生》 | 1 |
| 范泉 | 《人像》 | 18 |
| 邵燕祥 | 《币》 | 15 |
| 宗白华 | 《敦煌艺术的意义与价值》 | 4 |
| 沈宗征 | 《何其芳的转变》 | 2 |
| 曾玺尔 | 《投考》 | 3 |
| 昶明 | 《在牢狱中》 | 13 |
| 周维明 | 《马的故事》 | 9 |
| 鲁忍 | 《看守所》 | 7 |
| 郭绍虞 | 《谈方言文学》 | 5 |
| 陆志韦 | 《燕京被搜在场谈话》 | 2 |
| 赵超构 | 《论政府大捕学生》 | 2 |
| 楼邦彦 | 《国法与校章之间》 | 3 |
| 费孝通 | 《评晏阳初"开发民力建设乡村"》 | 1 |
| | 《铁幕安在》 | 10 |
| | 《美国在华还能做些什么》 | 14 |
| | 《英国并未忘情远东》 | 17 |
| 樊弘 | 《金圆券能稳定物价吗?》 | 1 |
| | 《传统的经济学说何以竟成了阻碍中国进步的绊脚石》 | 5 |
| | 《关于传统经济学的总答辩》 | 15 |
| 潘光旦 | 《从几个世运选手拒绝回国说起》 | 2 |
| | 《妇女问题的一个总答复》 | 3 |
| | 《工业化与人格》 | 7 |
| | 《读书的自由》 | 16 |

# 附 录

续表

| 作者 | 题目 | 期数 |
|---|---|---|
| 程子汶 | 《美援究竟能帮多少忙?》 | 7 |
| 笪移今 | 《限价解除危机依旧》 | 11 |
| 谭崇台 | 《"生产因素四分法"与革命》 | 15 |
| 施复亮 | 《论当前的经济等情形》 | 10 |
| | 《评最近官方挽救经济危机的办法》 | 12 |
| 储安平 | 《一场烂污》 | 11 |
| | 《政治失常》 | 13 |
| 徐毓枬 | 《币制改革与物价前途》 | 14 |
| | 《两次币制改革中之技术错误》 | 17 |
| | 《经济学人与经济方案》 | 13 |
| 徐道邻 | 《论现行法律教育制度》 | 3 |
| 季振平 | 《我主张中学不要教文言文》 | 7 |
| 夏鼐 | 《中央研究院第一届院士的分析》 | 14 |
| 董时进 | 《和真比战难吗?》 | 15 |
| 全慰天 | 《贫穷与贫穷问题》 | 15 |
| 陈仁炳 | 《论政治变动》 | 17 |
| 陈志让 | 《原子能与世界大局》 | 12 |
| 段连城 | 《"红帽子"在美国》 | 2 |
| 朱若华 | 《悼贝纳斯》 | 5 |
| | 《举世瞩目的柏林问题》 | 9 |
| | 《英国整军及其影响》 | 13 |
| 罗素 | 《狂妄为什么会招致失败?》 | 11 |
| 萧乾 | 《托治：联合国的试金石》 | 5 |
| 罗志如 | 《远东马歇尔计划》 | 9 |
| 凌卓 | 《"法意"出版二百年》 | 11 |
| 蒋学模 | 《美苏关系的现在和将来》 | 18 |
| 吴景超 | 《从四种观点论美苏两国的经济平等》 | 13 |
| 黄碧遥 | 《读潘光旦先生妇女问题的论文之后》 | 8 |
| The New Slatesmma | 《德国问题的症结》 | 1 |
| | 《印度独立一年》 | 3 |

## 附 录

续表

| 作者 | 题目 | 期数 |
|---|---|---|
| Amoid Toynbee | 《文明在生死之间》 | 2 |
| William Winler | 《被牵着线的独立国——菲律宾》 | 4 |
| Kingsley Martin | 《老持沉重——英国的政治风度》 | 4 |
| Smith | 《朝气蓬勃的华莱士进步党》 | 5 |
| Mark Gayn | 《激速转舵下的美国对日政策》 | 6 |
| Thomas Gadett | 《法国的磨难和危机》 | 12 |
| Aldous Haxloy | 《一个面临毁灭的世界》 | 17 |

### 《观察》第6卷目录索引

| 作者 | 题目 | 期数 |
|---|---|---|
| 子冈 | 《莫斯科所见》 | 2 |
| 子冈 | 《苏联的戏》 | 5 |
| 之钟 | 《这一代青年生长在光辉的毛泽东时代》 | 5 |
| 于夫 | 《苏联劳动英雄乌巴伊杜拉耶娃》 | 8 |
| 千家驹 | 《从共同纲领看私营企业政策》 | 3 |
| 王铁崖 | 《新政府的成立和旧条约的审查》 | 2 |
| 王鸿 | 《战胜今年的春荒》 | 7 |
| 王瑶 | 《考据学的再估价》 | 9 |
| 王泗原 | 《新的中学国文课本该怎样编?》 | 7 |
| 王亚南 | 《论革命与科学的统一》 | 5 |
| 王小石 | 《解放以后的江南农村》 | 3 |
| 王政 | 《论东北春耕以前的备耕工作》 | 12 |
| 王宗炎 | 《广州中山大学的新生》 | 9 |
| 江横 | 《京汉道上》 | 12 |
| 汪圻 | 《从北京到长安》 | 14 |
| 田欣 | 《记南京大学的课程改革运动》 | 10 |
| 田欣 | 《南京大学政治学习的情况》 | 12 |
| 李有义 | 《封建统治下的西藏》 | 10 |
| 李何林 | 《提供许寿裳先生两年前在台被杀是政治性暗杀的种种事实》 | 8 |
| 李子英 | 《一个知识分子改造的自述》 | 9 |

## 附 录

续表

| 作者 | 题目 | 期数 |
| --- | --- | --- |
| 朱契 | 《论实行国家机关现金管理的决定》 | 14 |
| 陈体强 | 《中苏新约—国际主义的教科书》 | 9 |
| 陈治文 | 《论中学国文课本》 | 10 |
| 陈达 | 《全国人口选样调查的计划》 | 5 |
| 陈振汉 | 《土改教育了我》 | 11 |
| 陈本中 | 《湖南邵阳的减租斗争》 | 11 |
| 陈楚熊 | 《记上海游民的收容改造》 | 7 |
| | 《上海在反轰炸斗争中》 | 11 |
| | 《三十一年来在战斗中成长的上海职工运动的总回顾》 | 5 |
| 陈醒民 | 《许寿裳案的审判人对于李何林文的补充》 | 10 |
| 刘秋鸣 | 《记华东大学学员唐世岑的转变》 | 5 |
| 刘涤源 | 《人民币的管理本位》 | 8 |
| 钱端升 | 《统一战线·人民政权·共同纲领》 | 1 |
| 储安平 | 《中央人民政府开始工作》 | 2 |
| | 《在哈尔滨所见的新的司法工作和监狱工作》 | 4 |
| | 《旅大农村中的生产、租佃、劳资、税制、互助情况》 | 5 |
| 龚祥瑞 | 《中央各部会内部组织的原则与方式》 | 1 |
| | 《论中央二级机关的职权及其相互关系》 | 3 |
| | 《民主集中与三权分立》 | 6 |
| 卢于道 | 《政治热忱与科学热忱》 | 4 |
| 卢耀武 | 《将军与青年（记贺龙将军）》 | 14 |
| 赵俪生 | 《怎样理解并运用批评与自我批评》 | 14 |
| | 《阐论中国奴隶社会的一件史料》 | 13 |
| 楼邦彦 | 《论城市的政权组织形式》 | 4 |
| 季羡林 | 《把学术还给人民大众》 | 3 |
| 芮沐 | 《新婚姻法建立了新的男女关系》 | 13 |
| 翁独健 | 《世界和平与中苏友好关系》 | 1 |
| 潘光旦 | 《论艾奇逊关于外交政策的三篇演讲》 | 14 |
| 潘静远 | 《亚澳工人阶级团结万岁》 | 3 |
| 易梦虹 | 《美国未成年劳动者的失业问题》 | 13 |

# 附 录

续表

| 作者 | 题目 | 期数 |
|---|---|---|
| 瞿宁武 | 《论苏联提高卢布官定兑率及降低国营贸易物价》 | 10 |
| 笪移今 | 《人民币的战斗任务》 | 4 |
| | 《从卢布金比看中国黄金问题》 | 11 |
| 吴景超 | 《谁知道中国的资源》 | 10 |
| 吴大垠 | 《怎样把我们的经济学习提高到毛泽东阶段》 | 1 |
| 张白 | 《记大西北的中国资源》 | 11 |
| 张佑瑜 | 《清除掉我的官僚主义作风》 | 14 |
| 张高峰 | 《记去年一年天津公私银行怎样扶助私营工业》 | 7 |
| 张云横 | 《中学国文教学的研讨》 | 12 |
| 郑伯彬 | 《解放以来中国工业的转变和今后的工业问题》 | 7 |
| | 《论物价稳定后工业经营遭遇的新困难及其克服道路》 | 3 |
| 施建 | 《关于董时进上书反对土地改革问题》 | 11 |
| 高名凯 | 《论文字改革与语言改革》 | 5 |
| 高超 | 《劳动先锋马星祥谈1950年大生产》 | 11 |
| 杨振声 | 《从文化观点上回首"五四"》 | 13 |
| 周河冬 | 《编选中学国文课本的几个实际问题和改进意见》 | 14 |
| 黄开丹 | 《一个工学院学生对于工学院教学的几点意见》 | 10 |
| 黄国宪 | 《清华怎样进行人民助学金的评奖工作》 | 6 |
| 沈志远 | 《革命人生观的几个基本观点》 | 9 |
| 陶孟和 | 《科学在新时代里》 | 8 |
| 陶大铺 | 《资本主义总危机的新阶段》 | 8 |
| 竺可祯 | 《近代科学推翻了马尔萨斯人口论》 | 12 |
| 茅冥家 | 《为什么要先打好社会主义的物质基础》 | 12 |
| 胡绳 | 《孙中山从美国走到苏联》 | 1 |
| 胡冰 | 《论松江省的农村副业生产工作》 | 13 |
| 焦孟甫 | 《论知识分子的改造》 | 6 |
| 樊弘 | 《从经济上考查中苏三大公司的协定》 | 14 |
| | 《共同纲领中的经济政策》 | 1 |
| 樊骏 | 《北大同学是怎样搞膳团的？》 | 11 |

# 附 录

续表

| 作者 | 题目 | 期数 |
| --- | --- | --- |
| 费孝通 | 《知识分子与政治学习》 | 2 |
| | 《什么叫搞通了思想》 | 6 |
| | 《不改造就落后》 | 7 |
| | 《从往上爬到大家互助》 | 9 |
| | 《从"为人民服务"引起的谈话》 | 10 |
| | 《进步的包袱》 | 12 |
| 谢逢我 | 《我的思想总结》 | 8 |
| | 《清华是怎样进行学习新民主主义革命史的?》 | 13 |
| 云映海 | 《挖出我的思想根源》 | 13 |
| 阿·郭济克 | 《波兰五年来国民经济的复兴与发展》 | 6 |
| 斯杰班诺夫 | 《蒙古人民共和国经济的发展》 | 7 |
| 薛谋洪 | 《在胡志明旗帜下的越南》 | 8 |
| 吕德润 | 《法国妇运领袖维维尔米什访问记》 | 6 |
| 孙执中 | 《华罗庚教授回到了祖国》 | 12 |
| | 《北京妓女改造的前后访问》 | 6 |
| 孙如冰 | 《京郊土改实验区巴沟村访问记》 | 3 |
| | 《记表现旅大人民生产力量的大连工展》 | 2 |
| 徐盈 | 《李四光教授及其在地质学上的成就》 | 13 |
| 叶君健 | 《我所见的英国》 | 7 |
| | 《走过北欧》 | 14 |
| 许世玮 | 《读李陈关于我父许寿裳在台被杀 | |
| | 《是政治性暗杀二文后》 | 12 |
| 许诚 | 《山西忻县专区干部学校教导工作 | |
| | 《的初步经验》 | 10 |
| 金玉龢 | 《李大钊与五四运动》 | 13 |
| 郭沫若 | 《我向你高呼万岁》 | 4 |
| 贺笠 | 《上海散记》 | 14 |
| 林维仁 | 《工业化的经济建设在号召着新中国的青年奔向东北》 | 14 |
| 郢瑞·白盘 | 《在生产救灾战线上的苏北》 | 10 |
| | 《把灾区变成人民的谷仓》 | 14 |

## 附 录

续表

| 作者 | 题目 | 期数 |
|---|---|---|
| 思雪 | 《四川解放以后的农村工作》 | 11 |
| 穆家军 | 《记河南农村的土地改革》 | 13 |
| 萧玉之 | 《记东北的伐木工作》 | 10 |
| 萧风 | 《记1950年度新中国教育工作的重点》 | 6 |
| 萧风 | 《迎接文化高潮的信号——记最近北京演出的几个大戏》 | 11 |
| 萧离 | 《察北一村落》 | 14 |
| 君羊 | 《清华学生进行思想总结的典型意义、经过情况和胜利收获》 | 9 |
| 彭越明 | 《北京大学一年来的改革和学习》 | 8 |
| 贝加 | 《记浙江大学的工读互助运动》 | 12 |
| 袁翰青 | 《举办了一次新兴展览会的经验》 | 13 |
| 左步青 | 《上海科学工作者的新方向》 | 13 |
| 曹锡珍 | 《记上海解放后肃清特务、盗匪、偷窃以及救火的工作》 | 8 |

# 参考文献

    一　现代报刊

《晨报副刊》

《大公报》（上海）

《独立评论》

《观察》周刊

《华商报》（香港）

《客观》周刊

《民主》

《努力周报》

《诗刊》季刊

《文萃》（香港）

《文学》月刊

《现代评论》周刊

《新青年》

《新青年》

《新月》月刊

《学文》月刊

《中建》

《中央日报·中央园地》

## 二 史料汇编、文集

《美国国会档案，1940—1949》（由于部分仍未解密，仅见其冰山一角）。

安徽大学马列主义教研室编印：《苏联报刊关于中国革命的文献资料·第二辑》，安徽大学马列主义教研室1982年版。

陈梦家：《梦家室存文》，中华书局2006年版。

储安平著，张新颖编：《储安平文集》，东方出版中心1998年版。

方仁念选编：《新月派评论资料选》，华东师范大学出版社1993年版。

韩石山编：《徐志摩全集》（第1—8卷），天津人民出版社2005年版。

胡适著，欧阳哲生编：《胡适文集》，人民文学出版社1999年版。

解志熙、王文金编校：《于赓虞诗文辑存》（上、下），河南大学出版社2004年版。

林元：《从〈观察〉到〈新观察〉》，《新文史料》1989年第1期。

彭明主编：《中国现代史资料选辑》，中国人民大学出版社1989年版。

启良主编：《20世纪中国自由主义文选》，上海三联书店2000年版。

上海档案馆整理：《〈观察〉周刊社史料》，载《档案与史学》1997年第6期。

沈志华执行总主编，张盛发主编：《苏联历史档案选编》，社会科学文献出版社2002年版。

闻一多：《闻一多书信选集》，人民文学出版社1986年版。

余上沅：《余上沅戏剧论文集》，长江文艺出版社1986年版。

臧克家：《臧克家全集》，时代文艺出版社2002年版。

张竞无编：《储安平集》，东方出版中心2011年版。

张君劢著，黄克剑、吴小龙编：《张君劢集》，群言出版社1993年版。

张新颖编：《储安平文集》（上、下），东方出版中心1998年版。

张忠栋、李永炽、林正弘主编：《现代中国自由主义资料选编》，唐山出版社2002年版。

［美］格里德：《胡适与中国的文艺复兴》，江苏人民出版社1989年版。

［美］肯尼·斯雷、约翰·布鲁尔编：《被遗忘的大使：司徒雷登驻华

报告，1946—1949》，尤存、牛军译，江苏人民出版社 1990 年版。

三　研究论著

陈白尘、董健：《中国现代戏剧史稿》，中国戏剧出版社 1989 年版。

陈建军：《掸尘录——现代文坛史料考释》，北岳文艺出版社 2015 年版。

陈敬之：《"新月"及其重要作家》，成文出版社有限公司 1980 年版。

陈子善：《钩沉新月——发现梁实秋及其他》，中华书局 2013 年版。

戴晴：《王实味、梁漱溟、储安平》，江苏文艺出版社 1989 年版。

付祥喜：《新月派考论》，中国社会科学出版社 2015 年版。

胡伟希、高瑞泉、张利民：《十字街头与塔——中国近代自由主义思潮研究》，上海人民出版社 1991 年版。

黄会林：《中国现代话剧文学史略》，安徽教育出版社 1990 年版。

黄克武：《自由的所以然：严复对约翰弥尔自由思想的认识与批判》，允晨出版社 1998 年版。

姜平：《中国民主党派史》，武汉大学出版社 1987 年版。

蒋景源主编：《中国民主党派人物录》，华东师范大学出版社 1991 年版。

李世涛：《知识分子立场：自由主义之争与中国思想界的分化》，时代出版社 2000 年版。

南京大学、约翰斯·霍普金斯大学、中美文化研究中心、中美关系史丛书编辑委员会主编：《新的视野：中美关系史论文集》（第三辑），南京大学出版社 1991 年版。

欧阳哲生：《自由主义之累》，上海人民出版社 1993 年版。

彭明、程献主编：《近代中国的思想历程（1840—1949）》，中国人民大学出版社 1999 年版。

钱光培、向远：《现代诗人及流派琐谈》，人民文学出版社 1982 年版。

任剑涛：《现代自由主义与中国古典传统》，哈佛燕京学社、生活·读书·新知三联书店主编《儒家与自由主义》，生活·读书·新知三联书店 2001 年版。

史华慈等：《近代思想人物论——自由主义》，时报出版公司 1982 年第三版。

孙其明：《中苏关系始末》，上海人民出版社2002年版。

孙庆升：《中国现代戏剧思潮史》，北京大学出版社1994年版。

王文彬编：《中国报纸的副刊》，中国文史出版社1988年版。

项立岭：《转折的一年：赫尔利使华与美国对华政策》，重庆出版社1988年版。

萧公权：《迹园文录》，联经出版事业公司1983年版。

谢泳：《储安平——一条河流般的忧郁》，中国青年出版社1999年版。

谢泳：《储安平与〈观察〉》，中国社会出版社2005年版。

谢泳：《逝去的年代——中国自由知识分子的命运》，文化艺术出版社1999年版。

谢泳、程巢父：《寻找储安平》，广州出版社1998年版。

许纪霖：《无穷的困惑》，上海三联书店1988年版。

殷海光：《中国文化的展望》，中国和平出版社1988年版。

尹在勤：《新月派评说》，陕西人民出版社1985年版。

余秋雨：《戏剧理论史稿》，上海文艺出版社1983年版。

章清：《"胡适派学人群"与现代中国自由主义》，上海古籍出版社2004年版。

郑梁生：《中日关系史研究论集》（第1—7卷），文史哲出版社1993年版。

周晓明：《多源与多元：从中国留学族到新月派》，华中师范大学出版社2001年版。

朱寿桐：《新月派的绅士风情》，江苏文艺出版社1995年版。

朱学勤：《思想史上的失踪者》，花城出版社1999年版。

左玉河：《张东荪传》，山东人民出版社1998年版。

［美］费正清主编：《剑桥中华民国史》（下），中国社会科学出版社2006年版。

## 四 研究论文

白春超：《再生与流变——现代中国文学中的古典主义》，博士学位论文，河南大学，2003年。

陈庆泓：《在解构中重构新月理想》，硕士学位论文，安徽大学，2004年。

陈伟佳：《从新诗的草创到新月派研究》，博士学位论文，香港新亚研究所文学组，1998年。

程国君：《诗美的探寻——"新月"诗派诗歌艺术美研究》，博士学位论文，武汉大学，2002年。

董保中：《秩序和形式的追求——新月社及现代中国的文学活动（1928—1935）》，博士学位论文，哥伦比亚大学，1971年。（Tung Constantine, *The Search for order and Form*: *The Crescent Moon Society and the Literary Movement of Modern China*, 1928—1935, Unpulished Ph. D. Dissertation, Columbia University, 1971.）

董国强：《论1910—1930年代中国自由主义知识分子的发展流变——以〈新青年〉同人群体、"新月派"和"独立评论派"的结构分析为视角》，《民国档案》2003年第2期。

方小平：《储安平和他主持的〈观察〉周刊》，《民国春秋》2001年第4期。

胡博：《"新月派"的报刊书店与文学梦》，中国社会科学院博士后出站报告，2004年。

胡博：《对峙与互补——论新月派在新文学整体格局中的地位与影响》，博士学位论文，山东大学，2001年。

胡适：《自由主义》，《世界日报》1948年9月5日。

黄昌勇：《新月派研究》，博士学位论文，复旦大学，1994年。

黄汉：《追寻学者生命的痕迹——论储安平的新闻思想和新闻活动》，《新闻爱好者》2001年第1期。

黄红春：《新月派文学观念研究》，导师颜敏，博士学位论文，江西师范大学，2013年。

姜德明：《储安平编文学时代》，《新文学史料》1989年第3期。

李伟：《神龙见首不见尾的储安平》，《人物春秋》2001年第2期。

林建华：《储安平自由丰义思想评析》，《史学集刊》2002年第2期。

刘群：《新月社研究》，博士学位论文，复旦大学，2007年。

欧阳哲生：《自由主义之累》，《开放时代》1999年第7、8期。

彭耀春：《试论新月派的国剧理论》，《文艺研究》1991年第2期。

史习斌：《〈新月〉月刊研究——一种自由媒介与文化现象的综合透视》，博士学位论文，华中师范大学，2010年。

汪荣祖：《储安平与现代中国自由主义》，于刘军宁、王众选编《直接民主与间接民主》，生活·读书·新知三联书店1998年版。

汪荣祖：《自由主义在战后中国的起落——储安平及〈观察〉的撰稿群》，《传记文学》（台北）第36卷第4期。

王宏志：《新月诗派研究》，硕士学位论文，香港大学，1981年。(Wong Wang Chi, *The Crescent School in Twentieth Century Chinese Poetry: A Critical Study*, *M. Phil*, Thesis, University of Hong kong, 1981.)

王中江：《从〈观察〉看中国自由主义认同及其困境》，《二十一世纪》（香港）2002年2月号（总第六十九期）。

徐友渔：《自由主义与当代中国》，《开放时代》1999年第3期。

许纪霖：《中国自由主义知识分子的参政（1945—1949）》，《二十一世纪》（香港）1991年8月号（总第六期）。

叶红：《生成与走势：新月诗派研究》，博士学位论文，东北师范大学，2010年。

张太原：《20世纪30年代自由主义者对中国共产党的批评与指责》，《史学月刊》2002年第5期。

张太原：《自由主义与马克思主义：〈独立评论〉对中国共产党的态度》，《历史研究》2002年第4期。

赵一顺：《论储安平之投奔解放区》，载于中国社会科学院近代史研究所编《青年学术论坛·2001年卷》，社会科学文献出版社2002年版。

郑春梅：《清末民初女性文学期刊的同人运作模式与影响研究》，硕士学位论文，四川师范大学，2020年。

郑现哲：《〈观察〉周刊（1946—1948年）的民主政治思想研究》，硕士学位论文，北京大学，1996年。

朱学勤：《自由主义的言说》，《南方周末》1998年12月25日。

# 后 记

出版硕士学位论文《〈观察〉周刊研究（1946—1948）——现代自由主义刊物的个案》的念头，在心里盘旋好多年了！直到现在才把这个想法付诸实践。硕士学位论文无疑是我们这些拥有博士学位学位的研究人员的少作，很少有人拿出来出版。那么，我出版它的缘由何在呢？这还得从我的大学本科时期说起。

我在华南师范大学历史系读本科时，开始涉及学术研究。现在回想当年，有些为自己没有虚度光阴而自豪。大学四年，我主要做了两件事：一是遍读学校图书馆的中国现当代小说，尤喜20世纪80年代的中短篇小说；二是读书之余，开始学习撰写学术论文。1999年澳门回归祖国之际，我撰写的《略论近代澳门反殖民统治运动》在广东省教育厅举办的"穗澳学子携手迎澳门回归"征文比赛中获得二等奖。正是这一次获奖，让我对学术研究产生了兴趣，此后几乎欲罢不能。在学术研究兴趣的推动下，我报考了暨南大学中国近现代史专业硕士研究生。2000年1月，参加入学考试。这年4月的某一天，我在暨南大学研究生招生办公室查询我的考研分数。研招办一位女老师在电脑上查到我考研分数，惊呼一声。我问：

"多少分？"

"425分！"

"我们这个专业还有比我分数高的吗？"

"你这么高的分数，在全校都是很高的啦！"

至今记得，查完分数后，我跳跃着走下楼，两只脚像踩在云端。接

## 后 记

下来，开始了我三年的读研生活。记不起为何选择以"《观察》周刊研究"作为毕业论文题目。我一直没有忘记的是，当时写信给《观察》周刊研究第一人谢泳先生，竟然得到他的支持和热心帮助，他把两本资料书邮寄给我（一本是他自印的《〈观察〉周刊研究》，一本是林元的《碎布集》）。又从暨南大学图书馆古籍部借出全套原版《观察》周刊。此后近两年里，我在笔记本上抄资料、撰写论文，直到 2003 年 6 月参加论文答辩。因为论文资料丰富、扎实，我的论文获得评委一致好评。评委之一的夏泉教授更是对我论文的文笔赞不绝口，多年后夏老师还让他的研究生学习我的这篇学位论文。

硕士期间对《观察》周刊的研究，可谓开启了我对中国现代期刊研究的兴趣，后来在中山大学读博士，博士论文有几个章节是对《晨报副刊》《新月》《诗刊》等现代期刊的研究。限于论文主旨，当时没有对新月派期刊展开深入研究，故而近年在之前的基础上，试图深入和有所开拓，其主要成果便是本书上篇对新月派刊物的研究。

如今，把我近年对新月派刊物的研究[①]和早年对《观察》周刊的研究合编为一本书，虽非无缝连接，但是以同人期刊统摄二者，却是有道理的。当然，本书不是关于中国现代同人期刊的专题论著，而只是个案研究，即以新月派刊物和《观察》周刊为个案。希望通过解剖"两个麻雀"，能够对中国现代同人期刊研究有所裨益！

下篇《观察》周刊研究，在当年尚属于为数极少的《观察》周刊研究成果之一，是较早全面系统研究《观察》周刊的专题论文，对此后的《观察》周刊研究有一定的影响，后来出现的以《观察》周刊为题的论文，有不少引用我这篇论文观点，或在研究方法上有所借鉴。这也是我决心出版它的一个理由。另一个理由，即为借此机会追怀过往、鞭策自己在治学之路上继续踽踽前行。毫无疑问，它的内容和观点，在今天看来，有的已经过时了。采用的研究方法如统计分析法，在现在也

---

[①] 其中个别章节与笔者已经出版的《新月派考论》（中国社会科学出版社 2015 年版）、即将有社会科学文献出版社出版的《新月派散佚作品辑考与综合研究》有所重复，谨作说明，并敬请读者见谅。

## 后　记

比较常见。由于我的研究兴趣已不在《观察》周刊，加上还有其他课题要做，只能在当年硕士论文基础上作了一些删改（限于篇幅等原因，本书仅选录硕士论文主体部分）。期待学界同人赐教，期待有志于此者继续推进。

　　本书得到出版，首先要感谢我的硕士导师张晓辉教授、博士导师林岗教授，感谢他们对我学术上的指引、学位论文写作的指导；其次要感谢广州市"岭南英杰工程"人才经费资助；也要感谢中国社会科学出版社吴丽平博士对本书的细心编校，以及对我的宽容；感谢家人对我这些年来的理解和支持，感谢女儿钰宁带给我的欢笑！

付祥喜

2022 年 12 月